本书受山西师范大学学术著作出版基金、2006年教育部人文社科青年基金课题“我国高校教学科研人员绩效考评体系研究”、山西省特色专业教育技术学和山西师范大学“十二五”重点学科建设（教育学）的资助。

Study on Performance Evaluation of Teaching and Scientific Researcher of Colleges and Universities in China

我国高校教学科研人员绩效考评研究

李志河/著

科学出版社
北京

内 容 简 介

本书以我国高校教学科研人员为研究对象，以心理学、管理学和教育技术学等相关学科的理论为基础，较为深入地研究了我国高校教学科研人员绩效考评指标体系构建、指标权重确定、绩效激励以及职业生涯规划等内容，并通过高校教学科研人员绩效考评管理系统对××高校教学科研人员的年度绩效考评进行了三年多的实践。研究结果表明，该项研究对当前我国高校师资队伍建设，创新人才选拔、引进和培养，以及科学有效的对其绩效考评和激励具有一定的理论和实践意义。

本书适合教育技术学、教育经济学与管理学等领域的专业人士阅读，也可为高校岗位绩效考评及企事业单位人力资源管理提供参考。

图书在版编目(CIP)数据

我国高校教学科研人员绩效考评研究/李志河著．—北京：科学出版社，2012.6
ISBN 978-7-03-034784-8

Ⅰ.①我… Ⅱ.①李… Ⅲ.①高等学校-人事管理-研究-中国
Ⅳ.①G647.23

中国版本图书馆 CIP 数据核字（2012）第 125335 号

责任编辑：侯俊琳　石　卉　王昌凤/责任校对：林青梅
责任印制：李　彤/封面设计：无极书装

科学出版社 出版
北京东黄城根北街 16 号
邮政编码：100717
http://www.sciencep.com
北京凌奇印刷有限责任公司 印刷
科学出版社发行　各地新华书店经销
*
2012 年 8 月第　一　版　开本：B5（720×1 000）
2022 年 6 月第七次印刷　印张：15
字数：277 000
定价：70.00 元
（如有印装质量问题，我社负责调换）

序

绩效是什么？绩效到底能做什么？在我看来，绩效主要体现了一种理念，即从单位时间内获得更多的价值和功效；同时也是一种方法策略，需要通过科学合理的布局、规划和实施才能取得成效。

“绩效”一词拆分开来，即为“绩”和“效”，其中，“绩”就是成绩或者业绩的意思，比如，在工作中体现为工作业绩，而在学习中则表现为学习成绩的高低；“效”有效率、成效、效果和效益的意思，比如，完成某篇学术论文花费的时间和精力等，或者是某项技术专利所产生的经济或者社会效益。于是，就有人将绩效应用在教学中以求提高教学效能，应用在管理中以求科学、有序地实现组织目标，而应用在人员评价上，则是在人员选聘、任用和激励等方面做出准确的评判。

目前，绩效广泛应用于很多领域，如心理学、管理学、人体工效学、企业培训以及教育技术学等，在我国教育技术学领域就产生了很大的影响。由此，我们不难看出，绩效是一个学科交叉、广泛融合的前沿领域，它不仅注重结果，注重过程，还注重行为表现。

绩效考评是指组织运用科学的方法，对其员工在既定的时间内所做的工作业绩尽可能地做出准确的评价，以达到改善组织及个人绩效的目的。绩效考评的结果是进行高校教学科研人员选聘、晋级、岗位轮换、福利津贴以及奖惩等人事决策的客观依据，也是教学科研人员职业生涯发展规划与教育培训的客观依据。科学的绩效管理能使领导者和教学科研人员本人更加了解自身的优势和不足，使之能够更好地对自身的工作进行反思，扬长避短，使其职业规划更具目的性、科学性，而系统、科学的教学科研人员绩效考评体系，对加强高校人力资源的开发与管理，推动学校的改革和可持续发展，具有十分重要的现实意义。

该书结合当前我国人事制度和事业单位绩效工资改革等政策，在高校教学科研人员的绩效考评方面立意具有一定的理论和实践意义，切合当前我国人事改革政策，具有很好的政策适应性。而教学科研人员是高校人力资源管理体系的基础，其工作具有一定的特殊性，其考评问题相当复杂，有不少难点，但也非常重要，无法回避。他们的职业素质的高低、工作效能的高低直接与高校的整体实力相关，因此必须重视对他们进行正确的考评和激励。

对高校教学科研人员的考评，应该是在正确的教育价值观的指导下，以科学的理论为依据，根据高校的教育目标和教学科研人员所承担的任务，按照规定的程序，运用科学的考评方法，广泛收集考评信息，对其工作成效进行判断，从而为教学科研人员工作的绩效改进和绩效激励、为学校加强教学科研人员队伍管理和建设提供科学的决策依据。总体来说，对该问题进行研究，具有以下六个方面的理论与实践意义。

1. 高校教学科研人员绩效考评兼具现实性和挑战性

作为当前教育领域有待于进一步研究的主要问题之一，对我国高校教学科研人员评价系统的研究是一项既有实际意义又有挑战性的课题，也一直是我国高校教学科研人员绩效评价领域的难点和热点。如何建立科学、合理的量化考评体系，以便于正确评价教学科研人员的业绩，促进教学科研人员的专业化发展，提高教育教学质量，便成为我们重点关注的问题之一。

2. 引入外部竞争和淘汰机制

随着我国改革开放的不断深入、社会主义市场经济体制的逐步建立发展，和中国加入世界贸易组织，教育得到了前所未有的大发展，这些都迫切要求事业单位转变用人机制，建立充满生机和活力的用人制度。要提高我国高校教学科研人员队伍的活力和竞争力，必须改革和完善现行的人事管理制度，引入现代管理理念，通过竞争来促进教学科研的发展，达到优胜劣汰的目的。

3. 该项考核涉及高校与教学科研人员两者的利益

对高校教学科研人员的评价是否合理科学，关系到我国高校教学科研人员队伍管理的加强、组织管理效率的提高。师资队伍建设的好坏关系到一个学校的生存与发展，而公正、合理的评价和有效沟通，又关系到教学科研人员的个人发展。

4. 吸引优秀人才，增强师资力量

完善的绩效考评制度不仅可以使校内产生良好的竞争气氛，诱导教学科研人员提高教学质量和学术水平，端正学风，同时，学术水平和教育质量的提高也能够吸引大批的优秀人才，从而更加壮大师资队伍，形成教学研究协调发展的良性循环。

5. 调动高校教学科研人员的积极性、主动性

通过绩效考评，可以加深教学科研人员对自身职责和目标的了解，明白自身在组织中的发展前途以及存在的问题。考评不仅要为教学科研人员聘任、晋升等服务，更要定位于提升教学科研人员素质，促进教学科研人员的发展，对他们提供发展性的指导和支持，而不是单纯强调责任。

6. 从整体上激活用人机制，提高组织内部管理效率

为适应高等教育发展，我国高校应逐步建立先进的教学科研人员人才资源管理体系，努力营造有利于优秀人才脱颖而出和发挥才干的制度环境，形成有利于优秀人才集聚的用人环境。无论是教学科研人员的聘任、晋升还是分配，都要有公平、合理、科学的绩效考评体系，对其业绩、能力和行为等进行评估，从而更好地奖勤罚懒，发挥激励作用，提高教职员工的个人素质，保证组织管理效率的提高和组织的良性运转。

近年来，我国学科进展呈现交叉融合日益显著、国家战略和社会发展需求加强、基础研究加强以及创新人才队伍建设等趋势。为此，在学科建设和发展中，需要重视超前研究学科发展演化规律，要以问题为导向促进学科交叉融合，要对知识体系深入分析以推动学科变革。该书以高校教学科研人员绩效评价为问题的起点，将管理学、心理学和教育技术学等多个学科知识有机地交叉整合起来，很好地解决了问题，这既体现了学科交叉融合的优势，又凸显了作者扎实的专业知识基础和对教育技术学学科专业前沿之一绩效技术的正确把握和应用。

该书首先从英国的文官考评制度引出绩效考评，进而介绍了绩效及绩效考评等相关概念和公平理论、目标一致理论、需要理论、激励理论以及胜任力等绩效考评相关理论，并在分析国内外高校教师绩效考评现状的基础上，

从人本主义角度出发，利用德尔菲法、专家调研以及 360 度绩效考评等方法构建了高校教学科研人员绩效考评体系，采取层次分析法确定了指标权重。为了验证考评指标及其体系的科学性、合理性，该书还结合×××高校年度绩效考评进行了案例研究，利用自主开发的高校教学科研人员绩效考评管理系统进行了三年多的考评实施。

纵观全书，该书充分体现了学科交叉和融合的优势所在，体系完整，内容充实，不仅在考评指标设置上充分考虑了考评对象的绩效行为表现和工作成效，而且还考虑到工作环境等周边绩效对考评对象的影响。具体体现在以下四个方面。

1. 在考评方式选择上

该书所建构的绩效考评体系打破了以“德”、“能”、“勤”、“绩”为基本指标的传统考核体系，并以 360 度绩效考评为主，多种考评方式相结合，以能力素质、工作环境、工作过程和工作业绩为主线进行综合考评。特别是将“工作环境”作为一项重要的绩效考评指标，这不仅充分考虑了考评对象本身的工作绩效，而且把影响工作绩效的周边绩效因素也考虑进去了，这样就使得考评具有一定的通用性和可行性，并最终形成了一个较为科学、合理的绩效考评指标体系。

2. 在考评指标选择上

该书从高校整体发展角度考虑，采用德尔菲法、问卷调研和研讨等方式，按照指标分层的原则确定了高校教学科研人员绩效考评指标及体系，其研究过程方法具有科学性和可行性。

3. 在考评权重确定上

指标权重是考评成效的关键，不仅要确定每个考评指标的权重大小，而且还要考虑到考评主体的信度和效度问题。该书采用层次分析法和模糊矩阵等研究方法确定了指标权重。

4. 在考评实施上

传统的教学科研人员考评方式完全采用人工的方式。这种方式在小范围、小群体的考评中可行，但是，如果是对一个大学或者几个单位的相关人员进行集中考评时，人工方式显然无法快速、准确地完成。该书介绍了网络化的绩效考评管理系统，利用该系统可以完成绩效指标的选择和确定、考评权权重的确定、考评类型的设置、考评对象和考评主体的管理、学生的管理、考评结果的统计以及系统的综合管理等功能。

值得一提的是，该书虽是针对我国高校教学科研人员的绩效考评研究，但是其研究成果、研究经验和方法具有很好的延展性，可以用于我国高校其他系列人员的绩效考评，如管理型、教辅型、工勤技术型等多个系列人员的绩效考评，也可以用于其他教育领域，如中小学、高职高专等院校，还可以用于企业和行政人事管理机构的人员绩效考评。

作者李志河是西北师范大学毕业的教育技术学学士，清华大学毕业的教育技术学硕士，毕业13年有余，一直在高校从事教育技术学、绩效评价等学科领域的教学和科研工作。该书是作者2006年申报成功并主持的教育部人文社会科学青年基金课题“我国高校教学科研人员绩效考评体系研究”的重要研究成果之一，书中凝聚了作者近6年的智慧和辛勤劳动。他的书稿即将付梓，我在欣慰的同时还有一些感动。看到年轻一代学人快速成长，如见长江后浪推前浪，恍若回到了自己的年轻时代。记得他在学期间，我担任西北师范大学电教系系主任，也是他的本科毕业论文指导教师，他是第一位完成毕业论文的学生，论文中剪裁和粘贴了大量的图片（那时的毕业论文还是用钢笔撰写的），论证说明虽显稚嫩，但足见其认真和踏实的态度，我对此印象非常深刻。这几年，李志河在工作方面表现突出，特别是在科研方面，捷报连连，不仅完成了多项省部级和校级课题，而且在2011年又获得了国家社会科学基金课题和省级课题，在学术成果和学术荣誉等方面也有很大的收获。

真心希望该书出版后，能够得到学界和社会的广泛关注，哪怕是批评多一点，我相信都将有利于年轻学人的成长与发展。为此，我欣然动笔写下了这些话，作为该书之序，也表示我对作者的衷心祝贺。

2012年1月1日

目录

第一章

绩效考评概述

在现代管理中，人力资本的有效应用和激励是保障有效管理、高效管理的前提。绩效考评是现代组织不可或缺的管理工具。它是一种周期性检查与评估个体工作表现的管理系统，是指主管或相关人员对个体的工作作系统的评价。

第一节　绩效的含义

目前，多个学科或者领域都在研究和应用绩效，如管理学、心理学、教育技术学、人机工效学等。但是不同研究领域对其关注和研究的视角各有所侧重，因此也有不同的理解。

一、不同学科对绩效的理解

1. 管理学中的绩效

绩效自出现以来就与管理学建立了一定的关系，因为它是基于个人或者组织行为或者结果而进行的绩效分析、评估、沟通、管理以及激励等。管理是社会组织中，为了实现预期的目标，以人为中心进行的协调活动。在管理工作中，如何最大限度地发掘人的主动作用，如何调动人的积极性，已经成为管理者必须认真解决的问题。

当前管理学中提倡“人本核心”理念，而绩效最终体现在人的组织效能等问题上，涉及心理学中的强化理论、冰山理论（精神分析学说）、期望理论、激励理论、需要理论以及公平理论等，这些理论都是管理心理学的重要理论基础和方法。另外，在人力资源管理中，关于人员培训、流程设计都体现了培训者和受训者的绩效能力与水平。

2. 绩效中始终贯穿着心理学

心理学主要研究人的行为、意识、能力、兴趣以及爱好等关键因素，其目的就是了解每个关键因素的发生机理，并尽可能获得最佳的绩效表现。比如，一位老师的教学态度，就是心理学问题，那么我们在绩效考评时就会设置这个因素，在考评的时候充分利用心理学的相关知识来进一步将态度具体化。另外，在教学成果或者科研成果奖励基数的设置上，也存在满意、愤怒等公平问题和心理问题等。可以说，心理学是绩效的基础，绩效的目的是为了提升个人或者组织的效能，从而产生积极向上的工作态度和工作行为，而这些都是心理学的关键因素。

3. 人机工效学中的绩效

自美国人泰勒开创科学管理以来，工作效能的研究一直是管理工程学的重要组成部分。人机动作研究之父弗兰克·吉尔布雷斯及其夫人首先应用心理学原理进行了动作研究，注意到工人疲劳、工作单调等因素对工效的影响。人类工效学是根据人的心理、生理和身体结构等因素，研究人、机械、环境相互间的合理关系，以保证人们安全、健康、舒适地工作，并取得满意的工作效果的机械工程分支学科。比如，人的作业绩效是衡量一个人操作水平的综合指标，它受操作者的操作次数、熟练程度、操作环境等因素的影响。一般而言，随着操作次数的增加，熟练程度的提高，操作环境的改善，操作者的工作业绩会相应地提高。

4. 教育技术学中的绩效

美国教育技术学协会（AECT）1994 年的定义指出，创新推广、绩效技术和质量管理的综合是组织变革的一个有力工具。[①] 绩效技术作为教育技术学中一个重要的、非常复杂的实践领域，是一个多学科理论交叉融合的学科和技术领域，它将企业和政府管理组织中的理论和方法应用于教育组织和领域，努力克服现在教育领域的许多弊端，以努力寻求低成本、高效益和高效率的解决策略。

《教学技术：领域的定义和范畴》[②] 一书指出，绩效技术是一种对项目进行选择、分析、设计、开发、实施和评价的过程，它强调人的主观因素，其目的在于运用绩效技术的方法和程序，以最经济的成本效益来影响人类的行为和成就。

美国教育技术学协会 2005 年的定义指出，教育技术是通过创造、使用和

---

① 梁林梅：《绩效技术的起源与发展》，《现代教育技术》，2003 年第 2 期，第 25～28 页。

② 西尔斯·R. 里齐：《教学技术：领域的定义和范畴》，乌美娜等译，中央广播电视大学出版社，1999 年。

管理合适的技术性的过程和资源，以促进学习和提高绩效的研究与符合伦理道德的实践。在该定义中，绩效指的是学习者的能力及其在新环境中的迁移能力。从历史上看，教育技术始终特别注重于结果，我们以程序教学为例，程序教学以小步子学习为基本过程，用户在完成一系列练习后，对其“最终目标”的实现程度进行有效评价。其学习目标非常明确，最终目标以精确的条件进行陈述，然后训练学习者，并根据学习者在这种条件下的表现情况进行评价。“提高绩效”同样强化了学习的新的含义：不仅是静态性、结论性知识，而且还有应用的能力。该定义反映了学习效能的提升不仅要看其学习成绩，更为重要的是要重视学习者的能力及其在新环境中的迁移能力。

由此，我们不难看出，绩效技术是教育技术学的前沿发展方向，它对提升人的学习能力，工作技能以及改善人类行为具有重要的影响。

二、绩效的概念界定

“绩效”是一个外来词，也是一个多义的概念。从纯语言学角度来看，“绩效”即成绩、成效、效果。从管理学的角度来看，“绩效”是组织期望的结果，是组织为实现其目标而展现在不同层面上的有效输出。

绩效是一个组织或者个人在一定时期内的投入产出情况，投入指的是人力、物力等物质资源；产出指的是工作任务在数量、质量及效率方面的完成情况。

1. 绩效包含成绩和效益

美国学者 Brumbrach① 将绩效定义如下：绩效指行为和结果。行为由从事工作的人表现出来，将工作任务付诸实施。行为不仅仅是结果的工具，行为本身也是结果，是为完成工作任务所付出的脑力和体力的结果，并且能与结果分开进行判断。坎波尔②认为，绩效是人们实际的行为表现，并且是能观察得到的，它包含与组织目标有关的行动或行为，能够用个人的熟练程度（即贡献水平）来定等级（测量），绩效不是行为的后果或结果，而是行为本身。绩效更加关注完成工作的过程，特别是对于那些结果难以通过量的形式来表现，或者用量来衡量不利于对过程质量进行控制的工作，采用对行为本身进行评估的方法。

① 陈绍辉，金喜在：《高校教师绩效评价的内涵、维度与方法》，《社会科学家》，2012 年第 2 期，第 118～120 页。

② 李岳：《我国高校教师绩效考核研究——以 JT 大学为例》，兰州大学硕士学位论文，2010 年。

2. 绩效的影响因素

由于绩效会因时间、空间、工作条件等相关因素的变化而不同，这决定了绩效具有明显的多因性、多维性以及动态性，其中比较重要的一个特性是绩效的多因性。绩效的多因性是指绩效的好坏不是由单一的因素决定的，而是受许多主客观因素的影响。

现代科学技术与心理学的研究表明，人的绩效主要受以下四个因素影响：一是能力（ability）；二是激励（motivation）；三是机会（opportunity）；四是环境（environment）。绩效的函数表达式为 $P=f(A, M, O, E)$，能力是指考评对象的基本素质和专业技能水平；考评对象行为激励是指考评对象的工作态度、积极性、主动性和创造性的状态与水平；机会是指考评对象个人或组织所面临的机遇以及发展的可能性；环境是指考评对象进行工作的客观条件，考评对象的绩效就是能力、激励、机会、环境这四个变量的函数。[①]

三、绩效的特点

绩效具有多因性、多维性和动态性等特点。

1. 多因性

个人的绩效高低受多方面因素影响，主要包括技能、激励、机会以及环境等四个因素。技能是指个人的天赋、智力、教育水平等因素；激励是对个人需要、感知水平以及价值观等方面的积极促进；机会是承担某种工作和任务的可能性，一般来说，工作机会的多少决定了一个人的工作绩效大小。工作机会越多，工作绩效就可能积累得越多；反之，工作机会越少，工作绩效就可能积累得越少；工作环境，包括社会文化环境、主客观环境等，环境因素往往在绩效考评中被忽略了，其实一个人的工作环境、周围环境在一定程度上直接或者间接地影响个人工作效能的发挥。

2. 多维性

多维性是指绩效考评需要从多个不同的方面和维度对个体进行考评分析。不仅考虑工作行为，还要考虑工作结果，不能只看一个方面。例如，在实际中，我们不仅要考虑个体绩效指标的完成情况，还要充分考虑其出勤、服从

---

① 安鸿章：《现代企业人力资源管理》，中国劳动社会保障出版社，2003 年。

合作态度以及人际沟通与协调能力等多个方面，还要考虑主管、同事及服务对象对考评主体的考评，因此，绩效考评需要多维、多向综合性考评。高校教学科研人员的工作绩效可以包括师德、教学工作、科研工作、社会影响力、人才培养等多方面的内容。高校教学科研人员的绩效考评体系的建立就必须包括考评对象的行为态度、工作过程、工作环境以及工作业绩等多方面的考评。当然，不同的绩效考评指标，其权重大小有所不同。

3. 动态性

动态性是从时间上来说的，即个体的绩效是处于动态的变化之中的。随着时间的推移，原来坏的也可能变好；反之，原来好的也可能变坏。这就要求对个体的绩效要用发展的眼光来考察，从激发个体的积极性着眼进行绩效评估工作。同理，高校教学科研人员的工作绩效随着时间和环境的变化也在不断变化和发展，这就要求在考评中，既要看到教学科研人员的过去，又要看到教学科研人员的现在，更不能忽视教学科研人员的发展趋势。对高校教学科研人员绩效进行考评，始终要全面理解和贯彻动态性这个特点。首先，要求绩效考评的指标是动态的，因为随着社会的进步，高校及教学科研人员的不断发展，一成不变的绩效考评指标终究会制约教学科研人员的进一步发展与提高；其次，诸如考评的周期、考评的主体等也要贯彻动态性这个理念，以最大限度地调动高校教学科研人员的积极性为出发点进行绩效考评工作。

第二节　绩效考评的含义

绩效从评价层面上来说，包括组织绩效和个人绩效。其中，组织绩效是指组织在数量、质量、效率以及效益等方面各任务指标的完成情况；而个人绩效是指个人在行为、态度以及工作结果等方面的表现。个人绩效是组织绩效的有效保证，组织绩效是个人绩效的体现。

一、绩效考评的内涵

绩效考评是绩效管理过程中最能体现管理效果的一个重要环节。良好的绩效考评有利于组织目标和个人目标的联系与整合，以获得更高的组织效率。

绩效考评，又称个体考评、人事考评或者绩效评价等，是指一套正式的结构化的制度，用来衡量、评价并影响与个人工作有关的特性、行为和结果，考察个人的实际绩效，了解个人可能发展的潜力，以期获得个人与组织的共同发展，也就是说，绩效考评是指考评主体对照工作目标或绩效标准，采用科学的考评方法，评定个体的工作任务完成情况、工作职责履行程度和自身发展情况，并将上述评定结果反馈给个体的过程。

一般来说，绩效考评包括两层含义：一是考评个人在现任岗位上的主要业绩；二是组织成员的素质和能力。绩效考评不仅仅是为了奖惩，奖惩只是强化考评功能的手段。

二、绩效考评的特点

绩效考评是从组织战略目标出发，对组织成员进行目标工作考评，并使考评结果与单位人事管理其他职能相结合，以此推动目标实现的过程。绩效考评是当前人事管理系统的重要组成部分，它是一套衡量和评价单位成员的程序、规范和方法的总和；绩效考评对单位、部门、个体成员产生行为表现及结果的考评。总体来说，绩效考评具有以下几方面的特点。

1. 强调通过个人绩效考评体现组织绩效水平和能力

个体是组织的基本单元，组织通过个体集合的综合考评，能够较为清楚地了解到组织成员的绩效水平以及组织目标的实现程度，也在一定程度上反映了组织整体状态和绩效水平。比如通过某校教学科研人员关于科研的绩效考评，可以较为全面的了解到该校整体科研实力和水平。

2. 通过组织绩效考评凸显个人绩效考评的价值

组织绩效主要从较为中观或者宏观的角度，对组织领导、组织管理、组织架构、组织目标、组织成效以及组织内外关系等多个方面进行整体考评。组织绩效考评最终还是反映在组织中个体价值和水平上。比如，×××大学社会影响力排名处于前列，正好反映了该大学成员个体的贡献和价值问题，也在一定程度上说明了该大学组织成员个体胜任能力和绩效水平。

3. 绩效考评不仅关注过程性绩效、终结性绩效，而且注重发展性绩效

绩效考评不同于以往的“德”、“能”、“勤”、“绩”考评，它对个体成员或者组织进行全面和整体的考评，不仅关注显性因素，如工作业绩、工作表

现、工作能力，更加关注隐性因素，如环境影响、社会评价、组织潜能等周边绩效。

4. 绩效考评的结果具有一定的激励作用

绩效考评的目的是为了检验个体或者组织的水平和能力，并在此基础上形成一种个体之间或者组织之间的相互激励，从而将绩效评价转化为一种内外动机，调动其积极性。比如对学校二级学院年度绩效考评，不仅有了评比排名，而且也极大地调动了各学院的工作积极性，为获得来年好的绩效排名而加倍努力。

三、教师绩效考评

教师绩效考评是考评者在获得有关教师的充分信息之后，运用科学的方法和技术，对教师的工作行为和工作效果进行检查与评价，并将考评结果及时反馈给被考评教师的过程。教师的绩效考评主要从能力素质、工作业绩、工作表现以及工作环境等方面考查。其中，能力素质是指教师职业的基本要求，如师德、教学技能、专业能力等；工作业绩主要体现在教师的工作成效上，如教改成果、学生成绩和水平等多个方面；工作表现主要体现在教学态度上，如备课、积极参加教研活动、师生关系良好等；而工作环境是指教师的氛围环境、工作条件、人际关系、福利待遇、发展机会等。

第三节　绩效考评的起源

有效的绩效考评，不仅能确定每位个体对组织的贡献或不足之处，而且可以在整体上对人力资源的管理提供决定性的评估资料，从而改善组织的反馈机能，提高个体的工作绩效，还可以激励士气，作为公平合理地酬赏个体的依据。绩效考评来源于英国的文官制，此后许多国家纷纷效仿和改善，以至于不仅在政府部门被广泛应用，而且在现代企业、事业单位都得到全面使用。

一、英国的文官制度

绩效考评最早起源于英国，在英国实行文官制度初期，文官晋级主要凭资历，于是造成工作不分优劣、所有的人一起晋级加薪的局面，结果是冗员充斥，效率低下。[①] 1854～1870 年，英国文官制度改革，注重表现、看才能的考评制度开始建立。根据这种考评制度，文官实行按年度逐人、逐项进行考评的方法，根据考评结果的优劣，实施奖励与升降。考评制度的实行，充分地调动了英国文官的积极性，从而大大提高了政府行政管理的科学性，增强了政府的廉洁度与效能。[②]

英国政府通过确立文官制度，化解了长期存在的周期性政坛变更所产生的种种问题。这些文官长时间在某个部门任职，在政务处理和各领域内的经验非常丰富。英国文官是与政务官（主要是内阁大臣）分立、终身雇佣、不参与政党活动的事务官。文官的出现，解决了长期以来英国政坛因内阁轮替而产生的政策无法延续、行政效率低下等问题。文官专注于政策的落实并不断提升办事效率，成为政务官的得力助手，是国家机器中隐性知识传承和信息传递的中坚力量。[③]

英国的文官的选拔一般主要考评其基本文化知识素养、执行能力。而且英国的文官享有很多的特权和待遇，这使得这种职业成为许多人梦寐以求的职业，也成为机构臃肿、办事效率低下的根源。但是进入现代社会以后，该制度受到许多质疑，特别是对其只重视“通才”而缺失“专业知识”的选才方式和职员待遇等问题。英国政府的公务员体制正在经历一场与传统决裂的转型。[④] 撒切尔政府对文官制度的改革，提升了整个文官队伍的专业性，让文官系统在政府职能划分越来越细的情况下，能够更好地应对挑战。而一切目标的实现，都依赖于英国的文官队伍本身就具备很强的可塑性，他们能够在复杂多变的环境中随时进行自我调整。

此后，其他国家纷纷借鉴与效仿，形成各种各样的文官考评制度。该制度的主要特征是把工作实绩作为考评的最重要内容，同时对考评对象的德、能、勤、绩进行全面考察，并根据工作实绩的优劣决定公务员的奖惩和晋升。

---

① 肖阳：《绩效考核的起源》，《企业管理》，2010 年第 6 期，第 59 页。

② 吴建清：《绩效考核在公安机关应用的价值分析》，《政法学刊》，2010 年第 8 期，第 113～117 页。

③ 李少卿：《英国文官制度 组织稳定的黏合剂》，《21 世纪商业评论》，2009 年第 11 期，第 118～124 页。

④ 国家行政学院国际合作交流部：《西方国家行政改革述评》，国家行政学院出版社，1998 年。

二、美国的功绩制度

英国文官考评制度的成功实行为其他国家提供了经验和榜样。1883年，美国国会通过了在文官制度中实行功绩制的基本法——《彭德尔顿法》，该法确立将行政从政治中分离出来，建立政务官和文官不同的责任体系，把公开考试、择优录用、价值中立确立为美国现代文官制度的基本原则，即它主张政治目标通过民主选举和政党政治表达，大部分政府职位不应当是政治性的，政府公共服务的去政治化，无论是党派政治还是政策政治的去政治化，都将带来行政效率的提高。由此，美国正式建立了考评制度，在文官的任用、加薪和晋级等方面，均以工作考评为依据，论功行赏，因此也称为功绩制度。[①]

美国现代文官制度通过确立价值中立原则，保护了文官免受政党政治侵犯，保证了公共行政事务的连续性、中立性和稳定性，其公共事务效率大大提升。但是由于缺乏对广大官员的控制，这无形中助长了官僚风气的蔓延。特别是在卡特总统时期，美国传统的三权分立制度已经失衡，官僚势力的膨胀成为20世纪美国社会的一个突出现象，官僚成为立法、司法和行政之后的“第四部门”，这严重影响了政府效能的发挥。[②]1978年，卡特总统提出了《文官改革法案》，它创设了一种完全平行于普通文官制度的高级文官制度。高级文官制度的核心内容是：在政务官之下、普通文官之上，建立一个高级文官的层级。卡特指出，高级文官制度的目的就是通过整合高级文官这一重要人力资源来提供一个更有效率和更具政治回应性的联邦政府。

高级文官制度涉及高级文官的管理体制、录用、培训、考评、任免和升降、薪酬待遇、权利和义务等各个方面。经过多年的发展，高级文官制度日趋完善，成为美国文官制度中的重要组成部分。[③]

文官制度的成功实施，使得有些企业和政府部门开始借鉴这种做法，在单位内部实行绩效考评，试图通过考评对个体的表现和实绩进行实事求是的

---

① 朱立言：《美国文官制度的变革与思考》，《公共管理学报》，2010年第1期，第1～7页。

② 石杰琳：《析美国文官制改革取向：结果重于规则》，《郑州大学学报（哲学社会科学版）》，2007年第9期，第21～23页。

③ 朱立言：《美国文官制度的变革与思考》，《公共管理学报》，2010年第1期，第1～7页。

评价，同时也要了解组织成员的能力和工作适应性等方面的情况，并作为奖惩、培训、辞退、职务任用与升降等实施的基础与依据。

三、我国的文官制度

文官制度是古代中国政治制度的主要内容，也是古代中国行政体制的核心，其发端于秦汉之际，自秦汉逐渐开始完善对官吏的选拔、任用、考课、等级、俸禄、回避、监察、休假等一系列的文官管理制度。①

中国古代文官选拔制度是一种带有浓厚的“人治”色彩的文官选拔制度。中国古代产生过多种官吏选拔的途径和方法，主要有世袭制、军功制、察举制、荐举制、任子制、荫袭制、征辟制、捐纳制以及科举制等，其中影响最大的是世袭制、荐举制、科举制。

我国古代的文官考评奖惩制度由来已久，《尚书》中说：“三载绩效考评、三考黜徙。”西周时期对官员的考评主要通过王本人的“巡狩”和诸侯的“述职”来实现。战国、秦汉以后逐渐形成了固定模式，如秦汉实行一年一考、三年一次总评定的办法；唐代实行一年一小考、四年一大考、大考按九等定黜徙的制度；明清实行三年一考、九年考满的京察大制。我国古代历代王朝为了以最优标准对官吏进行赏罚和升降，尽可能做到公平合理，防止官吏队伍作风散漫、苟且偷安、人浮于事现象的发生。其在选拔官吏时，尽最大可能做到量才任用，合理配置；对官吏的业绩考评采用有官必有课、德才兼课、有课必有赏罚的考评体系。②

孙中山先生曾说过：“各国的考试制度，差不多都是学英国的，穷流溯源，英国的考试制度原来还是从我们中国学过去的。”③ 我国现行的公务员制度是在吸收中国传统人事制度合理成分和借鉴西方文官制度的基础上基本确立的，并于 2005 年颁布了《公务员法》，该制度坚持依法管理原则，坚持公开、公平、公正的考录原则，严格考评，以功绩晋升、工作相对稳定，无过失不予解职，并且加强监督和检查制度。

① 陈燕青：《中国古代文官制度及其现代价值探析》，《内蒙古农业大学学报（社会科学版）》，2010 年第 1 期，第 295～297 页。

② 刘修明、夏禹龙：《中国古代文官体制的现代启示》，《齐鲁学刊》，1999 年第 6 期，第 7～10 页。

③ 苏廷林：《当代国家公务员制度的发展趋势》，中国人事出版社，1993 年。

第四节　绩效考评的内容

绩效考评内容就是要解决绩效考评考什么的问题。对于这个问题，当前我国行政事业单位使用最多的是“德”、“能”、“勤”、“绩”，对于管理层的考评还包括“廉”。为此，考评内容主要包括工作态度、工作能力、工作业绩以及工作环境等内外部条件。

一、工作态度

工作态度主要指工作纪律性、协作性、积极性、主动性、服从性、执行性、责任性、归属性、敬业精神、使命感、荣誉感、事业心、忠诚度、健康心理以及良知等。

二、工作能力

工作能力主要包括个体的健康水平、知识水平、智能水平、技能方法等。一个人的健康水平主要取决于年龄、性别以及饮食状况等。一般要求劳动者的精神高度集中、反应敏捷、动作迅速、判断准确，同时还要求具有一定的耐久力。知识水平主要包括专业知识水平、工作经验以及社会经验等，一般来说，一个人的知识水平与其所受教育程度有关。智能水平包括记忆、分析、综合、判断与创新等能力，也就是人认识客观事物获得知识，并运用知识解决问题的能力。一个人的智能水平集中表现在人认识客观事物的深刻、正确和完整程度上，或者是表现在获取和运用知识解决实际问题的速度和质量上。技能方法主要包括操作、表达和组织等能力。比如，一个人处理问题的质量和效率，或者其取得的学历高低，高学历的人一般认为具有较高的能力水平。

三、工作业绩

工作业绩是指工作效率及其效果，主要包括一个人完成工作量的多少（数量）、工作效果的好坏（质量）、对相关人员的指导教育（如对青年教师的指导、对研究生指导等）以及社会或者经济影响力。工作业绩是单位对考评对象绩效考评得到重要资料的组成部分，是考评一个人的能力水平高低和贡献度大小的主要依据，比如，一位高校教师在一年内发表三篇核心期刊学术论文，获得一项国家级科研项目等。

四、工作环境

一个人所处的工作环境及其内外部环境也会影响个人的绩效。这些环境和条件不仅包括一般的物理设施、住房条件等硬件设施，还包括内外部环境，氛围、福利薪酬以及内外部交流等多个方面。好的环境，能够促使考评对象安心、满意地工作，那么考评对象就会有意识地提升自己的工作绩效；如果工作环境恶劣，或者没有一定的实施条件，那么即使这个人再有能力，也只能是“巧妇难为无米之炊”，这样的环境无法留住有能力的人，个人的工作效能也不可能提升，那么组织绩效也无从谈起。

五、四者之间的关系

依据现代心理学和组织行为学的相关研究，决定一个个体绩效的因素包括工作能力、工作态度、工作业绩和工作环境等四个方面，它们的内在逻辑关系如图 1-1 所示。

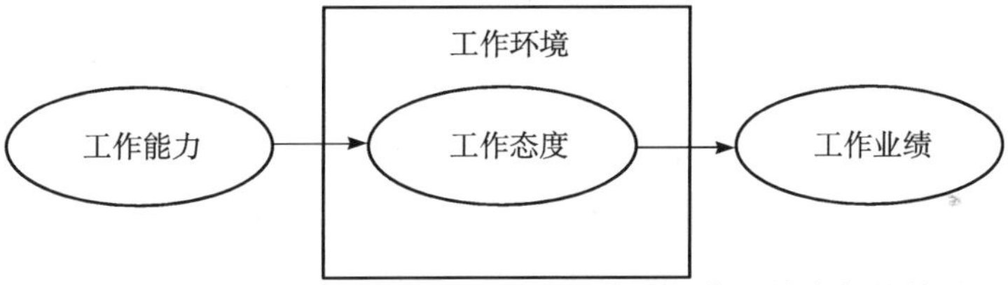

图 1-1　工作能力、工作态度、工作业绩和工作环境之间的关系

1）工作能力是个体工作业绩的基础和潜在条件，没有工作能力，创造好的业绩几乎不可能。

2）工作态度是影响工作能力发挥的个性因素。但是由于工作能力的发挥还受到内部、外部条件的约束，因此，好的工作能力并不一定产生高绩效，高绩效必须在个体良好的工作态度状态下并具有内外部条件的支持才能取得。

3）工作业绩是个体完成工作的最终成果，如完成上级指派的任务，完成并出版一本专著等。

4）工作环境是工作业绩的内外部条件。

六、四者在绩效考评中的作用

在绩效考评中，工作态度、工作能力、工作业绩和工作环境四者是相互联系的统一体。它们在绩效考评中的作用如图 1-2 所示。

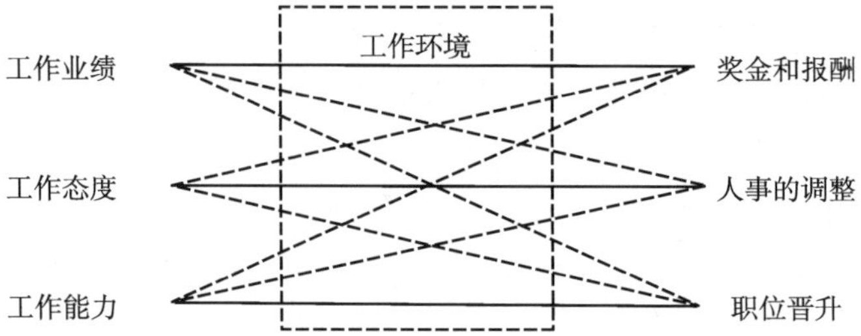

图 1-2　工作态度、工作能力、工作业绩和工作环境在绩效中的作用

1. 工作态度主要决定去留

工作态度反映了考评对象对单位敬业乐业、勇于奉献的精神。良好的个人工作态度，也是单位文化氛围的一种体现。因此，工作态度是单位决定人事去留的重要依据之一。

2. 工作能力主要决定晋升

工作能力反映了一个人的基本工作素质、潜能和适应性等问题。因此，它是单位确定人员晋升的基本依据之一，能力不过关，再有多好的工作态度和工作业绩，也无法获得晋升。能力不仅表现在工作业绩上，还表现在影响力、领导力以及组织管理等多个方面。

3. 工作业绩决定奖金和报酬

工作业绩的主要表现形式就是工作成果，如年终评优、发表学术论文数量和质量等。对于一个单位而言，为鼓励提高业绩，获得创造性工作成果，一般将组织和个人业绩与奖励直接挂钩。

4. 工作环境影响工作态度、工作能力和工作业绩

工作环境及其相关的内外部环境在一定程度上影响一个人在单位的工作态度和工作业绩。在一个良好的工作环境中，即使工作能力一般，也有可能取得不俗的成绩；而在一个差的工作环境中的人，即使再有能力，没有相应的工作条件也不可能充分发挥自己的工作能力。比如，一个人拥有世界先进水平的发明专利，如果专利转化条件不理想，也有可能使得该专利转化失败，

从而影响一个人的业绩和能力。

第五节　绩效考评系统的构成要素

绩效考评系统是一个集考评目标、考评对象、考评主体、考评指标、考评标准、考评方法、分析报告以及考评程序等因素于一体的，具有相对独立性的人力资源管理子系统。一个好的绩效考评系统应该能帮助单位、管理者或者个人取得成功，它通过管理者和组织成员不断提高工作绩效来使组织不断实现短期和长期目标。[①]

一、考评目标

绩效目标的确定是绩效考评的第一步。绩效考评的基本目标就是通过绩效考评，管理者可以衡量考评对象的优缺点，评定其工作成效，决定考评对象的岗位类别，以此对其薪资或绩效奖金作相应的调整；或者用来确定考评对象的晋升、降级或终止聘用等。绩效考评的最终目标是实现组织目标。一个组织首先是根据组织的战略目标来制定考评对象的工作任务，并设定绩效计划、评定标准以及反馈系统。[②]

通过绩效考评，考评组织者可以检验组织目标是否完成。另外，考评组织者还可以根据绩效考评结果及时修正组织发展计划，确保组织长期目标的顺利实现。

二、考评对象

考评对象即考评客体，是绩效考评的对象。他们是绩效考评实施的对象，绩效考评主要对考评对象的绩效表现进行考评。对于一个单位而言，所有的高层、中层管理者和个体都要接受来自其行政直接上级的考评。一部分考评对象同时还具有考评者的身份。

---

① 门志国：《高校教师绩效考核体系研究》，哈尔滨工程大学硕士学位论文，2007年。

② 陈松林：《教学型高校教师绩效考评研究》，华中师范大学硕士学位论文，2007年。

三、考评主体

考评主体即考评者，是指对考评对象作出评价的人。考评主体的选择直接影响着考评结果的信度和效度。由于岗位工作的复杂性，仅仅凭借一个人的观察和评价很难对考评对象作出全面的绩效考评，就像衡量工作的标准多种多样一样，绩效考评的参与者也是多方面的，如图 1-3 所示，参与考评的人员一般包括直接上级、同事、小组、自我、下属以及其他相关服务对象，如学生等。

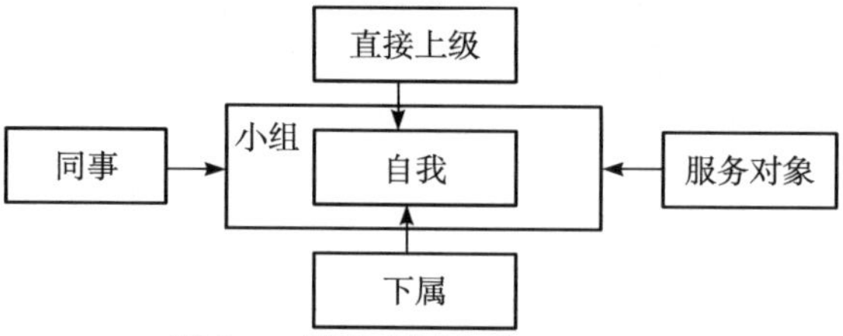

图 1-3　绩效考评主体

资料来源：陈胜军：《周边绩效理论与实践》，对外经济贸易大学出版社，2007 年。

有效的考评主体应当满足的条件是：熟悉考评对象的工作表现；了解考评对象的工作内容和工作性质；能将观察结果转化为有用的评价信息，并能公正客观地提供考评结果。表 1-1 为绩效考评主体优缺点对比表。

表 1-1　绩效考评主体优缺点对比表

评价主体	优点	缺点
上级（直接）	直接上级对下属比较了解；上级对下级绩效水平负有直接责任	上级可能对某些工作缺乏有效观察，从而影响评价效果
同事（同行）	熟悉彼此工作背景、工作能力和要求，可以避免因不了解而产生偏见	可能碍于情面而不打低分；当评价结果用于竞争性目的时，容易造成恶性竞争
学生（服务对象）	是教师的直接服务对象，能够提供较为有价值和客观的信息	可能产生教师为了获得高分而放松对学生管理的情况
小组考评	减少小组内部的恶性竞争，增强团队凝聚力	可能出现“金玉其外，败絮其中”等现象
考评对象	自我了解较深，可以促进自我激励	容易隐藏缺点，夸大优点

1. 上级考评

上级考评是传统的绩效考评的常用方式，其主要起到引导和监督考评对象行为的作用。直接上级作为与考评对象工作最为密切的关联者，是最熟悉考评对象的工作以及其工作状态和工作结果的人。因而，在进行考评时，对考评对象的工作能够有一个全方位的了解，掌握充分的事实依据，从而可以比较客观地、公正地进行考评。在大多数情况下，直接上级是执行考评任务的最佳人选，但由于上级和考评对象平时接触不一定多，以至于不可能全面了解考评对象。因此，上级在对考评对象进行绩效考评时，必须注意处理好以下几个方面的事情。

1）考评须依靠工作记录、工作成效，采取正确、公正的衡量方法，否则就会使评价缺乏准确性。

2）考评时不带有个人感情色彩，避免靠影响打分考评，须坚持对事不对人的基本原则。

3）考评时，不仅要注重考评对象的工作成效，还要注意工作态度和工作过程。

4）上级考评后，要对考评结果进行复核。复核工作可以由复核小组来完成，复核小组一般比上级更能把握平衡标准，并能对考评对象有更全面的了解。

此外，对上级而言，通过考评，可以更加全面地了解考评对象的工作情况，以便从整体上认知所属群体的工作状况。

2. 同事考评

1984 年，韦克斯利和克里姆斯基的一项研究表明：同事评价可能是对个体业绩的最精确评价。同事是指在同一个单位共事的人。同事考评也叫互评，即与考评对象一起工作的同事对其进行考评。由于具有同事关系，同事有机会了解和把握考评对象，于是同事参与考评就成为必然。

同事考评的前提是考评对象所在的单位或者部门人员构成相对稳定，而且双方之间完成了需要相互影响的任务或者工作。在不同的组织，同事之间的关系也有所不同，于是同事之间的了解程度也不一样。如果是项目小组或者教研组，那么这些同事之间的了解程度就很高，通过一段时间的共同工作，同事之间就会对对方有一个基本的了解，如某人做事拖沓，粗心大意；而某人则乐观向上，积极进取，工作效率高，工作业绩显著等。

（1）同事考评的优点

同事互相评价是获取信息的重要渠道。在很多情况下，同事能全面地了解考评对象的日常工作情况，因此有时也作为上级评价的补充。同事间朝夕相处，互相都比较了解，有利于避免因不了解而产生的偏见。由于同事经常从不同的角度来观察考评对象，因此，他们在考评对象绩效考评过程中往往有着不同的认识角度，而这种认识角度恰恰有利于考评的进行，对绩效考评对象的工作绩效是非常有价值的，特别是对具体日常工作的考评。此外，让同事作为考评主体也体现了“人人平等”、“民主参选”的理念。因同事考评而带来的压力，对于考评对象来讲，是一个有力的促进因素，有利于对工作的投入和工作效率的提高；同事考评反映出的问题是多方面的，而且是针对某个具体的工作或行为，但并不针对个人。

（2）同事考评的缺点

由于每个考评对象既是考评主体又是考评对象，因此同事考评的公正性受到一定的质疑。因为人际关系的原因，个人的感情因素很难平衡，在考评自己的同事时会不自在，从而在一定程度上影响了考评的准确性；有时会出现通过“轮流坐庄”获得奖励或避免惩罚的不负责任的行为，难以正确认识自我与他人对项目小组或者部门作出的贡献程度。

此外，在同事考评中要注意两个问题：首先，互评的项目指标设置是互评可以完成的，如合作精神、努力程度和态度等可以考评，而像工作成效、执行力度等项目则不宜同事互评，应由直接上级考评。其次，同事互评匿名，并相互保密，这样考评者就可以安全、公正地考评，考评对象也无须担忧，从而保证互评的客观性和真实性。

3. 下属考评

下属考评是指对自己的直接上级或者间接上级进行工作绩效考评的方式，其目的在于让上级及时了解下属对自己工作的认可度、满意度。

下属考评可以激发个体对单位的认同感，增强他们对单位的责任心。而对于管理者，这种考评方式可以促使其不断提高管理水平，修正管理风格，发掘单位潜存的问题。管理者可以通过下属的反馈，清楚地知道自己的管理能力有什么地方需要加强。如果自己对自己的了解与部属的评价之间有太大的落差，那么管理者亦可针对这个落差，深入了解其中的原因。因此，一些人力资源管理专家认为，下属对上级的考评会对上级管理才能的发展有很大的裨益。

在现代管理中，下属对管理层的考评具有一定的依据，首先，下属经常与其上级接触，并站在一个独特的角度观察其许多与工作有关的行为表现，如领导能力、授权和团队协调能力、表达能力、创新能力以及对下属的关注度等。其次，下属是执行上级意愿和任务的实施者。再次，下属也是最接近上级的人，只有他们才能较为真实地观察和评价上级的工作方法和行为表现。

（1）下属考评的优点

首先，下属考评能够帮助上级提升领导管理的才能。下属考评把上级工作中的不足之处，尤其是处理上下级关系中的不足之处反映出来，可以促使上级完善管理方式，使工作更有效率和亲和力。其次，下属考评能够起到权力制衡的作用。下属考评可以有效地监控上级工作，从而避免独断专行等倾向性行为。

（2）下属考评的缺点

下属为了讨好领导，一味地夸大领导的优点；为了避免上级报复和影响自己的工作，下属在考评中往往不敢实事求是地表达意见，隐匿对上级的不满和发现的问题；上级并不真正重视下属的意见，即使知道自己错了，或者承诺改正，也不认真改正，或者仍是我行我素。

由于下属对上级的工作不可能有全盘的了解，因此，在考评时往往侧重于个别方面，易产生片面看法，所以在下属考评指标设置上要多加论证和分析，最好能与相关领导和管理部门取得一致意见，从而能在形式上和执行上保证可操作性。

4. 服务对象考评

服务对象考评是指考评者工作职责范围内的直接服务对象，如客户或者学生等。这些人是考评对象的直接服务对象，那么考评对象任务完成得如何，是否让服务对象获得满意是考评时着重考虑的问题。对于服务对象的考评，一般要注意考评的方式和考评权重的设定。另外，在考评指标设计上要注重问题的针对性，还要注意考评时的匿名性，特别是在考评时作一些必要的规定和说明，这样才能确保服务对象能够客观评价。

（1）服务对象考评的优点

可以从考评对象的服务水平、服务态度等方面进行较为客观的评价；服务对象往往是较好监控和能够实事求是反映客观事实的直接人；有利于全面评价考评对象。

（2）服务对象考评的缺点

由于考虑到自身的安全因素，服务对象一般不主动或者显性表现不满；一般服务对象的主观性因素比较多；考评管理过程中过分强调服务对象的评价结果。

（3）学生考评

学生是教学活动的直接对象，对考评对象的教学监督和考评是他们的权利，且最有发言权。学生作为教学活动的主体，能在课堂上直接体会到考评对象的实际教学活动，对考评对象的基本能力、工作态度和教学过程等方面的情况有切身感受，而且，学生人数众多，具有广泛性、完整性和公正性等特点，因此，学生作为考评主体是不可缺少的重要组成部分。作为高等院校的学生，身心发展已基本成熟，可以充分发挥主人翁精神。

5. 小组考评

小组考评也称组内评价，是指考评对象所在的相对工作的团队组织，如课题组、项目组或者教研组等。这种评价方式类似于同事评价，不同的是小组评价更加注重考评对象在小组中的工作表现、工作能力等方面的考评。

(1) 小组考评的优点

小组考评对于那些难以区分个人业绩的团队进行考评是有价值的：建立在小组考评基础上的绩效考评，可以减少团队成员间的彼此竞争，强化团队凝聚力，使小组成员都来关心团队。

(2) 小组考评的缺点

由于考虑到小组团队整体效能，小组内部以及小组之间就可能出现能人包揽的现象；小组的外显效能有时候掩盖了小组的真实水平，出现所谓“金玉其外，败絮其中”的现象。

为此，小组的工作考评一定要进行组内成员互评和小组间互评。另外，还要注重小组成员的自评，通过互评和自评达到相互牵制的作用，从而较为真实地反映考评对象的基本情况。

6. 自我考评

自我考评的基础是贝蒙（Bem）的自我知觉理论。该理论认为，只有当我们经常通过观察别人的活动来推断其状况时，我们才能通过观察自己的活动来判断自己的状况。①

自我考评是指考评对象对自己的工作业绩和行为表现进行评价的一种考评方式。它是主体对自己思想、愿望、行为以及个性特点的判断和评价。自评是考评对象对自己的主观认识，它往往与客观结果有所差别。通过考评对象的自评结果，考评者可以了解到考评对象的真实想法和较为客观的工作状态，为全

① Latham G P，Wexiey K N. Increasing Productivity through Performance Appraisal，中国人民大学出版社，2000 年。

面考评和绩效沟通做好准备。自我考评是单位目标管理的重要组成部分，单位在设定单位目标和个体目标时，让考评对象参与其中，并设定明确的工作目标，这样有利于考评对象为实现目标而努力工作，发挥主人翁的精神。

（1）自我考评的优点

考评者与考评对象都不具有一定的危险性，不会造成较大的压力；目标导向的自我考评能够增强个体的积极参与意识；自我考评结果具有一定的客观性，有利于改善考评对象的工作绩效。

（2）自我考评的缺点

考评对象往往会隐藏自己的缺点、隐瞒工作失误或者高估自己的工作业绩，与其他考评结果有一定的差距，在职位晋升、奖金发放等方面不足以作为评判标准。

为此，在考评前，要认真做好考评者的工作，依据目标管理设定切实可行的目标任务；实施考评时，注重自评过程和结果；考评后积极分析和反馈自评结果，并做好绩效激励和思想沟通工作。

四、考评指标

指标是实施评价的基础。任何评价行为都要使用一定的指标进行，有的采用定性指标，如访谈等，有的采用定量指标，如发表学术论文的数量和级别，而有的采用定量指标与定性指标相结合的方式。比如，评价一个学生的学习能力就要包括其基本素质、智力因素、非智力因素以及策略因素等。

1. 绩效考评指标概述

绩效考评指标体系是绩效考评制度的一个重要的组成部分，构建科学、合理的绩效考评指标体系可以全面地了解教学科研人员的实际工作情况，可以有针对性地对教学科研人员在考评中出现的不足和缺点采取有效的措施加以改进，从而充分调动教学科研人员的积极性、主动性和创造性，促进教学科研人员能力的提高，推动学校的发展。因此，绩效考评指标也就成为建立绩效考评体系的中心环节。

绩效考评指标是绩效考评制度中的关键内容，考评指标即考评因子或考评项目，也就是被考评对象的各个方面或各个要素。

2. 绩效考评指标的构成要素

绩效考评指标一般包括五个构成要素：①指标名称，即对考评指标的内容作出的总体概括；②指标定义，即对指标内容的操作性定义，用于揭示考评指标的关键可变特征；③标志，即考评指标中用于区分各个级别的特征规定；④标度，即用于揭示各级别之间差异的规定；⑤权重，即各个指标在同类层级所占比例量。

3. 绩效考评指标的基本要求

绩效考评指标的基本要求包括以下三个方面。

（1）明确性

对每一个绩效考评指标，要定义明确，不能出现歧义、含糊不清的地方，避免因为对考评指标不理解而出现的误差。

（2）独立性

每一个指标都是独立的，要有独立的内容、含义，要避免出现指标间的交叉，造成指标概念的混淆。

（3）针对性

指标要有针对性，每个指标应针对某个特定的绩效目标，针对不同教学科研人员的工作特点来设计考评指标。

4. 绩效考评指标的设计原则

为了保证绩效指标的有效性，并在考评中切实可行，绩效指标设计应遵循以下基本原则。

（1）宜精而不宜多

一般来说，绩效指标越多，考评就越全面、越公平。其实绩效考评指标越多，考评的难度和复杂度就越大，使得考评主体无法对繁多的指标作出有效评价和处理。因此，在选择考评指标时一定要精心、精细，科学合理地取舍考评指标。

（2）宜明确而不宜模糊

指向明确是指标选择和设计的第一要务，要求指标能够被有效或者精确度量。如果指标指向模糊，那么就很难度量，这样的指标宁可不要。

（3）宜敏感而不宜迟钝

绩效指标的敏感性表现在绩效指标能够区分出不同考评对象的差异程度与不同。选择绩效指标就是要选择那些能够较好区分出各个评价对象好坏、高低差别的指标。

（4）宜关键而不宜空泛

在绩效考评指标设计中，关键指标的选择是重要的设计思路，要通过对单位考评目标和考评实施价值等方面进行综合考虑，然后找出对考评对象和考评单位影响较大的关键指标，而不是“眉毛胡子一把抓”。

5. 绩效指标确立的基本步骤

确立绩效指标体系，一般分为以下几个步骤。

（1）初选考评指标

依据考评目的，对考评对象的岗位职责、性质以及工作业绩要求进行研究与分析，以此初步确定绩效考评的各项指标。

（2）绩效特征分析

依据岗位特征和考评对象的基本情况，对各个指标要素进行绩效特征分析，按照考评需要程度进行分档，然后由部门领导或者专家进行评估，最后依据少而精的原则形成指标体系，并按照权重程度进行筛选。

（3）理论验证

依据绩效考评的基本原理与原则，对筛选的指标要素进行验证，以保证其有效性和可行性，并能达到考评的目的和要求。

（4）指标确定和体系建构

结合多种考评方法，确定绩效考评指标，并构建准确、完善和可靠的绩效考评指标体系。

（5）修订和完善

为了使指标体系更趋完善，还应进行必要的修订处理。修订一般分为两种：一种是考评前修订。通过专家调查法，将所确定的考评指标提交单位领导、专家会议或者咨询顾问，征求意见，修改，补充和完善绩效考评指标体系。另一种是考评后修订。根据考评及考评结果等情况进行有针对性的修订，从而使考评指标体系更加理想和完善。

五、考评标准

1. 考评标准的含义

考评标准是判断考评对象优劣的基准，选择什么标准作为考评的基准取决于考评的目的。考评标准实际上起着标杆和基准的作用，它体现着一个组织的价值观，意味着一个组织鼓励自己的成员做什么样的人，因而对“考评标准”最重要的要求是取向积极、要求明确，在具体选用标准时，应与考评指标密切联系。

2. 考评标准的类型

绩效考评的标准类型可以分为绝对标准、相对标准和客观标准三种。

（1）绝对标准

绝对标准是指对考评对象工作行为进行研究，建立考评对象一定的行为标准，固定和量化标准内容信息，然后将达到该项标准列入考评范围内。其考评的重点是以固定的标准衡量考评对象，而不是与其他考评对象的表现进行比较。例如，发表一篇 CSSCI 学术论文计 50 分等。

（2）相对标准

相对标准是指将考评对象之间的绩效表现相互比较，即以相互比较来评定个人工作的好坏，将考评对象按照某种维度作顺序排名，或者将考评对象归入已定的等级中，再加以排名。比如，学生评教结果排名、科研成果贡献度排名等。

（3）客观标准

客观标准是指考评者在判断考评对象所具有的特质和行为，以及考评对象在工作中的绩效表现时，在考评对象的评定量表上每一点的相对基准上予以定位，以帮助考评者作评价。例如，某位教师的工作态度表现量化分值等级分别是 5，4，3，2，1，其中，5 表示非常好，4 表示好，3 表示一般，2 表示不好，1 表示很不好。

3. 考评标准的基本特征

一般而言，一项有效的绩效考评标准必须具有下列六个基本特征。

（1）标准是基于工作而非基于考评对象或者考评工作

绩效考评标准应该根据工作本身，而非考评对象。这样，在评价的时候，仅针对考评对象的工作状态和工作业绩，就可以避免标准因人而异的现象出现。

（2）标准是可以达到的

绩效考评标准项目是可控的，考评对象通过努力可以达到的。避免考评标准过高或者过低的现象，过高则很难达到，考评对象无法获得一定的成就动机；过低，则容易达到，无法激发考评对象的内在动机。

（3）标准是考评对象和考评主体熟知的

绩效考评标准对考评主题和考评对象都是熟知和明了的。考评之前一定要和考评主体、考评对象沟通好。如果考评对象对绩效考评标准不清楚或者不能理解，则事先就不能确定努力方向；如果考评部门或者考评主体不清楚绩效考评标准及基本考评方式，则无从衡量考评对象的工作表现之优劣。

(4) 标准要尽可能具体而且可以衡量

绩效考评的每项指标最好用量化性的数据表示，对于那些抽象或者无法量化的项目，则采用相对评价标准来考评。

(5) 标准有时间的限制

绩效考评须在一定的时间期限内对考评对象进行考评，其考评材料和信息都是有时效性的，这样才能评测出考评对象的绩效表现。

(6) 标准是可以改变的

考评标准应该定期评估和重新赋值，以便于能够依据形势或者工作需要进行必要的调整，从而更为准确地评测考评对象。

4. 考评标准的制订原则

制订考评标准时，应坚持定量和定性相结合的原则。对能够量化的工作，如教学工作量、科研成果的数量等，应有明确的数量和质量规定。对可采用数值显示的质量，也应拟订量化标准，如获奖级别、取得的经济效益等。

制订考评标准时，要突出导向作用，既要高标准，便于择优和引入竞争机制，也要考虑学校的办学方向、具体条件和特点，使大多数教师经过努力能达到合格以上标准。对于不合格标准的界定，必须非常明确，不能含糊其辞、模棱两可，以免带来负面效应。

5. 两种常用的绩效考评标准

绩效考评应根据工作内容、工作性质以及考评目的采取相应的考评标准。下面是两种常用的绩效考评标准。

(1) 分段式标准

分段式标准是一种简易标准，它是将每个要素分为若干个等级，然后赋予相应等级指标分值或者权重，再将各个等级的分值分成若干个小档（区域范围）。这种标准的特点在于分档较细，编制和使用起来非常方便。由于此种方式精确到小数点，这样可以较好地减少误差，达到客观评价的目的。但是由于涉及小数，所以，在统计和处理数据的时候，小数会给计算带来一定的难度。比如，某高校在开展绩效考评时采用的分段式标准。将工作态度要素按照优、良、中、差分为“从无差错”、“基本正确”、“时有差错”和“经常出错”等四档，再将每一档上限、下限之差分为高、中、低三档，数据相同。在考评的时候，先定大档，再定小档，如表 1-2 所示。

表 1-2　分段式标准

等级/分值	优	良	中	差
4	3.1～4.0	2.1～3.0	1.1～2.0	0～1.0
7	6.1～7.0	4.1～6.0	2.1～4.0	0～2.0
11	9.1～11	7.5～9.0	4.6～7.4	3.0～4.5

（2）积分评语标准

这种考评标准需要将评价要素的内涵确定清楚，然后进行分解处理，并给予每个项目独立分值，各个分解项目的总和就是对某要素的评价。其关键是要素分解合理、准确和全面。

六、考评方法

绩效考评的方法因不同考评目标和考评对象，而呈现多样性。目前常用的绩效考评方法有以下几种。

1. 360 度绩效考评方法

（1）360 度绩效考评定义

360 度绩效考评也称为全方位考评，是英特尔公司爱德华和埃文等在 20 世纪 80 年代提出的，后经 1993 年美国的《华尔街时报》与《财富》杂志引用后，开始得到广泛关注与应用。它是由考评对象的上级、同行、下级以及考评对象本人担任考评者，从多方角度对考评对象进行全方位的评价，考评结束后再通过反馈程序将考评结果反馈给本人，达到改变行为、提高绩效等目的。

我们可以把它设想成一个圆圈，考评对象处于圆心，考评者分布在考评对象四周。如图 1-4 所示，上级考评处于 0 度位置，顺时针旋转 90 度为同级考评，180 度为下级考评，270 度为顾客考评，中间为考评对象本人的自我考评。

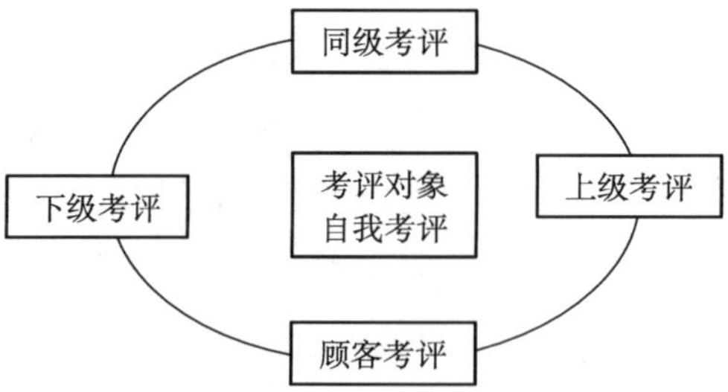

图 1-4　360 度绩效考评

（2）优点

与传统的考评方法相比，360度绩效考评扩大了考评主体的范围和类型，从不同层次的人员中收集考评信息，从多个视角对考评对象进行综合考评。360度绩效考评打破了由上级考评下级的传统考评方式，可以避免传统考评中考评者很容易发生的“晕轮效应”、“居中趋势”、“偏紧或偏松”、“个人偏见”、“考评盲点”等现象；个体不可能多方面影响考评结果，评价信息更准确和全面；可以较为全面地反映不同考评者对同一考评对象不同的评价结果；可以较为有效地防止考评对象急功近利的行为，如仅仅致力于与津贴或者职位晋升密切相关的绩效指标；全面的考评信息的反馈，有助于考评对象多方面能力的提升。

（3）缺点

360度绩效考评由于涉及的人员多、耗费时间长和考评培训工作难度大，在实施绩效考评的时候，管理者往往需要多加斟酌和考虑。首先是考评成本较高。当一个人要对多个同事进行考评时，时间和精力耗费多，由多人来共同考评所导致的有形或者无形成本上升，可能会超过考评所带来的价值；同事考评成为某些个体发泄私愤或者送人情的途径；考评培训工作难度大。其次是组织要对所有的考评者进行考评制度的培训，这涉及很多人，数量大而且难以组织。另外，由于考评过于全面，在实际考评过程中往往比较烦琐，难以操作，可控性较差。

（4）360度绩效考评的应用

实践证明，当用于不同的目的时，同一考评主体对同一考评对象的评价会不一样；反过来，同样的考评对象对同样的评价结果也会有不同的反应。

当360度绩效考评主要用于个体发展时，考评者所作出的评价会更客观和公正，考评对象也更愿意接受考评结果。如果360度绩效考评主要用于个体的组织行政管理，服务于个体的职位提升、津贴发放时，考评者就会考虑到个人利益得失，所做的评价相对来说难以客观公正，而考评对象也就会怀疑考评者评价的准确性和公正性。因此，当我们把360度绩效考评用于对个体的组织行政管理时，一方面可能会使得评价结果不可靠，甚至还不如仅仅由考评对象的上级进行的评价；另一方面，考评对象很有可能会质疑评价结果，造成单位人际关系紧张。

2. MBO法

MBO法即指目标管理法。它最早由著名的管理大师德鲁克博士于1954年在《管理的实践》一书中提出。目标管理法的实质就是上下级共同讨论和制订下级在一定考评周期内所需要达到的绩效目标，经过实施后，到考评周期结束时由双方共同对照原定目标来考评实际绩效，找出工作成绩和不足，然后制订下一个周期的绩效目标，如此循环下去。目标管理逻辑框图如图 1-5 所示。

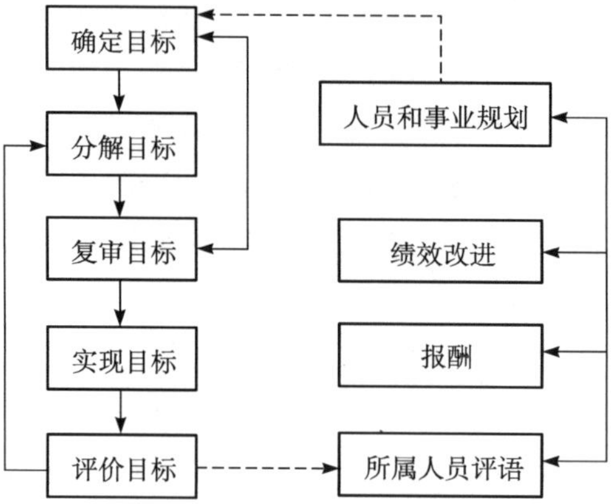

图 1-5　目标管理逻辑框图

管理学者认为，目标的确立需要注意以下几个方面。

1）确立目标程序必须准确、严格，以达成目标管理项目的成功推行和完成。

2）目标管理应与单位预算、绩效考评、工作水平、个体能力水平以及单位发展系统地结合起来。

3）要弄清绩效与报酬之间的关系，找到两者之间的影响因素。

4）要把明确的管理过程与绩效考评结合起来。

5）绩效考评的水平取决于管理者的努力程度，以及上级与下级人际关系和沟通能力。

目标管理的基础是充分相信人的积极性和工作能力。其功能在于通过目标的设置激发人的动机，指导人的行为，使个人的需要、期望与组织的目标挂钩，以调动人的积极性。在实施过程中，要坚持考评对象参与目标的制订，坚持个人目标与组织目标的有机结合，激发组织成员实现个人目标的责任感，并坚持自我评价与自我调整。目标管理法由于很重视考评对象自身的期望和评价，考评不够全面，在实施的过程中容易受主观因素影响，客观和公正性较差。

总之，目标的实现与目标责任人的才能知识有关，与是否按照制定目标原则实施目标有关；与目标是否能唤起其强烈的内驱力有关；同时也与他的直接上级有关。

3. KPI 法

KPI 即关键绩效指标。关键绩效指标是指在绩效考评中，所设定的指标一般集中在对一项工作最关键的一系列指标上。KPI 是衡量组织战略实施效果的关键指标，其目的是建立将组织战略转化为内部过程和活动的机制，来不断增强组织的核心竞争力和持续地取得高效益。其考评的指标是由自上而下从组织的战略目标到组织绩效，从组织绩效到部门绩效，最终到个体的绩效不断分解而获得的。

关键绩效指标理论认为，工作绩效符合“二八定律”，即个体的工作绩效是由数量占 20%的主要因素决定的。“二八定律”即巴莱多定律，是意大利经济学家巴莱多提出来的。他认为，在任何一个体系中，最重要的只占其中一小部分，约占 20%，其余 80%尽管是多数，却是次要的，因此又称“二八定律”。比如，在讨论会中，20%的人通常发表 80%的谈话。运用“二八定律”，就是从中找出几项最重要的，然后分配时间集中精力完成，你将获得成功。同理，在进行绩效考评时，不可能对所有影响因素、所有维度、所有时间逐个进行考评，只要抓住其中 20%的关键性的绩效指标就可以了。

确定关键绩效指标的原则是 SMART 原则，含义为具体、可度量的、可实现的、现实的、有时限的。SMART 是 5 个英文单词首字母的缩写，如表 1-3 所示。其中，S 代表具体的（specific），指绩效考评要切中特定的工作指标，不能笼统；M 代表可度量的（measurable），指绩效指标是数量化或者行为化的，验证这些绩效指标的数据或者信息是可以获得的；A 代表可实现的（attainable），指绩效指标在付出努力的情况下可以实现，避免设立过高或过低的目标；R 代表现实的（realistic），是指年度经营目标的设定必须与预算责任单位的职责紧密相关，它是预算管理部门、预算执行部门和公司管理层经过反复分析、研究、协商的结果，必须经过他们的共同认可和承诺；T 代表有时限的（time-bound），注重完成绩效指标的特定期限。

表 1-3 SMART 原则

原则	正确做法	错误做法
具体的（S）	● 切中目标 ● 适度细化 ● 随情景变化	● 抽象的 ● 未经细化 ● 复制其他情境中的指标

续表

原则	正确做法	错误做法
可度量的（M）	● 数量化的 ● 行为化的 ● 数据或信息具有可得性	● 主观判断 ● 非行为化描述 ● 数据或信息无从获得
可实现的（A）	● 在付出努力的情况下可以实现 ● 在适度的时限内实现	● 过高或过低的目标 ● 期间过长
现实的（R）	● 可证明的 ● 可观察的	● 假设的 ● 不可观察或证明的
有时限的（T）	● 使用时间单位 ● 关注效率	● 不考虑时效性 ● 模糊的时间概念

KPI法对于具体工作过程非常适用，但由于其太过具体，太过专注于重要指标，往往忽视了其他影响因素，所以其全面性和合理性相对不足。表1-4为美国西北公司（NW）的SPG战略规划小组管理人员的KPI关键行为指标评测表（BOS）。

表1-4　美国西北公司的BOS

请仔细阅读每条行为项，在你认为适合的数字上画圈。对每个行为，4代表几乎总是，或发生率为95%～100%；3代表经常，或发生率为85%～94%；2代表有时，或发生率为75%～84%；1代表偶尔，或发生率为65%～74%；0代表几乎从不，或发生率为0%～64%。

关键行为	团队运作				
	0	1	2	3	4
1）作出决策之前，请SPG的管理者们就那些会对SPG的管理者产生直接影响的事件说明自己的想法					
2）向SPG成员解释可能或将要对其他部门产生影响的指令、决策和政策背后的基本原理					
3）让SPG随时了解部门的大事，包括人事、政策、项目、建设等					
4）不断寻求SPG在资金政策和计划方面发挥团队作用，而不是发挥单个SPG成员的作用					
5）在SPG会上，接受来自SPG成员对决策的批评和疑问					
6）支持SPG的决策					
7）花时间了解其他SPG成员的工作进展情况（如他们的目标、时间表、部门内部及部门间目标的相互关系）					
8）想办法将部门目标与（NW）整体运作目标联系起来					
9）在不知道解决方案时坦白承认					
10）参与SPG的讨论（如询问有关问题，与小组成员一同以头脑风暴法进行讨论）					

资料来源：加里·P. 莱瑟姆、肯尼斯·N. 韦克斯利：《绩效考评——致力于提高企事业组织的综合实力》，中国人民大学出版社，2002年，第141，142页。

西北公司采用了职务特征指标，通过对一系列的关键行为进行考评，可以较客观地掌握该管理人员的绩效表现。但是，只有对行为和态度的考评，没有结果的考评，没有量化的指标的考评，比如，究竟该管理人员的工作成果如何，分管的工作成效如何，还是不得而知。因此要客观、全面、科学地反映管理人员的真实绩效，还需要通过设立关键业绩指标或目标达成度等能量化的成果性指标，加上该公司开发出来的一系列的职务特征指标，才能达到既注重结果，又注重过程真实客观的考评目的。

4. 平衡计分卡法

平衡计分卡（BSC）是 20 世纪 90 年代初由哈佛商学院的罗伯特·卡普兰和大卫·诺顿发明的一种绩效管理模式和评价体系，是目前世界上最流行的管理工具之一，后来在实践中扩展为一种战略管理工具。

（1）平衡计分卡的基本内容

平衡计分卡是基于组织战略而精心选择的计量指标体系，包括客户层面、内部业务流程层面、学习与成长层面和财务层面等各个相互驱动的指标因果关系，通过对组织战略达成共识并将其转换为四个维度的目标、指标、目的和行动而设置，如图 1-6 所示。

平衡记分卡表明了组织需要什么样的知识、技能和系统（学习与成长层面），才能创新和建立适当的战略优势和内部运营机制（内部业务流程层面），使组织能够把特定的价值带给市场（客户层面），从而实现更高的股东价值（财务层面）。这四个方面包含了内因和外因的平衡、领先指标和滞后指标的平衡、财务指标和非财务指标的平衡、业务单位目标和组织整体目标的平衡。其平衡关系如图 1-7 所示。①

（2）平衡计分卡的主要构件

平衡计分卡主要是通过图（战略地图）、卡（平衡计分卡）、表（单项目标行动计划表）来实现目标的规划，提供了一个能够将组织实力、为客户创造的价值和由此带来的未来财务业绩建立联系的、全面的衡量框架。

其中，战略地图是以平衡计分卡的四个层面目标为核心，通过分析这四个层面目标的相互关系而绘制的企业战略因果关系图，它以几张简洁的图表将原本数百页目标规划文件才能描述清楚的组织目标、部门目标直观地展现出来。图 1-8 为美国利兹大学战略地图，由愿景、目标和价值、利益相关者和合作伙伴、关键主题（战略主题）、战略促动因子等部分组成，几乎涵盖了学校发展战略的主要内容。由图可知，利兹大学战略地图建立专门机构负责

① 李庆乐：《基于平衡记分卡理论的高校教师绩效考核研究》，中北大学硕士学位论文，2008 年。

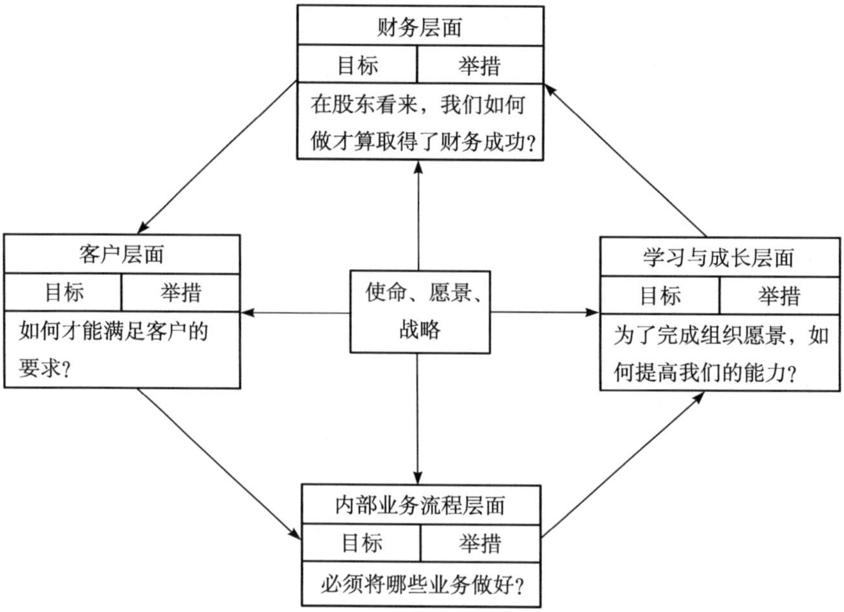

图 1-6　平衡计分卡模型图

资料来源：Kaplan R S，Norton D P. Using the balanced scorecard as a strategic management system. Harvard Business Review，1996.

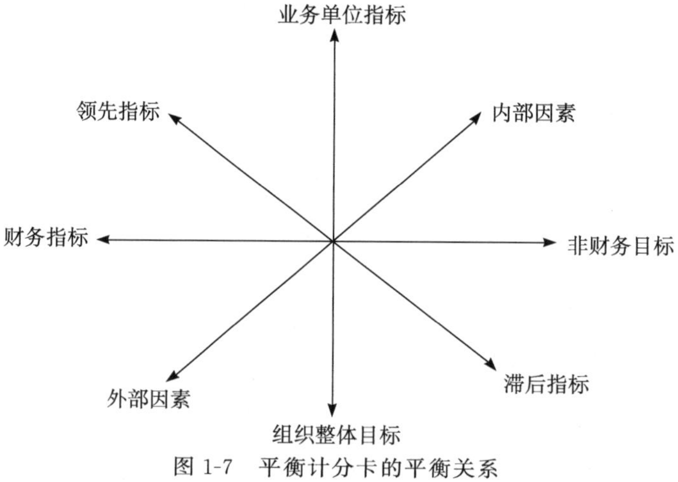

图 1-7　平衡计分卡的平衡关系

战略的制订和实施指导，以细化和可实施的分战略建立阶梯式战略目标体系，十分强调沟通的作用，以极为简练的语言将大学发展战略目标浓缩于一张纸上，将战略与大学中每个人的日常学习和工作联系在一起。

<table>
<tr><td>愿景</td><td colspan="5">到 2015 年，我们将以世界一流的整合的科研、学术和教育能力，在世界 50 强大学中占有一席之地</td><td colspan="2">UNIVERSITY OF LEEDS</td></tr>
<tr><td rowspan="3">目标和价值</td><td colspan="6">我们是一所研究型大学</td><td rowspan="3">我们的价值观</td></tr>
<tr><td colspan="3">创造、丰富和传播知识</td><td colspan="3">培养杰出的学生和学者</td></tr>
<tr><td colspan="6">对国际社会产生深远影响</td></tr>
<tr><td rowspan="2">利益相关者和合作伙伴</td><td colspan="3">我们的资助者希望研究</td><td colspan="4">作为大学终身成员的学生应该</td></tr>
<tr><td>P1. 对于社会有重要作用的高质量研究</td><td>P2. 在其研究领域获得最广泛的认同</td><td>P3. 大学在成果提供和职业化方面具有良好声誉</td><td>P4. 在获得了强烈而持久声望的一流大学里学习</td><td>P5. 从拥有前沿知识的学者那里进行学习</td><td>P6. 接受能够获得优先职业机会的教育</td><td>P7. 有支持个体充分发展的环境</td></tr>
<tr><td rowspan="5">关键主题</td><td>提升大学国际影响和地位</td><td colspan="2">提高我们研究的成绩</td><td colspan="2">鼓励学生全面发展他们的潜能</td><td colspan="2">鼓励创业和知识转移</td></tr>
<tr><td>T1. 发展、促进并宣传我们的国际形象</td><td colspan="2">T4. 在我们所有的研究领域取得优异成绩</td><td colspan="2">T7. 发展杰出的、令人鼓舞的教学水平</td><td colspan="2">T10. 提高产生于创业和知识转移的业绩和价值</td></tr>
<tr><td></td><td colspan="4">T6. 为学生提供参与优秀研究和学术活动的机会</td><td colspan="2"></td></tr>
<tr><td>T2. 增加招收高质量国际学生</td><td colspan="2">T5. 有选择地在一定领域创造世界领先的业绩</td><td colspan="2">T8. 为学生提供非凡的体验</td><td colspan="2">T11. 为当地社会乃至国际社会的富裕作出贡献</td></tr>
<tr><td colspan="3">T3. 培养国际性的研究和创新文化</td><td colspan="4">T9. 增加学生参加能够收益的活动的机会</td></tr>
<tr><td rowspan="5">战略促动因子</td><td colspan="7">提高我们的效率</td></tr>
<tr><td>E1. 与其他组织建立战略伙伴关系以显著提升价值</td><td colspan="2">E2. 提供一流的设施</td><td>E3. 确保更多时间用于学术发展</td><td>E4. 改进核心系统和流程</td><td colspan="2">E5. 管理组织业绩</td></tr>
<tr><td colspan="3">财务的可维持性</td><td colspan="4">形成和发展全体员工的价值</td></tr>
<tr><td>F1. 研究收入进取型增长</td><td colspan="2">F2. 用来源不同渠道的收入增加对于我们未来的投资</td><td colspan="2">S1. 在广大的范围内发展员工的领导技巧</td><td colspan="2">S2. 在所有组织层次上确保有效沟通，并成为学校价值观和战略的主人</td></tr>
<tr><td>F3. 将资源用于战略优先的方面</td><td colspan="2">F4. 确保所有的学院和系将盈余集中于再投资</td><td colspan="2">S3. 吸引和留住高水平员工</td><td colspan="2">S4. 支持所有员工的发展</td></tr>
</table>

图 1-8　美国利兹大学战略地图

平衡计分卡本身是对战略地图进行进一步解释的表格，它由战略目标与主题、核心衡量指标、战略指标值（3～5 年）、单独战略行动计划表（名称）所构成。[①] 表 1-5 为某学校的平衡计分卡。

① 许珊：《基于 BSC 法的高校教师绩效管理体系研究》，哈尔滨工程大学硕士学位论文，2007 年。

表 1-5　某学校的平衡计分卡

维度	目标	指标	权重	目标值	挑战值	评估得分	支持计划	
							编号	计划名称
财务								
学生								
内部运营								
学习与发展								

单项战略行动计划表则是对平衡计分卡中罗列出的一个个单项战略行动计划（名称）的进一步演绎，它将那些所谓“务虚的战略”落实为一步一步可操作监控的、具有明确时间结点、责任归属、资源安排的行动计划。

（3）平衡计分卡的优点

平衡计分卡的主要优点包括：①能够有效地克服财务评估方法的短期行为，使整个组织行动一致，从而服务于战略目标；②能够有效地将组织的战略转化为组织各部门的绩效指标和行动；③有助于各部门个体对组织目标和战略的沟通和理解；④有利于组织和个体的学习成长和核心能力的培养；⑤有利于实现组织长远发展目标，从而提高组织的整体绩效管理水平。

美孚石油（Mobil Oil）美国营销及炼油事业部于 1993 年引入平衡计分卡，帮助公司从一个高度中央集权的、以生产为导向的组织转变为一个分散的、以客户为导向的组织，产生的结果是迅速和富有戏剧性的。1995 年，美孚石油的行业利润率从最后一名跃居第一名，并连续四年保持了这个地位（1995～1998）。不良现金流发生了戏剧性转变，投资回报率位居同行业榜首。

（4）平衡计分卡的缺点

平衡计分卡中的某些指标很难解释或者衡量。一般来说，量化性的财务指标容易归整，而非量化的财务指标往往很难建立和评价。

确定绩效指标及其衡量标准往往很难。单位管理者应当专注于目标中的因果关系，从而将单位目标与其考评衡量指标有机地结合起来。尽管管理者通常明白客户满意度、个体满意度与财务表现之间的关系，但平衡计分卡却不能有效地指导管理者如何提高绩效，从而达到预期的组织目标。

当组织目标或结构发生变化时，平衡计分卡也应当随之重新调整，这需要耗费大量的时间和资源。

平衡计分卡的另外一个缺点是它很难执行。一份典型的平衡计分卡需要用5～6个月去执行，另外再需要几个月去调整结构使其规则化，其总的开发时间经常需要一年或者更长的时间。

(5) 平衡计分卡实施中存在的问题

就像其他考评方法一样，平衡计分卡在实施过程中，不可避免地会遇到一些问题和障碍，一般来说，主要包括对绩效考评的认识、信息系统管理以及信息交流三个方面的问题。

如果单位的管理层还没有清醒地认识到现行考评的理念、方式存在的问题，那么平衡计分法就很难实施。长期以来，单位的管理层已习惯于仅从某一单项指标来测评单位或者个人的绩效，并没有思考这样的考评方式是否与单位的发展目标联系在一起，是否能有效地考评单位的目标实施情况。平衡计分法的实施不仅要得到单位管理层的支持，也要得到各个部门的认同。

目前，许多单位的各类会议中，关注业务运作改善问题花费将近85%的时间，而以大约15%的时间关注单位或者部门目标及其执行问题，以至于过于关注各部门的职能效率，却忽视了围绕组织目标的系统运作、业务流程及资源分配等关键因素。

另外，平衡计分卡的编制和实施涉及大量的绩效指标设置，是一个复杂的系统过程。因此，单位对信息的管理及信息基础设施建设不完善，容易形成“信息孤岛”，从而影响单位业务的实施，这也是有效实施平衡计分法的主要障碍之一。

5. 排列法

排列法是根据某些工作绩效评价要素将个体们从绩效最好的人到绩效最差的人进行排序，包括简单排序法和交错排序法。简单排序法根据某一考评维度，如工作质量，将全体考评对象的绩效从最好到最差依次进行排列。它是一种很简单的，也是很粗糙的方法。这种方法所需要的时间成本很少，简单易行，一般适合于个体数量比较少的考评需求。在需要考评的个体比较多的情况下，就需要选择其他的排序方法。交错排序法是由上级管理者按照整体的工作表现从个体中先挑出最好的，再挑出最差的，然后挑出次最优的，再挑出次最差的……如此循环，直至排完。这种方法容易操作，而且十分有效，尤其适合于作为一个团队履行统一职责的个体。但因为这种方法是在个体间进行比较，这实质上是迫使个体相互竞争，容易对个体造成心理压力。该方法在企业和学校相同部门的绩效考评中用得较多。表 1-6 是华北某高校的后勤考评表。

表 1-6　华北某高校的后勤考评表

考评内容	排序（考评对象用 A、B、C 等字母排序表示，“>”表示前者比后者优秀）
职业素质	A>B>C>E>D>J>F>…
工作热情	C>E>B>H>K>I>A>…
纪律性	B>A>E>D>J>F>K>…
合作精神	A>B>C>E>D>J>F>…
思想道德	F>D>C>H>J>K>B>…
创新意识	D>B>C>L>J>K>F>…

6. 对偶比较法

对偶比较法又称“两两比较法”、“成对比较法”或“相对比较法”，其基本做法是，将每一位个体按照所有的评价要素与所有的其他个体进行比较，并将每一次比较中的优胜者选出，最后根据每一位个体净胜次数的多少进行排序。这一方法的比较标准往往是笼统、不具体的工作行为或是工作成果，是考评者对考评对象的整体印象。假定需要对五个个体进行工作绩效评价，那么在运用对偶比较法时，首先应当列出一张表格来，其中要标明所有需要被评价的个体的姓名，分别按照行和列写好，将每个个体和其所在部门内所有其他个体进行相互比较，将业绩水平比较高的个体的姓名或者代号写在交叉的空格内。然后就可以按每个个体“胜出”的次数来对他们进行排列，得到另一个排名表，其基本操作流程如图 1-9 所示。

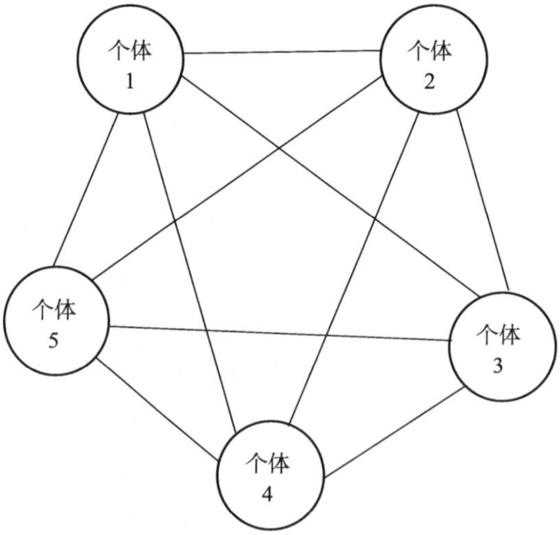

图 1-9　对偶比较法基本操作流程

对偶比较法操作的一般规程是：每一次比较时，给表现好的考评对象记“+”，另一个考评对象就记“－”，所有考评对象都比较完后，计算每个人“+”的个数，据此对考评对象作出考评，谁“+”的个数多，谁的名次就排在前面。例如，A与D相比，A强于D，就在对应的栏目中记“+”；而A与C相比则不如C，就记“－”。这样，五个考评对象全部比较完之后，计算他们的“+”号个数，A是2个，B是4个，C是3个，D是0个，E是1个。这五个考评对象的优劣顺序就很容易看出来了；B排在第一名，以下依次为C、A、E、D，如表1-7所示。

表1-7 对偶比较法示意图

姓名	对比人					“+”的个数
	A	B	C	D	E	
A		－	－	+	+	2
B	+		+	+	+	4
C	+	－		+	+	3
D	－	－	－		－	0
E	－	－	－	+		1

对偶比较法是一种系统比较程序，科学合理，但此法通常指考评总体状况，不分维度，也不考评具体行为，其结果也是仅仅有相对的等级顺序，当考评对象达到十人以上时，对偶比较次数太多，实际操作便不可行了。该考评方法多应用于局部的人事考评管理。

7. 强制分布法

强制分布法又称“硬性分布法”或“强制比例法”，比较适合规模较大的单位或相同岗位成员人数较多的部门。强制分布法假定，个体工作表现大致服从正态分布原理，优秀者、一般者和不合格者的分布存在一定的比例，其中优秀者和不合格者是少数，其比例基本相同，大部分个体属于一般者。考评前，规定优秀者、一般者和不合格者的比例和人数。比如，把全体成员划分为四种类型，优秀占10%，良好占40%，合格占40%，不合格占10%。在考评中，考评者按预先确定的比例把教师划分到不同类型中，如图1-10所示。这种考评方式克服平均主义，防止评价者过分宽容或过分严厉，出现“一刀切”的结果；避免因为几分之差而导致无休止的争论。但是由于过于主观和武断，事先确定的比例可能不符合个体工作表现的实际状况，从而打消个体的工作积极性。

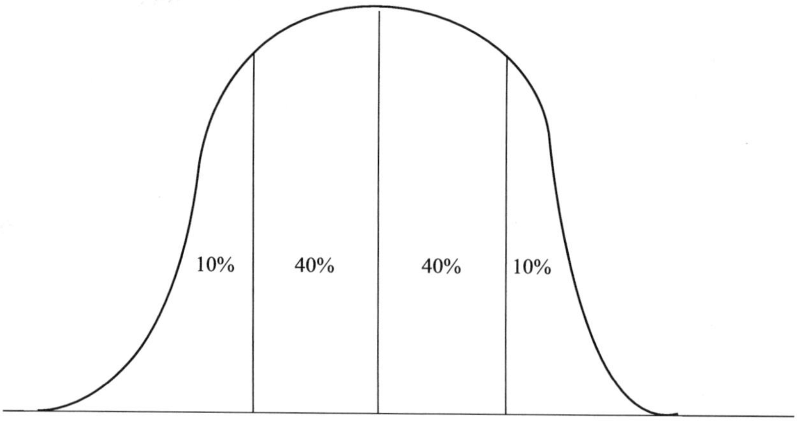

图 1-10 强制分配法

8. 量表法

量表法是最常用的一类考评方法，它是指将绩效考评的指标和标准制作成量表，依此来对考评对象的绩效进行考评。它的优点是因为有了客观的标准，可以在不同的部门之间进行考评结果的横向比较。由于有了具体的考评指标，因此，可以确切地知道考评对象到底在哪些方面存在不足和问题，这有助于改进考评对象的绩效，并对人力资源的有效管理提供科学的依据。由于开发量表的成本比较高，需要制订出合理的指标和标准，这样才能保证考评的有效性，如表 1-8 所示为一个量表实例。①

表 1-8 量表实例

考核内容	考核项目	说明	评定				
基本能力	知识	是否具备现任职务的基础理论知识和实际业务能力	A	B	C	D	E
			10	8	6	4	2
业务能力	理解力	是否能充分理解上级指示，干脆利落地完成本职工作任务，不需要上级反复指示	A	B	C	D	E
			10	8	6	4	2
	判断力	是否充分理解上级意图，正确把握现状，随机应变，恰当处理	A	B	C	D	E
			10	8	6	4	2
	表达力	是否具备现任职务所要求的表达能力（口头、文字），能否进行一般联络，说明工作情况	A	B	C	D	E
			10	8	6	4	2
	交涉力	在和企业内外的人员交涉时，是否具备使双方诚心接受同意或达成协议的能力	A	B	C	D	E
			10	8	6	4	2

① 陈胜军：《周边绩效理论与实践》，对外经济贸易大学出版社，2007 年。

续表

<table>
<tr><th>考核内容</th><th>考核项目</th><th>说明</th><th colspan="5">评定</th></tr>
<tr><td rowspan="6">工作态度</td><td rowspan="2">纪律性</td><td rowspan="2">是否严格遵守工作纪律和规章，如迟到早退、缺勤等。是否严格遵守工作汇报制度，按时进行工作报告</td><td>A</td><td>B</td><td>C</td><td>D</td><td>E</td></tr>
<tr><td>10</td><td>8</td><td>6</td><td>4</td><td>2</td></tr>
<tr><td rowspan="2">协作性</td><td rowspan="2">在工作中，是否充分考虑别人的处境，是否主动协助上级、同事做好工作</td><td>A</td><td>B</td><td>C</td><td>D</td><td>E</td></tr>
<tr><td>10</td><td>8</td><td>6</td><td>4</td><td>2</td></tr>
<tr><td rowspan="2">积极性
责任感</td><td rowspan="2">对分配的任务是否不讲条件，主动积极，尽量多做工作，主动进行改进，向困难挑战</td><td>A</td><td>B</td><td>C</td><td>D</td><td>E</td></tr>
<tr><td>10</td><td>8</td><td>6</td><td>4</td><td>2</td></tr>
</table>

<table>
<tr><td rowspan="2">评定标准：
A—非常优秀，理想状态
B—优秀，满足要求
C—基本满足要求
D—略有不足
E—不满足要求</td><td rowspan="2">分数换算：
A—64 分以上
B—48～63 分
C—47 分以下</td><td>合计分数：</td></tr>
<tr><td>等级：</td></tr>
</table>

七、分析报告

绩效考评分析报告是绩效考评系统的输出信息，经过加工整理后得出绩效考评对象的评价指标数值或状况，将该考评对象的评价指数的数值状况与预先确定的考评标准进行对比，通过差异分析，找出产生差异的原因、责任及影响，得出考评对象绩效优劣的结论，形成绩效考评报告。[①]

八、绩效考评的效度和信度

一套好的绩效考评体系，不仅需要一定的理论和实践案例支持，还必须针对实际问题具有一定的信度和效度。只有这样，评价体系才可能具有一定的科学性，从而为调资、去留、培训等提供更好的信息来源，才可能真正达到考评与激励有机结合的目的。

1. 效度

效度是指考评结果与真正的工作绩效的相关程度，即用某一考评标准所测到的是否是真正想测评的东西，也就是说，绩效考评的准确程度，绩效考评的效度越高，表示它所考评评价的结果越能反映真实的工作绩效。为了提高绩效考评的效度，应根据工作职责设置考评的维度和每一维度的具体考评项目，在充分调查研究的基础上确定每一项目等级设定的级差数以及不同维

① 朱利荣：《高校教师绩效考评体系及实证研究》，吉林大学硕士学位论文，2008 年。

度的权重数，并着重考评具体的、可量化测定的指标，不要流于泛泛的一般性考评形式。

绩效考评过程中不可避免地存在这样或那样的偏差，在一定程度上影响着绩效考评的公正性、客观性。因此，要克服近因效应、晕轮效应、暗示效应等干扰，全面、客观、公正地对考评对象的工作进行评价，同时要进行必要的培训，以减少偏差，使考评的有效性最大化。

2. 信度

信度是指所得分数的稳定性或者可靠性，主要表现为一个绩效考评过程中各个项目的得分是否基本相符和绩效考评分值前后是否一致。也就是说，信度实际上与绩效考评的资料收集方法的特点有关。一致性要求收集同一资料的两种可交替方法，在其结果方面应当是一致的；稳定性要求同一测量设计在多次运用中产生同样的结果。

影响绩效考评信度的因素有考评者和考评对象的情绪、疲劳程度、健康状况等，也有与考评标准有关的因素，如考评项目的数量和程序。忽略了某些重要的考评维度，不同的考评者对所考评维度的意义及权重有不同的认识等，这些因素都会降低绩效考评的信度。为了提高绩效考评的信度，在进行考评前应对考评者进行培训，并使考评的时间、方法与程序等尽量标准化。

第六节　绩效考评的原则

绩效考评是人力资源管理的重要组成部分，正确把握绩效考评的原则、方法，有利于增强绩效考评的效度和信度、提高组织的工作效率和个人的综合素质。[①] 高校在实施绩效考评时，遵循一定的基本原则，有利于科学、公正地进行绩效考评。

一、人本原则

人本原则主要体现在整个绩效考评的过程中，要把考评对象作为主体，

① 张德：《人力资源开发与管理》，清华大学出版社，2001年。

不仅要科学地进行工作考评，还要让考评对象参与到考评设计、考评沟通、考评实施及考评结果应用等整个考评过程中。这样才能保证考评体系能够全面和正确反映考评对象的工作表现，而且也能让考评对象及时了解单位对考评对象的要求，增强教师的主人翁精神和地位。

二、等级原则

绩效考评的目的主要是鼓励优秀者、激励进步者，并对考评对象的职业规划、工作目标具有一定导向性。而且考评不能流于形式、形同虚设，要有明确完善的考评标准，考评时要有明显的等级差别，并建立严格的奖惩机制。

三、反馈原则

考评的最终目的是提升考评对象的工作业绩，并保持良好的工作效能。因此，必须在考评前、考评中以及考评结束后将考评结果如实地反馈给考评对象本人。优秀和进步的工作业绩一定要及时奖励和表扬，对于那些工作业绩一般或者比较差的考评对象，要多采取沟通和引导的方式。

四、经常化和动态性原则

对于单位组织而言，工作绩效考评不是单一频次考评，而是一个常规性工作。考评对象工作效率的提升和工作质量的改进都是一个个连续的过程，这就要求考评者对考评对象的绩效考评要合理化，并且要经常性地依据考评结果进行绩效考评。另外，在绩效考评时，我们不能只注重考评对象目前的一些资料信息就确定其考评结果，而是要从发展的角度考虑考评指标、考评结果，注重现实表现，尤其注重动态的变化，要注重考评对象的态度行为、工作业绩和个人素养的发展概况。

五、公平、客观和开放的原则

公平是确立和推行绩效考评制度的前提，只有实事求是、一律平等，才能保证考评具有现实意义，考评者要根据明确规定的考评标准，客观评价考评对象，以使考评信息尽量真实可信。客观原则主要体现在用事实说话，切忌主观臆断，要加强考评前的培训和有效沟通，明确考评的意义和目的。开放性主要是指考评过程的透明度，减少考评主体与考评对象之间的“人情”、

“关系”，考评设计、考评实施以及考评结果的应用都需要对外公开，充分听取各方面的意见和建议。另外，要对考评中存在的问题及时与考评对象沟通和面谈，这不仅有利于考评对象绩效的改善，还能促进单位效率和效益的提升。

第七节　绩效考评的功能

绩效考评作为现代人力资源管理的一项重要职能，其功能主要体现在控制、激励、战略选择、管理等多个方面。

一、控制功能

考评体系给组织晋升、奖惩、调配人员提供了依据，并使个体明确自己的工作职责，养成按照规章制度工作的自觉性。通过考评，把个体的工作数量和质量控制在合理范围内，协调个体的工作进度，使个体时刻牢记自己的工作职责，增强个体按照组织规章制度工作的自觉性和主动性。

二、激励功能

绩效考评的激励功能集中体现在两个方面。一方面，表现在考评本身就是一个很好的激励手段。在单位，考评对象有了解自己工作成绩的需要，这不仅是为了实现心理满足，还有利于考评对象认识自己在工作方面的不足，并发现工作潜力。另一方面，绩效考评一定要奖优罚劣、鼓励先进，改善和调整考评对象的行为，激发考评对象的积极性，激励他们取得更高水平的成就，使考评对象积极主动地完成考评目标。另外，通过考评能使考评对象产生一定的心理效应，起到激励、督促和导向的作用。这不仅鼓舞工作业绩突出者，还能鞭策工作落后者，使个体产生“见贤思齐”的心理效应，从而引导个体在以后的工作中朝着更好的方向努力。

三、开发功能

依据考评结果，管理者可以制订有针对性的培训计划，提高个体素质。另外，根据个体在工作中的特点和优势，充分发挥他们的优势，促进个人发展与高校发展目标相一致。

四、沟通功能

绩效考评的效果在很大程度上取决于沟通的效果。沟通对于考评效果至关重要，并对考评对象的工作态度、行为表现等多个方面具有很大的影响。沟通是达成考评目的的催化剂。通过绩效沟通，考评对象不仅了解了自己的工作状态和问题，也了解了单位组织对个体工作绩效的期望，明确了预期绩效和实际绩效能力的差距，从而既有利于绩效管理人员更好地制订绩效标准、改善考核计划，也有利于考评对象及时地调整自己的职业规划和发展目标。通过考评结果反馈，为考评者和考评对象提供沟通机会，这样更有利于全面客观了解个体，为下一步改进考评工作提供参考。

五、管理功能

绩效考评的管理功能主要体现在以下几个方面。①评什么、怎么评、评哪些人以及考评结果的运用。比如，绩效考评是人员任用的依据，通过考评了解考评者的能力特长、工作状况，才能达到知人善任的目的。②绩效考评是绩效培训的基本依据，只有通过考评才能了解个人的优劣势，了解工组差距，为培训对象的选择和培训计划目标的确定提供基本思路。③绩效考评对组织人员调配、职务晋升、薪酬确定等都会产生较大的影响。

第八节　绩效考评的基本流程

绩效考评工作是一个系统工程，不仅要考虑各个部分协调统一，还要注意整体考评的过程和实施的效果。绩效考评流程其实就是绩效考评工作实施的具体步骤，它是实施绩效考评的基本操作指南，考评流程合理、科学，才可能使考评工作的各个环节协调一致，取得良好效果，从而达到考评的预期目的。因此，科学、有序的绩效考评流程是顺利进行考评工作的保证，我们必须高度重视，并且能够按照流程实施。总体来说，我们可以把绩效考评流程划分为考评准备、考评实施、考评结果分析以及绩效反馈与运用等四个阶段，如图 1-11 所示。[①]

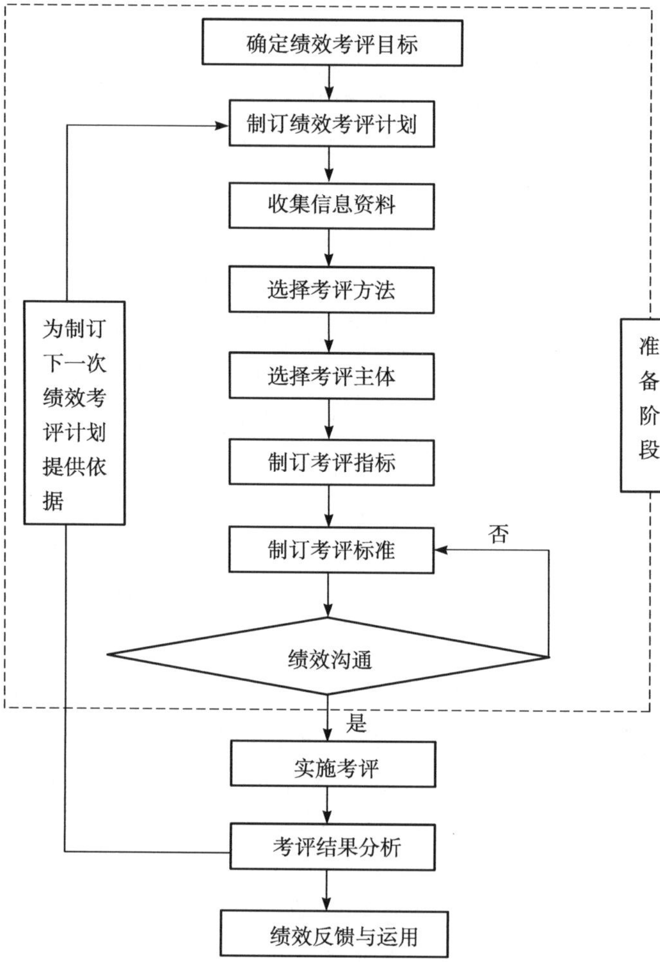

图 1-11　绩效考评流程图

一、考评准备阶段

俗话说，万事开头难。绩效考评准备阶段是绩效考评的第一个阶段，也是非常关键的部分。在这个阶段，涉及的内容最多、最庞杂，也最容易出问题，为此，该阶段一定要工作细致，考虑周全，充分沟通和交流。其主要构

---

① 乔文慧：《我国高校教学科研人员绩效考评系统研究与设计》，山西师范大学硕士学位论文，2010 年。

件包括确定绩效考评目标、制订绩效考评计划、收集信息资料、确定考评方法、选择考评主体、制订考评指标和权重、确定考评标准等，并且需要通过绩效沟通得到大多数人的认可。

1. 确定绩效考评目标

绩效考评目标是组织或者单位在宏观大局和发展战略规划的统筹下，各个部门或者单位依据其发展目标和要求，设定相对应的绩效考评内容和目标，如对组织的行政效能考评、对人员工作业绩的考评，或者是对人员晋升、评定职称、岗位津贴发放等多个方面的考评。

绩效考评目标是绩效考评的基本指南，也是关键所在，对于考评实施过程、实施对象、考评标准及结果的运用都有一定的影响力。一般来说，绩效考评目标的设定要将组织的长远规划目标与具体目标结合起来，将具体目标分解化，通过具体目标设置，并将组织的具体目标与考评对象的个人工作绩效有机地结合起来，通过个人工作绩效来体现和完成组织的具体目标。

2. 制订绩效考评计划

绩效考评计划是实施绩效考评的具体规划路线图。结合组织单位的实际情况，制订一个科学合理、条理周全并且切实可行的计划，会使整个考评过程一目了然、井然有序。绩效考评计划是支持绩效考评过程的一个有力工具，绩效考评计划做得是否到位、是否有效，决定了绩效考评的成败。绩效考评计划并不是在制定完之后就一成不变，它是随着绩效考评工作的开展，根据实际情况进行适当调整的。[①]

一般地，绩效考评计划的拟定与实施有一定的时间约束性，以保证计划实施的可信度，以避免流于形式。绩效考评计划时间的安排要考虑考评实施的目的和考评对象，如果评价考评对象的招聘入职，一般只是在招聘期间以及试用期间实施必要的考评；而对于考评对象的工作业绩考评一般出现在工作过程或者一段时间、一个周期之后。

绩效考评计划内容要具体，并具有一定的可操作性，实施起来耗费的人力、物力在可控范围内，而且要把考评的事情述说清楚、具体，要做到看得见、摸得着、抓得住才行。为此，绩效考评计划一般包括确定绩效考评时间、

① 乔文慧：《我国高校教学科研人员绩效考评系统研究与设计》，山西师范大学硕士学位论文，2010年。

绩效考评的参与者和范围、考评指标、绩效考评标准和期望达到的结果、绩效考评所需资源以及绩效考评策略和方法等。具体详情可以参阅第二章的相关小节介绍。

3. 收集信息资料

毛泽东曾说，“没有调查，就没有发言权”。收集信息资料是实施考评的必要工作。考评信息资料的收集包括：深入到考评对象的实际工作，与考评对象进行深入的沟通，广泛听取考评对象对绩效考评内容、方法、实施过程等方面的意见；收集部门主管对考评的要求和目的等；还有就是大量收集切实可行的考评方法，以便于制订出科学、合理的绩效考评方案，进而完善考评体系。信息收集方式多种多样，可采取文献查阅法、访谈法或者观察法等等质性研究，也可以采取数量统计的方式获得信息资料。

4. 确定考评方法

绩效考评方法的选择直接影响考评结果的正确性。好的考评方法必须具有可靠性、可操作性、代表性、普遍性，并可鉴别出考评对象个体的行为差异，使考评主体以最客观的意见进行考评。在具体应用环境中，应从考评组织自身环境特点和具体绩效考评目的出发，选择最合适的考评方法。

5. 选择考评主体

作为绩效考评的主体，考评主体能否准确、科学地对考评对象进行绩效考评是影响绩效考评的最主要因素之一。在选择考评主体时，我们应考虑两方面的因素：其一，能够全方位地对考评对象的工作表现进行观察；其二，有助于消除或者减少个人偏见。① 一般来说，考评主体多元化，如直接上级、同事、团队成员、下级、服务对象等。比如，我们向 114 查询台咨询了电话后，服务人员一般在最后提醒客户给予服务评价。

6. 制定考评指标

绩效考评指标是考评单位实施考评的依据，是考评主体实施考评的主要途径，也是考评对象最为关心的。考评体系和考评指标一般具有一定的导向性，考评指标不仅测评考评对象的工作业绩、工作态度等方面，而且也暗示了考评的重点和关注点，于是考评对象就可能会在以后的工作中有意地注意

① 于欣：《高校教师绩效考核流程再造》，《商业经济》，2009 年第 5 期，第 128～129 页。

考评指标内容，也有了工作方向感，也就是说，考评指标影响考评对象的行为方式。[①] 因此，在制定考评指标环节中，要加强考评前的绩效沟通和试测，使得制定的考评指标切合考评对象的工作实际，符合岗位要求。一般来说，我们可以先制定考评对象共用的考评指标，再结合考评对象岗位特点设计绩效考评的个性指标。考评对象只有了解本工作岗位的绩效考评指标，才能清楚其工作的重点和工作的具体目标，才可能努力达到绩效目标。

7. 制定考评标准

绩效考评指标主要反映了评价的“内容”问题，而绩效标准则是设定各个指标的比重大小，以及考评结果的分层水平问题，即考评标准解决的是考评对象做得“怎样”（程度）、完成“多少”（数量）的问题。这是考评过程中为避免主观随意性而不可缺少的基础和前提条件，也是一种量化标准，在一定意义上体现了标准的公正性。[②] 标准的设定包括两个方面，一是指标权重问题，一般依据指标的重要程度和考评对象，依据专家或者权重确定的方式来设定；二是考评结果的分层分类问题，如优秀比例，合格比例，如何设定它们之间的边界点等。

考评标准也是一种非常重要的考评方式，它不仅体现了考评结果的分层分类，而且直接决定了考评对象的工作业绩及其在考评序列中的位置，或者说考评结果在一定意义上决定了考评对象的年度考评、职位聘任、职称晋升以及岗位津贴等多个方面。

为此，我们在制定考评标准的时候，要依据单位的战略目标和规划，对年度或者综合考评指标进行分解，对考评要点进行具体细化和科学量化，采取科学有效的考评方法制定考评标准。从管理学的角度来说，考评标准一般以岗位规范和说明为依据，它具体规定了某个岗位应尽职责和义务，不同岗位、不同工种其岗位要求不同，相应的考评标准也有所不同。

8. 绩效沟通

绩效沟通是绩效管理的核心，它在整个人力资源管理中占据着相当重要的地位，是指考评者与考评对象就绩效考评反映出的问题以及考评机制本身

① 司林波、赵晓冬：《高校教学科研人员绩效考评方案设计及评价》，《统计与决策》，2008 年第 18 期，第 150～152 页。

② 乔文慧：《我国高校教学科研人员绩效考评系统研究与设计》，山西师范大学硕士学位论文，2010 年。

存在的问题展开实质性的面谈，或者通过邮件、电话等其他渠道，以此着力于寻求应对之策，以便于单位与考评对象的绩效改善和提高的一种管理方法。

绩效沟通贯穿于绩效考评的整个过程，包括考评目标的制定、绩效面谈、绩效实施以及绩效改进等多个方面，其沟通的方式也是多样的，如采取量表法、数据验证法等。绩效沟通如图 1-12 所示。

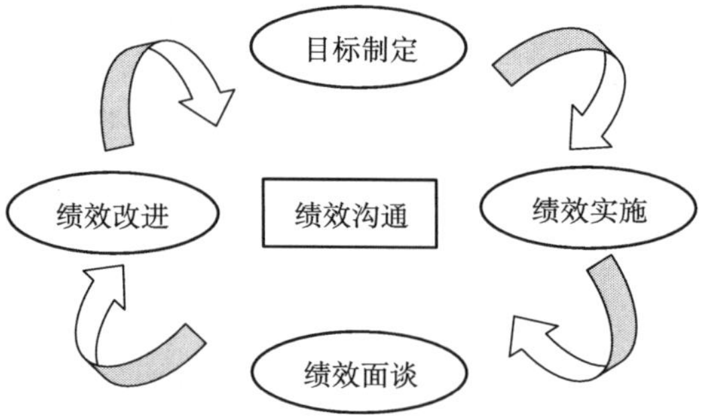

图 1-12　绩效沟通图示

沟通方式是否合适，沟通渠道是否畅通，是否能对沟通结果进行有效处理，直接决定了考评指标体系能否得到多数人的认可和支持，也在一定程度上考量考评指标体系的实用性和适时性，而且也会影响考评的最终结果。因此，一个考评体系如果被多数人接受，就可以有效地实施；倘若多数人反对或者抵触，那么该考评体系需进一步沟通和修正，直到得到多数人的认可。由此可见，绩效沟通是绩效考评体系有效实施的群众基础与组织保证。

二、考评实施阶段

绩效考评实施阶段是考评中重要的动态影响因素，需要通过具体的考评指标体系和考评方式对考评对象的工作绩效进行考评、测定和记录，以此把握和分析考评对象的实际工作表现和工作业绩。

绩效考评可以是全面的，也可以是局部的。实施考评前，要对考评主体进行说明，按事先设计好的考评表进行，把实际工作表现和工作结果与考评指标项和标准进行对照，看哪些没有达到标准和要求，哪些达到了，哪些超过标准了，从而作出实事求是的判断，提出考评结论和意见。考评的实施可以利用计算机在网络环境下进行，考评主体登录考评系统后，选择考评对象，根据考评指标项对考评对象进行打分，其操作简便易行，无须培训即可进行。

在实施考评时，一般分为考评试测和正式考评两个阶段。

1. 考评试测阶段

通过考评试测可以进一步确定考评指标的稳定性和考评对象的反应，另外还可以在一定程度上提示考评对象。这个阶段可以采用发表考评文件或者通知，组织考评主体和考评对象认真学习考评细则，领会考评内容的方式；还可以采取让考评对象实现预测的方式，让他们了解对自己考评的主要指标项目，以便于沟通和交流，做好解释和说明的工作；也可以采取提供模拟的考评过程的方式，让考评对象和考评主体熟悉考评规范和要求，以此提高考评质量和考评效率。

2. 正式考评阶段

正式考评是有效记录考评结果的重要过程，因此，要认真、负责，并制订一定的干预方案和措施。在正式考评时，首先，要做好身份认证和考评纪律等问题，有些考评主体自己不参与考评，而是找人代替考评，或者是考评过程中依据自己的人际关系，给予考评对象不公正的考评；其次，要做好考评的审核工作，考评表填写完成后，要分组分项目一一进行核定，并需要考评小组负责人签字，对于那些明显违背考评纪律或者填涂不规范的考评表要及时处理和补救；最后，在正式考评结束时，要注意考评表和考评数据的封存，以免出现问题。

三、考评结果分析

对考评结果的分析与评定是绩效考评的重要环节，它直接关系到绩效考评的质量以及对考评结果的应用。该阶段是绩效考评的输出部分，以考评对象为单位，对整个考评过程和记录等信息进行审核、分析，经过统计整理后得出绩效考评对象的考评指标数据或状况，得出考评结果，并将考评结果与考评标准进行对照，再通过差异分析，找出产生差异的原因，并进而形成绩效考评报告。考评结果要进行多向分析，比如，按照部门业绩分析、学历分布分析、职称分布分析或者工作业绩分析等，只有这样才可能得出全面客观的绩效考评分析结论，为考评反馈和考评结果的运用做好铺垫。

四、绩效反馈与运用

1. 绩效反馈

绩效反馈是绩效管理过程中的一个重要环节。它主要通过考评者与考评对象之间的沟通，就考评对象在考评周期内的绩效情况进行面谈，在肯定成绩的同时，找出工作中的不足并加以改进。绩效反馈的目的在于让考评对象了解自己在考评期内的工作业绩表现，从而让组织管理者和考评对象双方达成对考评结果一致的看法，以及双方共同探讨绩效未达标的原因所在，并制订切实可行的绩效改进计划。同时，管理者要向考评对象传达组织的期望，考评对象有组织承诺的意向，并对绩效改进形成一个绩效合约。由于绩效反馈在绩效考评结束后实施，而且是考评者和考评对象之间的直接对话，因此，有效的绩效反馈对绩效管理起着至关重要的作用。

考评反馈要遵循经常性原则、对事不对人原则、多问少讲原则、着眼未来原则、正面引导原则、制度化原则等。我们在绩效反馈中应该做好以下几项工作。

（1）考评结果应及时反馈给考评对象

考评结果的反馈可使考评对象清楚自己的工作绩效表现，了解单位对自己工作的看法与评价，发现自己的工作长处以及有待改进的地方，以便于考评对象在下一个考评期内发挥优势，转变工作态度和思路，提高工作绩效。

（2）尽可能地将相关分析结果都公布出来

考评的目的是让考评对象了解自己的工作业绩，更为重要的是要让考评对象清楚自己在考评中所在的位置，自己与其他可比考评对象的差距，这样可以达到使每个考评对象既了解自己，也了解别人。

（3）认真分析和处理绩效反馈的结果

我们要正确处理绩效反馈的任何信息，不论反馈信息如何，都要采取务实、认真的态度认真分析和处理，以最满意的方式解决绩效考评中出现的一些问题。

2. 考评结果的应用

考评结果一般会作为考评对象的职业资格认定、岗位聘任、职务晋升、培养培训以及岗位津贴发放等工作的重要依据，并做到奖惩分明，以体现公平和劳动的价值所在。对于工作业绩优异者，要给予及时的认可与奖励，记录在案，并作为职务晋升、评优选拔的主要参考依据。对于考评不达标者，要及时沟通，制定切实可行的措施，来督促其有效工作，并完成绩效任务。另外，绩效考评结果也是考评部门设定下一个考评期考评内容和指标设计的重要依据，切不可出现考评一次，奖罚一次，考评没有连贯性，其考评结果对考评部门的工作改进没有任何的借鉴意义。

第二章

绩效考评的理论基础

第一节　需要理论

现代社会越来越重视人的因素，也越来越注重调动人的积极性。在工作中，有的人工作积极性很高，而有的人积极性不高，有的人在某个时候或者做某项工作时有积极性，而其他时间或者做其他工作时却没有积极性。其实出现这种现象的主要原因是需要和满足之间的关系，即需要理论指出人的一切社会活动都是为了满足人的各种不同需要，需要是积极性表现的基础。

一、人的行为动机机制

需要理论阐释了人产生积极性的本质特征。激发人的积极性的心理行为机理为内、外刺激引起需要，需要激发动机，动机推动行为，行为指向并实现目标，目标最后实现需要的满足。其基本的过程如图 2-1 所示。行为的表现直接导致目标的实现，而这种表现就是我们追求的积极性。人们在希望自己的需要得到满足的过程中，会产生很大的积极性，以此实现自己的愿望，满足自己的需要。[①] 这就是人们常说的"不达目的不罢休"。由图 2-1 可以看出，行为发生的前提是动机激发，人的一切行为都是由动机驱使的。

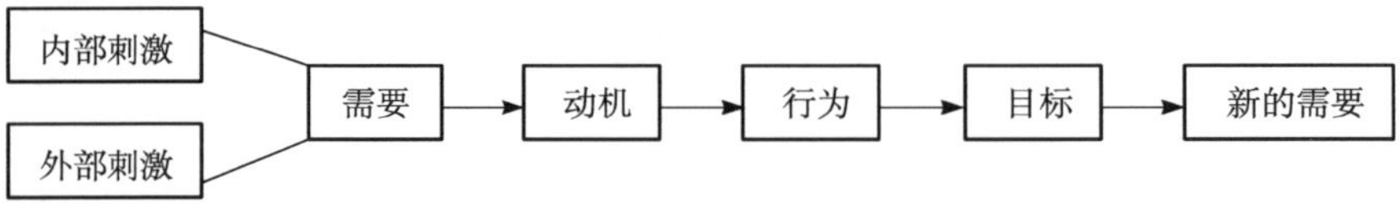

图 2-1　人的行为动机机制

二、需要与动机的关系

并不是所有的需要都能引发人的行为表现。人的需要是多种多样的，需要在达到基本能力限度内，可以产生一定的动机行为。一般来说，可以通过刺激人的某些需要，使人产生积极性，也就是说，只有被刺激了的需要才能

① 何安明、饶淑园：《心理学》，中国传媒大学出版社，2009 年。

产生积极性。比如，为了方便，我们需要买自家车等，但是在经济条件达不到的情况下，我们就不可能有买自家车的动机。另外，即使经济条件满足了，由于某些原因，如果需要没有被正当刺激，那么这些需要只能被压抑着，并不产生积极性，只有被刺激了的需要才能产生积极性。

三、需要满足即消失

我们知道，需要经过刺激转化为动机，动机引发行为，通过努力实现目标，从而需要最终实现和获得满足。需要一经满足，其结果是该需要消失。现行高校的激励机制使高校中有一部分教师搞科研、发表论文就是为了晋升职称。他们发表论文往往表现为突击发表论文，就像“脉冲”现象，他们发表的论文数量在某个时间内出现突发性增长，随后又快速回落，数年后再次重复。这种“脉冲”现象就是由于晋升职称的激励作用引发的。由于从中级到副高再到正高，每次晋升职称有一定的时间间隔，当时间条件具备时，晋升职称的需要转变为动机，就产生发表论文的动力。晋升副高的目标实现后，晋升副高的需要便消失，积极性也随之消失。由于还不具备晋升更高职称的条件，这一需要还不会被引发为动机，在一定条件刺激下，更高职称的需要会被引发成动机，重复上一过程。这就导致这部分教师从事科研的积极性显示出阶段性，当这部分教师获得了最高职称或达到了自己预期目标时，晋升职称的需要完全消失。晋升职称对他们就完全丧失了激励作用，这种现象既印证了需要是积极性的源泉的观点，又证实了需要满足即消失的结论。

四、需求层次说

需求层次说是美国著名人本主义心理学家马斯洛在《动机和人格》中提出来的，主要揭示了人产生积极性的本质特性。该理论认为人类动机的发展和需要的满足有密切的关系，需求层次有高低之分，人的需要从最低层次依次满足而逐渐提升的。需要大致可以分为缺失需要和生长需要两类，如图 2-2 所示。其中缺失需要包括生理需要、安全需要、归属与爱需要以及尊重需要；而生长需要则包括认知需要、审美需要以及自我实现需要。[①]

---

① 郭宝宏：《论人的需要》，经济科学出版社，2008 年。

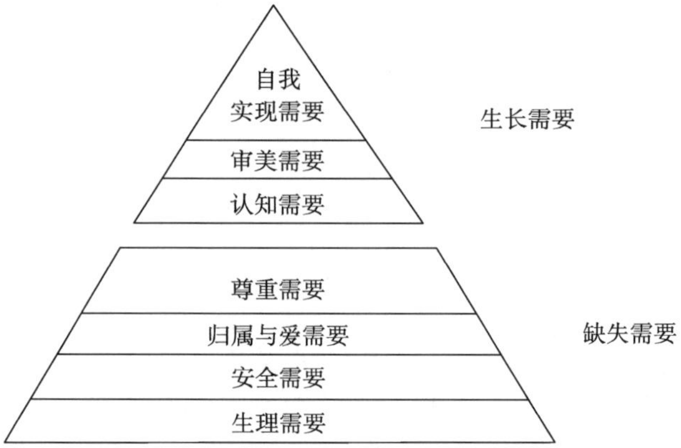

图 2-2 需求层次

人的最低需要是生理需要，例如，对食物、空气、性等的需要；在生理需要得到满足后，便是安全需要，表现为个体要求稳定、安全、保护和免除焦虑和恐惧等；此后便是对归属与爱的需要，即个体要求与他人建立情感，互相交往的需要，如追求爱情、结交朋友等；然后是尊重需要，包括自尊和受他人的尊重。认知需要指人们是否愿意从事周密的思考基于能否从深入的思考中获得享受。人们在这个倾向上存在明显的个体差异。一是认知需要高的人比较喜欢复杂的认知任务，喜欢将他们从经验中获得的信息最大化，喜欢在执行任务时获得详细的相关材料，愿意集中精力完成任务；二是认知需要低的人则倾向于回避或者忽略问题。① 而审美需要则是指那些用美的尺度衡量自己，建构自己，并从现实中超脱和解放出来的一种需要，是一种精神上的追求和解放。自我实现需要则是一种创新潜力的极大程度的发挥，是人生追求的最高动机，包括认知、审美以及创造的需要。

通过需要理论的分析，可以加深对晋升职称这种激励方法的局限性的理解。由于不是所有教师都有晋升职称的需要，而且不是所有的需要随时都会转化为动机，这种高校当前最主要的激励方式具有的失效性和阶段性是不可克服的。所以，一个学校仅仅依靠晋升职称的激励方式来调动全体人员的科研积极性是不可能的。

① 张志学：《认知需要与战略决策过程之间的关系》，《心理科学》，2004 年第 2 期，第 360～368 页。

第二节 公平理论

公平理论又叫社会比较理论，是由美国北卡罗来纳大学心理学家亚当斯于1965年提出的，它来源于费斯汀格的认知失调理论和霍曼斯等的社会交换理论。

一、公平理论概述

每个人通过事实结果与自己的预期目标相比较，确定自己所获报酬是否合理，作出“公平”与否的判断，以此得到一个满意度的结果，该结果通过心理作用影响每个人的行为，以至于影响其工作效能，从而直接影响今后工作的积极性。满意度高会起到激励的作用，反之会使人丧失工作积极性和行为表现。①

公平理论着重关注人的动机和知觉关系的一种激励理论，侧重于研究工资报酬分配的合理性、公平性对职工工作积极性的影响。② 其主要内容包括以下三个方面。

1. 公平是激励的动力

公平理论认为，人能否受到激励，不但受到自己所得的影响，还要受到与别人所得比较是否公平的影响。该理论心理学基础是指人的知觉对于人的动机的影响关系。一个人不仅关注自己的得失，而且还关心与别人得失的比较。人们往往以相对付出和相对报酬来全面衡量自己的得与失。如果得失比例与自己的期望基本吻合，或者与他人相比大致相当时，就会认为公平合理，表现为心理平静，心情舒畅。如果相比自己所得比较多，则令其兴奋，即为最有效的激励，但有时不免带来心虚、不安全的感觉。如果相比低于别人时，则会产生不安全感，心理不平静、不平衡，甚至满腹怨气，其结果是工作不努力、消极怠工。因此，分配合理性是激发人在组织中工作动机的最重要的

① 魏光兴、浦勇键：《公平偏好下的报酬契约设计及应用研究》，四川大学出版社，2007年。

② 刘丽丽：《基于公平理论的企业薪酬管理公平性探析》，《煤炭经济研究》，2009年第12期，第72～74页。

因素和动力。

2. 不公平的心理行为

公平与否的判定受个人的知识、修养的影响，即使外界氛围也要通过个人的世界观、价值观的改变才能够起作用。

亚当斯认为，当人们发现分配不公正时，会有以下六种主要的反应：①改变自己的时间、精力的投入；②改变自己的所得，通过自我解释达到自我安慰，以求心理平衡；③曲解对自己的认知，一般会产生两种情况，一种是认为比照对象的工作能力确实不如自己，其取得的工作业绩不能反映其能力和水平，另一种情况便是往往产生对自己工作能力和水平的不确信，没有信心；④曲解对他人的认知，认为比照对象的工作表现和业绩与其获得的酬劳不一致；⑤改变参考对象，也许自己的参考对象过于优秀，也许自己的某些方面无法与参考对象比较，通过改变参考对象找到心理平衡点；⑥更换目前的工作，如调岗、另谋职位等。

3. 公平中的横向与纵向比较

人们一般有两种比较心理：一种是对自己的比较，表现为纵向比较，比较当前酬劳与以前付出之间的关系；另一种是将自己与其他人对比，表现为横向比较，比较自己所得酬劳与自己的比照对象所得酬劳多少。

二、公平理论的相对量

公平理论认为，当一个人作出了成绩并取得了报酬以后，他既关心自己所得津贴报酬的绝对量，而且关心与其他人相比的相对量。相比我国在改革开放之前的生活质量，当前的生活质量和水平已经很好了，大部分人已经过上了较为富裕的生活，但是现在人们还是对社会感到不满意。人们感觉生活提高了，但是反而觉得缺少了什么。人们一直不知其因，其实这种现象就是一种“公平”问题。由于当前社会贫富差距拉大，贫富的不均让人们的心理上产生了不平衡，从而导致对社会的不满。一般来说，人们对绝对量的关注直接体现在物质性上，如发表一篇论文奖励多少钱等。另外，人们也关心相对量，这种相对量会导致人们在心理上和情感上产生是否公平的想法。这种相对比较主要体现在人们对那些清晰明确性比较强的项目上，如论文质量和水平等，但是对那些模糊性比较大的项目或者事情，人们的公平心理较弱。通过这样的比较，人们就会从心理上左右人的满意程度，并对人的行为产生一定的影响力。有时候当获得同样的报酬时，不同的人就会有不同的公平感觉。

“公平”与否感觉的产生主要来自于自己所得报酬的相对量。相对量的概念包括两个方面：一是报酬本身的相对性，即自己的“报酬与付出”是否合理；二是自己所获得报酬的横向和纵向比较的公平性，即自己与他人的“报酬与付出”相比较是否合理、自己当前与过去相比是否合理。

1. 报酬本身的相对性

报酬本身的相对性主要指所获奖励是否与自己的付出成比例，自己是否感到满足。这种比较往往是一种心理感受力，它对人的影响非常重要。而其实在实际工作和生活中，人们自觉或不自觉地进行比较，从而决定了人们的工作满意度。这种相对评价主要依据自身的条件和心理预期，来决定自己是否值得做这项工作。

2. 公平性的横向比较

所谓横向比较就是将“自己”与“别人”相比较来判断自己所获得的奖励或者报酬的公平性，从而对此作出相应的行为反应。

一个人所得报酬的绝对值与其工作积极性的高低并无直接的必然联系，人们只关心个人付出的劳动与所获得报酬的比值。当与同等对象相互比较时，判断其获得的报酬是否公平，比较结果直接影响其工作积极性、行为和未来业绩，可以用公式表示：$O_A/I_A=Q_B/I_B$；$O_A/I_A<Q_B/I_B$；$O_A/I_A>Q_B/I_B$。其中，O/I 表示公平理论，即个人付出的劳动力与所获得报酬的比值；O 表示个人从事某项工作所得到的报酬或者成效，如工资、奖金、地位等的获得等；I 表示个人完成工作所付出的努力或者投入程度，如论文数量、质量、获得专著、影响力等多个方面；A 表示当事人；B 表示参照人。当 $O_A/I_A=Q_B/I_B$ 时，则表示 A 感到满足和公平；当 $O_A/I_A<Q_B/I_B$ 时，则表示报酬不足，产生不公平感；当 $O_A/I_A>Q_B/I_B$ 时，则表示报酬过多，也会产生不公平感。

3. 公平理论的纵向比较

公平理论是指个人当前所获报酬与以前同样付出所获报酬之间进行的比较。如果所获报酬与以前相同，则没有产生正向效应，会引起不好的结果，但是当事人则认为激励措施基本公平，积极性和努力程度可能保持不变或者减少；如果所获报酬少于以前，则产生负向效应，当事者则觉得很不公平，工作积极性会下降。这种情况经常会发生，因为如果与过去相比较，每个人都会觉得自己的价值在不断提升，自己的投入在无形中增长，此时，如果报酬没有增加，那么就导致这种“小于”的概念存在，于是就产生了不公平的感觉；如果所获报酬较多，当事者可能认为自己的能力和经验有了进一步的提高，从而提高对自己的评价，其工作积极性不会因此而提高多少。

上述理论进一步说明，当个体主观上感觉不公平时，就会产生力图达到“公平”和平衡的愿望，并试图采取措施消除不公平感，一般方式包括：改变自己的结果与投入比值；改变他人的结果与投入比值。

该理论还指出，个人的公平感是影响激励的主要因素，管理者应当意识到这种社会比较对管理的影响力。对员工进行合理的绩效考评，应当采取客观的“论功行赏”的方式和进行必要的公平观教育和引导。由于每个人的能力不同、工作性质不同、需求不同以至于工作成效不一样，因此，正确地设计评价标准和构建评价体系尤为重要。

三、公平理论的启示

1. 既要重视“报酬”的绝对值，也要重视“报酬”的相对值

公平理论认为，激励效果不仅取决于自己所获得津贴报酬的绝对值，还与津贴报酬的相对值相关。这里的津贴报酬不仅仅指“金钱”上的报酬，还包括在执行政策的时候是否按章行事，是否公平等。我们只有综合全面考虑和解决问题，最好采用“一把尺子”度量的方式，才可能减少不公平现象的出现。否则，不但会影响正常的管理工作，而且还会使大部分人产生不公平的想法，从而影响他们的心理平衡，导致影响工作。

2. 力求公平

在绩效考评中，应该力求公平。可以通过制度执行、认真考评和监督负责等多种方式相结合的方法保障考评过程和考评结果的公平、公正与合理。特别要注意工作绩效与报酬之间的合理性问题，特别是对那些具有特殊才能的人，或对那些完成复杂和艰巨任务的人，为单位作出突出贡献的人，应该更多地考虑其心理的平衡。

3. 合理、正确的导向

在对高校教学科研人员进行绩效考评时，要从大多数教师利益着眼，尽量避免出现不公平的现象。合理的政策导向一般包括制定面向全体的政策和

向部分特殊情况倾斜的政策。公平性理论在高校教学、科研人员的绩效考评中主要应用在以下两个方面：一是将教学、科研工作量与报酬直接挂钩；二是在建立量化体系的时候，要注意到不同类别人员的差异性。

总之，由于人的复杂性和偏见，妨碍绩效考评中理解关键信息有两个方面的因素：信息拒绝和信息偏差。为了减轻将来面对新任务的心理负担，人们会拒绝或曲解对判断绩效不利的信息。因此，在绩效考评过程中，单位对绩效信息的收集、公布、运用必须要考虑到教学、科研人员对绩效信息的两种认识特点，因为绩效信息在绩效考评过程中对个体理解程序公平起到基础的、关键的作用。让教学、科研人员参与绩效考评制度的确定和执行，可以使教学、科研人员获得大量的信息，能有效地减少信息偏差。

第三节　归因理论

归因理论是西方社会认知心理学领域重要的理论流派之一，通常被用来解释人的行为以及该解释对人们的情绪、动机和行为之影响的心理学理论。它由海德、韦纳、阿布拉姆森等人提出的理论发展而成，并形成了不同派别，在20世纪70年代成为美国社会心理学研究的中心问题之一。

一、归因概述

归因指个体对自己或他人的行为的原因加以解释和推测的过程。归因是一种非常普遍的现象，例如，上课时有的老师迟到了，这时，同学们就会对这个事件作出推测，有的人会想，老师可能是出差刚回来；有的人猜测，可能是遇上堵车了，等等。无论最终将原因归结为什么，这种探索原因、寻求解释的过程就是归因。

依据归因者与行为者的关系，归因可以分为自我归因和他归因。自我归因指个体对自己的行为进行归因分析；他归因指个体对他人行为进行归因分析和推测。由此可见，个人的行为和他人的行为都有可能成为人们进行归因分析的对象。人们在归因分析时，往往采用自我归因和他归因相结合的方式进行。

二、海德的归因理论

1958 年，美国心理学家海德在他的著作《人际关系心理学》中首先提出了归因理论。海德像一位“朴素心理学家”那样去寻求对行为的因果解释，把人看做是理性的，在归因上进行因果分析。[①] 他认为人有两种强烈的动机需求。一种是形成对周围环境一贯性理解的需求；另一种是控制环境的需求。如果要满足这两个需求，人们必须有能力预测他人的行为。人在归因时，通常寻找某一特定结果与特定原因间的不变联系的不变性原则，特定的原因在许多条件下总是与特定的结果相关联，如果特定的原因不存在，那么相应的特定结果也不会出现，于是那个特定的结果就可以归结于特定的原因。

海德认为，人们对过去的成功或者失败主要归结于努力、能力、任务难度以及机遇等四个方面的因素。一般来说，努力和能力属于内因，而任务难度和机遇则属于外因；能力和任务难度一般比较稳定，而努力与机遇则不太稳定。另外，努力是可控因素，而任务难度和机遇则超出了个人控制的范围。

三、韦纳的归因理论

20 世纪 80 年代，随着归因理论的提出，人们将关注的焦点从个体的自我特征和自我信念转移到他人知觉，并认为社会交往是一个双向互动的过程，人际行为是由他人知觉和他人如何看待自己所决定的。[②] 为此，韦纳提出了社会交往中归因 → 情感 → 行为之间的联系，提出了归因模型，如图 2-3 所示。

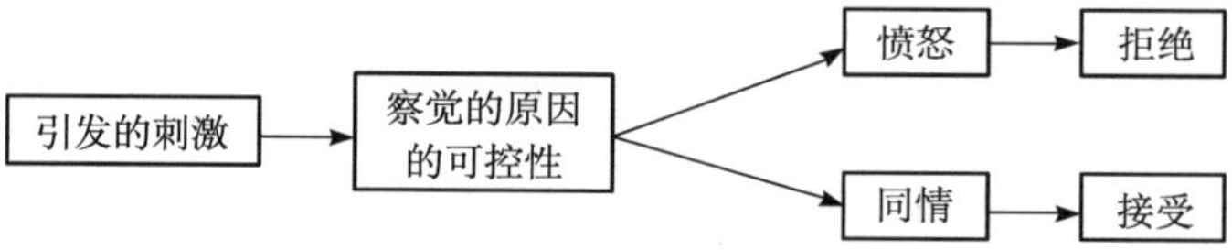

图 2-3　韦纳归因理论

韦纳的归因理论同样认为，人们的归因是通过情感影响行为的，当人们事情的交往成败原因受制于当事人，就会产生不舒服的情感反应，如愤怒、拒绝等；当人们认为当事人不能控制时，则产生同情，从而产生接受行为。

① 刘永芳：《归因理论及其应用》，山东人民出版社，1998 年。

② 郭振芳：《归因理论研究综述》，《科技信息（科学教研）》，2007 年第 32 期，第 215 页。

韦纳认为归因不是一个独立的过程。归因研究的价值正在于归因是上一次行为和下一次行为之间的重要环节，具体地说，对上一次行为的原因的解释和推测将对下一次行为产生重要的影响。例如，如果一个教师将失败的原因归结为学生对自己的评教不公，那么，他就会自暴自弃，因为学生的评教结果没有任何的参考价值，只能让自己效能降低；相反，如果他将失败归结为自己教学方法不得当，教学过程处理不够合理，与学生的互动较少，那么他就会为了获得下一次的好的评教结果而努力工作。从这个角度而言，归因是影响工作动机和工作效能的重要因素。①

1986 年和 1990 年，韦纳在总结其他归因理论的基础上提出了自己的归因研究模型，如图 2-4 所示。

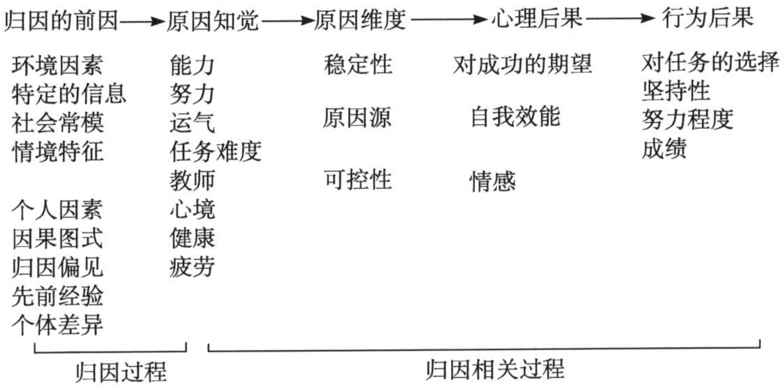

图 2-4 韦纳的归因模型

韦纳认为，从研究对象来看归因研究可以分为两类，一类研究影响归因的因素；另一类则研究归因的后果。归因的前因是指影响归因的因素，即导致人们将某个事件归因于某种特定原因的因素，有时也称为归因的前提条件，如工作环境、个人的经验等；归因的后果是指受归因影响的因素或者说归因所导致的后果，如情绪反应、后续的努力程度等。这两类研究各自所关注的焦点是不同的：前者致力于探索归因是怎么进行的，为什么具有这样的情况；后者则致力于归因会对个体或者组织产生怎样的激励作用或者效果。在绩效考评中，我们往往需要通过绩效面谈、沟通以及评估等方式获得归因因素，从而能较为全面地实施绩效考评。

① 刘永芳：《归因理论及其应用》，山东人民出版社，1998 年。

第四节　激励理论

激励理论是行为科学中用于处理需要、动机、目标和行为四者之间关系的核心理论。行为的发生需要有动机，人的一切行为都是由动机驱使的。动机是人的需要被某种因素刺激后所形成的，即某种内部的因素或者外部因素刺激后，需要转化成动机，并不是所有的刺激都能产生积极性。刺激人的某些需要，会使人产生积极性。其实，这里的刺激就是激励。外部激励是外部因素对人的激励，内部激励是个人对自己的激励，内部刺激是通过外部的影响或者诱导而产生的。

激励同样也是一种手段，是一种将人的需要转化为动机，从而调动人的积极性的重要手段。

一、双因素理论

双因素理论是美国行为科学家弗雷德里克·赫茨伯格（Frederick Herzberg）于20世纪50～60年代提出来的，其理论前提是满意与不满意，是两种尺度而非一个尺度上两个相反的极点。该理论将影响人的行为的各种因素分为激励因素和保健因素。对双因素基本思想的理解，在影响人的需要和动机的保健因素和激励因素中，保健因素不具有激励作用，而只是起稳定作用，通过努力得到的东西才具有激励作用。[①]

1. *激励因素*

那些能带来积极行为、态度、满意和激励作用的因素称为“激励因素”，主要包括成就、赏识、承担挑战性工作以及成长和发展过程中的机遇等。如果这些因素都具备了，那么就能对人们产生极大的激励作用。

在赫茨伯格看来，像工资激励、人际关系改善、提供良好的工作条件等传统激励因素都不可能产生更大的刺激，这些激励因素只能消除不满意，防止产生问题，但是这些传统的激励方式即使达到最佳的程度，也不会产生积

① 李滨江：《高等学校科研激励机制研究》，湖北人民出版社，2006年。

极的激励。而只有通过努力才能得到的东西或者完成的工作才具有一定的激励性。所以，找到最佳的激励因素是取得良好工作成绩、调动积极性的基本前提。

2. 保健因素

保健因素类似于卫生保健对身体健康所起的作用，只能消除不利因素，不能直接提高健康水平，但具有预防的功效，主要起预防作用。保健因素包括人事政策、学校环境、社会福利、人际关系等多个方面。

3. 激励因素和保健因素的重合性

从总体来说，激励因素基本上都是属于工作本身或者工作内容的，保健因素基本都是属于工作环境和工作关系的。但是两者有一定的重合性，如赏识属于激励因素，基本上起积极作用；但是当没有受到赏识时，又可能起消极作用，这时又表现为保健因素。工资、福利待遇是保健因素，但有时也能产生使职工满意的结果。

4. 双因素理论的启示

双因素理论说明满足各种需要所引起的激励程度是不一样的。物质需求的满足是必要的，没有它将会导致不满意，但是即使获得了一定的物质满足也是很有限的，不能持久。要调动人的积极性，不仅需要注意物质刺激和工作条件等外部刺激，也要注重工作的安排，量才录用，各得其所，注意对人进行精神激励，不时给予表扬和认可，注重给人以成长、发展和晋升的机会。比如，高校年终津贴的发放，津贴是否具备一定的激励作用，不取决于津贴数量的大小，而取决于津贴发放的依据。如果仅以教师的职称作为发放的依据，那么这种津贴主要表现了保健因素的性质，而没有明显的激励作用。这是因为这种津贴发放方式仅与职称有关，而与教师的工作努力情况无关，每个人不需要特别努力就可以获得，甚至出现按人头数派发部分津贴的现象。于是人们就会产生“干多干少一个样，干好干坏一个样”的想法。很显然，这种方式无法激励教师。如果把津贴的多少与其劳动量和贡献关联起来，并有科学合理的考核方法，就可能产生很大的激励作用，于是就变成了激励因素。

二、期望理论

美国心理学家维克多·弗鲁姆于1964年在《工作与激励》中提出了期望激励理论。在该理论中，将一个人如何决策在一项工作中应投入多大努力的心理过程，划分为如下几个环节：首先，个体会考虑尝试和付出努力是否能带来好的绩效。如果一个人认为尝试或努力能够带来成功，那么他就更有可能在特定的工作中付出较多的努力。其次，个体会思考良好的绩效带来组织奖励的可能性有多大。如果好的绩效必然导致奖励，那么员工愿意付出的努力就越多。绩效与奖励间的联系越不密切，员工付出努力的积极性就越低。最后，个体要衡量特定奖励的效价，即该奖励对于被奖励者而言的价值。如果某种奖励对于某一个体具有很高的价值，个体也非常渴望得到这种奖励，那么，他无疑会提高自己的努力程度。如果奖励并不是个体想要的，那么他将不大可能尽力而为。①

1. 期望理论的公式

期望理论认为，人们之所以能够从事某些工作并实现组织目标，是因为这些工作和组织目标能够帮助他们实现自己的个人目标，从而满足自己某方面的需求，如学术荣誉、职称晋升等。弗鲁姆认为，人们采取某项行动的动力或者激励力取决于对行动结果的价值评价和预期达成该结果可能性的评估。也就是说，激励程度取决于两个方面：一是对目标价值的认识，二是实现目标可能性的大小。一般来说，如果一个人把目标价值估计得高，那么实现目标的需求概率就越高，激发出的动机就越强，产生内部的激励力量就越大，为此，激发的积极性就越高。

期望理论用公式表示就是：$M=\sum V\times E$，其中，M 表示激励力量，是直接推动或者使人们采取某一行动的内驱动力，也就是说是调动一个人的积极性、激发人的潜能的强度；V 表示目标绩效，是指达成目标后满足个人需要的价值大小，它直接反映一个人对其工作业绩的重视与渴望程度；E 表示期望值，是指依据以往的经验进行的主观判断，达成目标并能导致某种结果的概率，也是个人对行为结果的可能性或者概率的估计与判断。后来，弗鲁姆发展了这一公式，将其转变为 $M=\sum E\times I\times V$。新增加的变量 I 表示工具性，指个体相信自己表现好就能获得回报的信念。这个公式说明：一个人越是相信自己只要努力就能提高工作绩效（E），并能因为绩效提高而获得相应的奖赏（I），而且认为这种奖赏很有价值（V），那么他的动机力量就会

① 李滨江：《高等学校科研激励机制研究》，湖北人民出版社，2006 年。

越强烈。[①] 总体来说，当人们对某一行为结果的绩效和期望值同时处于较高水平时，才有可能产生强大的激励力量。

与传统的工作动机理论不同，期望理论引入了认知变量，以此帮助我们深入理解动机激发的复杂机制，为实施激励提供了重要的心理学理论基础。

2. 正确处理期望与积极性的关系

（1）个人努力与期望的关系

人们总是希望通过一定的努力达到预期的目标，如果一个人认为达到目标的概率很高，就会有信心，并试图努力达到，从而激发极大的工作积极性。如果他认为目标太高，通过努力也无法达到，或者业绩水平不高，就会感到得不偿失，不值得去努力和争取。这样他就失去了努力的内在动力，期望值变低，从而导致工作消极。这与格式塔心理学的基本思想一致，也就是说，我们需要给当事者一个可以达到的期盼，这样才能让他能努力采取一些方式去争取。

（2）业绩与积极性的关系

人们总是希望劳有所得，或者是物质的回报或者是精神鼓励。如果只讲求付出，而没有回报或鼓励，那么就可能让当事者觉得没有工作劲头，期望值将会变低，也就不可能产生一定的工作积极性。如果一个人认为在取得成绩后得到了合理的奖励，那么就可能产生一定的工作热情，其积极性将提升。

3. 期望理论的启示

期望理论告诉我们，管理者在制定制度、规范或者激励措施的时候，应当考虑到大多数成员可以接受的方式，而且还要考虑到激励目标的时效性等。期望理论对高校教学科研人员绩效考评具有两方面的指导意义。其一是充分利用目标导向的方式，建立合理的绩效考评量化指标和体系，以此提高教学、科研人员的工作积极性。其二是目标实现的可能性适当。目前，学校为了强化科研工作，一般都要进行年度或者聘期考核，为了达到既评又促的作用，在确定应完成的科研工作量时要适当，太高或者太低都不利于调动教学、科研人员的积极性。如果规定的科研工作量太高，那么就认为通过怎样的努力都无法完成，于是干脆就不去努力；而如果科研工作量太低，就不会产生一

① 韩大勇：《知识型员工激励策略》，中国经济出版社，2007年。

定的动力，其结果是科研人员慢慢地放松了上进心理，工作热情也随之减退。

三、目标一致理论

目标一致理论是日本学者中松义郎在《人际关系方程式——用公式开拓你的人生》① 一书中提出来的。他认为处于群体中的个体，只有当个体方向与群体方向一致时，个体的能力才会得到充分发挥，群体的整体功能水平也将会最大化。如果个体是在缺乏外部条件帮助或者心情焦虑和压抑的状态下，则很难在工作中充分展现其才华，发挥其潜能，那么个体的发展也不会得到群体组织的认可和激励，特别是在个人方向与群体方向不一致的时候，整体工作效率必然降低，群体功能水平势必下降。

个人潜能与个人和群体方向的一致性，存在着一种可以量化的函数关系。图 2-5 中，F 表示一个人实际发挥出的能力，F_{max} 表示一个人潜在的最大能力，θ 表示个人目标与组织目标之间的夹角。可用公式表示三者之间的关系：$F=F_{max}*\cos\theta$（$0°\leqslant\theta\leqslant 90°$）。当个人目标与组织目标完全一致时，$\theta=0°$，$\cos\theta=1$，$F=F_{max}$，个人潜能得到充分发挥。当两者不一致时，$\theta\geqslant 0°$，$\cos\theta<1$，$F<F_{max}$，个人的潜能受到抑制。

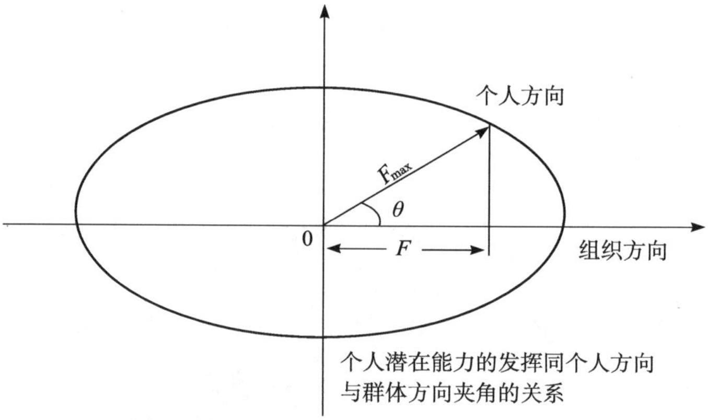

图 2-5　组织目标与个人目标之间的关系

为此，一是个人目标主动向组织目标靠拢，或者组织向个人目标方向靠近。个人要从实际出发，自觉限制或改变自己的行为方向，引导自己的志向和兴趣向组织和群体方向转移，并努力趋于一致。而企业一方则积极对个人

① 〔日〕中松义郎：《人际关系方程式——用公式开拓你的人生》，漓江出版社，2009 年。

进行生活和心理方面的关心，进行业务方面的指导，促使个体向群体方向转化。不过，这样做往往是相当困难的，或者由于价值观上的差异难以弥合；或者由于人际关系上的矛盾难以克服；或者由于业务努力方向上难以一致等。总之，由于个人目标与组织目标之间的差异难以在短期内解决，因此，这一途径可取性不高。二是人力资源流动，流动到与个人目标比较一致的新单位去。当个人的努力方向与组织的期望比较一致时，个人的积极性、创造性就会得到充分发挥，个人的行为容易受到组织的认同和肯定，从而形成良性循环。

第五节　目标设置理论

目标设置理论最早是由美国马里兰大学的管理学和心理学教授洛克提出来的，主要用于解释个体在工作情境中的动机行为和绩效。该理论认为人类的活动是有目的的，它受有意识的目标的导引。[①] 个体的工作表现之所以会不同，就是因为他们为自己设置了不同的绩效目标。

一、目标设置过程

1. 目标选择

目标选择指的是个体在任务情境中确定自己所要达到的目标及目标水平的过程。尽管在特定的活动情境中，可能存在着一个指定的或被期望的目标，但是在实际的活动过程中，每个人还会依据自身情况选择一个切实可行的个人目标。个体的实际能力和先前的业绩水平不同，所选择的活动目标也不同。[②] 例如，学校让每位教学、科研人员在三年的考核期发表核心期刊论文3篇，这其实是学校对教学、科研人员的一种期望。但对每位教师来说，并非所有人都以此为目标。教学、科研人员往往会根据自己的能力和精力，选择一个自己可以接受的学习目标，有的人觉得达标就可以了，有的人则希望自

① 魏四新、郭立宏：《我国地方政府绩效目标设置的研究——基于目标设置理论视角》，《中国软科学》，2011年第2期，第8～15页。

② 周志轩：《目标管理与绩效考核》，成都时代出版社，2008年。

己不但能达标而且要在数量和质量上都要超标，而有些人则可能认为学校设定的考核目标过高，那么他们也许选择消极对待。目标设置理论主要研究个体为自己设置的目标及其对业绩的影响作用。

2. 目标承诺

所谓目标承诺指的是个体为实现目标期望，所作出的持之以恒的努力完成该目标的决心，它反映了个体趋近目标的强度和实现目标的决心。

目标的选择仅仅是行动的开始，一般不足以激起个体的活动，个体还必须做出行动的决心。行动决心的大小和执行的坚定程度都取决于个体对目标的承诺水平。[①] 比如，一个学习成绩差的学生，因为家长或者老师的教育，他转变态度准备好好学习，提高成绩，但是因自控能力太差，没有长久的耐心，坚持了一段时间就自动放弃了，那么这样的承诺必然不可能有很好的结果。

由此可见，对目标承诺水平的高低和坚持程度直接影响目标的实现程度，只有那些内化了的、个体承诺要完成的目标才能促进目标的完成。当面对由权威人物指定的目标时，个人对目标的承诺尤为重要，它直接影响着个体的行为和绩效。

二、目标设置的影响因素

在目标设置的过程中，有许多因素影响着个体的目标选择与目标承诺。影响目标形成的因素包括个人方面和社会环境方面。

1. 个人因素

（1）个体能力与先前的业绩

个体对目标的设置受其能力水平、先前经验和业绩的影响。个体最有可能选择那些已经取得良好业绩、以前的成功经验的目标或者依据经验，而不太愿意或者不敢选择那些远远超出个人能力水平或远远高于以往业绩水平的目标。[②] 例如，一位教学科研人员要求自己在一年内能够发表 3 篇论文。但是不太可能要求自己一年内要在 *Science* 或者 *Nature* 这样的国际顶级期刊上发表多篇文章作为自己的奋斗目标。同样，一位从来没做过科学研究的教学

---

① 孟凡蓉、张玲：《绩效评价目标设置与公共服务动机：心理需求满意感的中介效应》，2011 年第 9 期，第 202～207 页。

② 刘吾平：《动态目标管理理论与实践》，宁夏人民出版社，2008 年。

科研人员，他要求自己能在一年内获得多项国家级科研课题，这其实完全是不可能的。

（2）自我效能感

自我效能感是班杜拉提出的一个动机概念，它是指人们对从事的工作行为的信念和信心，包括一般效能感和特殊效能感，其中一般效能感主要强调个体对从事的工作或者行为目标实现的信念，表现为热爱、积极参与等；而特殊效能感则主要指个人对自己行为能力的信息，包括幸福感、满足感等。自我效能感的高低直接影响着个体的行为选择和活动积极性。

（3）目标的价值

个体对目标重要性或价值的判断影响着个体的目标选择与承诺。个人对目标价值的判断基于两个因素：一是个人对价值的感应能力和操控能力；二是个人对自我的认知能力。如对于一位在海外多年的人，判断其英语口语水平，则可能其目标价值略低。

（4）归因分析

归因分析对设置目标也有一定影响。一方面，归因分析可以通过影响自我效能感间接作用于目标设置。研究表明，对成败的适当归因分析有助于提升个体的自我效能感，而如果个人将失败归因于能力低下或将成功归于运气的话，则不利于自我效能感的提高。另一方面，归因分析对目标选择也有直接作用。根据归因理论，将成功或失败归因于稳定性因素会导致对未来相同结果的期望。因此，将失败归因于不稳定因素（如不够用功，临场发挥失常等）的个体可能会在下次选择较高的目标，而对失败作稳定归因（如能力水平或者潜力不够）的个体则倾向于降低未来的目标水平。

（5）情绪情感

情绪情感是激励个体活动、影响个体效能和工作业绩的动力因素之一。当个体处于积极的情绪状态时，他的个体效能就会增强，个体就会投入大量的时间和精力，其业绩水平可能会提高，于是个体对自己实现目标的信心也会提高。因此，积极的情绪情感会导致较高水平的目标设置。

2. 社会环境因素

（1）群体影响

人是社会性的动物，人们每天都不可避免地与其他人或群体进行接触，并在相互接触的过程中发生互动。一个人的思想和行为影响着其他人，同时也受到其他人的思想和行为的影响。个体对目标的选择与承诺会受到群体及其相关人员的影响。

群体影响着个人对目标的选择。群体效应会影响个体的判断力，当个体处于群体之中，群体的目标直接影响个体对目标的选择和承诺。比如，一个班级里，有很多人立志出国，并做积极准备，那么自己也有可能设定出国的目标。但是，如果一个目标只有群体中的极少数人可以达到，则说明该目标的难度过大或者不切实际，那么这时群体中的多数个体就会放弃或者不会选择该水平的目标。又如，一个 30 人的科研团队中有 1 人获得国家杰出青年科学基金，那么我们不能期望这个团队的每个人都有机会获得此项基金。

另外，在群体规范的影响下，个体的目标承诺也在一定程度上反映了群体的态度。如果某个群体对目标表示反对或者不赞同的话，那么个体便会降低对该目标的承诺；如果群体对目标表示赞同或者是表现积极，鼓励个体努力完成既定目标，那么群体成员对该目标的承诺水平也会有所提高。

（2）榜样的力量

榜样的力量是无穷的。依据班杜拉的社会学习理论的观点，人类的社会行为是通过对榜样的观察与模仿获得的，榜样可以为个体设置目标提供参照对象，它可以提高个体完成目标的自我效能感。已有的研究表明，在目标设置过程中，积极的榜样作用会引导个体设置较高的个人目标。

当一个人看到与自己能力相近的人设置并完成了一个较高的目标时，他对自己完成同等目标的信心也会有所提高，进而影响其目标设置。因此，当一个人看到自己的同事取得了一个个国家课题或者学有所成时，也会依据自己所了解的情况设计一个能力相仿的工作目标，并试图完成。

（3）权威人物

权威人物有时候也就是榜样，指的是那些对个人人生或者发展具有一定意义的人，如教师、家长、师傅、上级、老板、专家学者等，他们直接影响着个体的目标设置层次和目标承诺。在具体任务中，权威人物制定或者设定的目标往往是个体设置个人目标的最直接的参照，如家长对孩子的学业要求就是孩子个人的目标。不过，当在个体目标已经确立的情况下，外在的目标计划往往被看成是外部的强加和控制，容易遭到拒绝。比如，一个孩子已经确立了大学毕业自主创业，而这时家长再要求他回校读书深造，可能这时家长的要求就变成了一种强制行为，其结果往往很难预测。只有权威人物在个体设置期望目标之前，指定某个具有挑战性的目标时，该目标才会对个体产生积极的作用和影响力。

个体只有认为权威人物具有一定的社会地位、可信赖、知识渊博或者受人尊敬，并且对目标的设置有着合理的解释时，个人对他所指定的目标的承诺水平才会积极响应。

(4) 奖励

奖励对目标设置的作用相对复杂些，它注重外在的奖励，其表现形式多样。对于那些特别困难、高不可攀、几乎无法实现的学习或者工作目标来说，奖励方式并不能提高个体对目标的承诺水平，有时反而会干扰个体的注意力，导致效率的下降。比如，一个还没有研究生授予权的学校，要求其在五年内拿到博士学位授予权，那么这个学校绝对不敢承诺。而对于那些易于完成的任务来说，外在的奖励和诱因可以增强个体完成目标的信心和决心，但是，如果任务过于简单，那么其实对任务成绩的提高就不会产生明显的作用，因为可能对个体而言，目标过于容易，努力不努力结果都差不多，竞争意识和动力不强。

三、目标设置与工作绩效的关系

目标设置理论主要应用在工作背景下，其关注的重点集中在目标与工作绩效的关系上，在目标设置的过程中，需要关注目标的三个阶段，即目标水平、目标的明确性和目标执行期限。

1. 目标水平

从目标难度水平上来看，目标可以是容易达到的、比较容易达到的或者是困难的。一般来说，目标的难度会影响个体的投入水平和程度，从而影响任务结果。在完成任务目标的过程中，个体会依据目标水平来调整努力程度，挑战性大的目标会使个体付出更多的努力和精力，并表现出了一定的任务坚持性；如果某些目标过于困难或者是挑战性不强，那么其目标水平就可能不高。因此，我们在设置目标的时候一定要注意其目标的难度，一般需要设置一个适中的，并且自己能够达到的目标即可。

目标设置理论认为，目标的实现在于个人能力允许的范围内，并且个体对目标有着较高的承诺。在这种情况下，目标的水平越高，绩效水平也会越高。目标的难度水平与绩效水平之间基本上是一种线性关系，如图 2-6 所示。

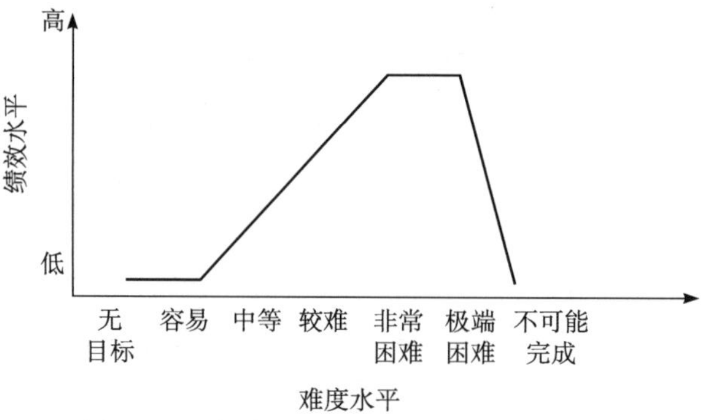

图 2-6　目标难度水平与绩效水平的关系图

2. 目标明确性

目标明确性是指清楚和准确地知道自己的目标是什么，自己需要怎么努力，努力到怎样的程度等。一般来说，明确的目标，其要求具体、清晰，努力的方向也是非常明确的，这样的目标实现起来具有一定的方向性，如教授每年必须完成三篇 CSSCI（中文社会科学引文索引）来源期刊学术论文；而那些含糊不清、过于艰难的目标则可能在实现上略显困难，或者让人根本不知道如何去操作，如好好学习，努力工作等。

我们不难看出，明确的目标具有一定的导向性和清晰明确的目的，它可以产生高的绩效水平。一般来说，明确的目标提供了实施方法和绩效标准，有时候规定的非常清晰和具体。它使得个体对自己需要做什么，如何做，付出哪些努力和精力都有着非常清楚的认识，从而减少了行为的盲目性，提高了自我控制水平，保证了既定目标的顺利实现。而模糊目标的绩效标准具有更大的弹性，个体可以采取多种标准来衡量自己的表现，从而导致一些人不肯付出太多努力，对较低的成绩水平感到满足。例如，每年每位教师必须完成一定的工作量才能合格。这里的一定工作量没有具体的数据标准，其操作和实施起来就很困难。

3. 目标执行期限

目标执行期限是指目标的完成期限的长短，一般可以分为短期目标、中期目标和长期目标三种。目标执行期限能够约束个体按照目标设置来完成规定的任务。目标的执行期限并不能直接决定结果，但它可以通过调节、控制个体在任务情境中的目标水平，间接地影响工作绩效。目标执行期限可能对个体产生以下作用。

（1）短期和中期目标设置可以提高个体的自我效能感

一般来说，中长期目标都需要分解为短期目标，以便于由点到面地突破。对于短期目标，由于时间周期比较短，其实现的目的、任务和实施方案都比较清晰明了，那么在个体头脑中就很容易将一个较为复杂的任务进行分解，并设置相应的目标，并尽可能地将任务目标分解得容易操作和处理，以此增强个体完成整个任务的信心和决心。比如，让一个教师设定三年的教学科研任务，如果直接交给他，他可能就有一定的压力。但是，如果把三年的教学科研任务按年分配，那么就可能容易让别人接受，并且能够较好地完成任务。

（2）短期和中期目标的有效设置能够提升个体的坚持心理

当个体面临复杂或者挑战性的任务时，对自己缺乏一定的胜任度。这时可能产生两种情况，一种是对承担的任务具有一定的畏惧感，容易产生消极退缩的思想；另一种是不知所措。而通过短期目标的设置，则可以有效地帮助个体评估自己的能力和进步，提高其战胜困难和阻碍的信心。

（3）短期目标的完成可以提高个体的自我效能感

自我效能感包括两种情况：一种是对自我能力的认知程度，如自己喜欢教师这个职业，那么自己就会以作为一名教师而感到欣慰；另一种是个体完成任务所获得的情绪和感受，如幸福感、满足感或者是痛苦、悲伤的感觉。我们可以通过在复杂或者长期目标中设置一些相关联的短期目标，那么每当个体实现了一个短期目标时，他就会很清楚地认识到自己所取得的进步及整个活动进展到了什么程度，从而使得他对自己完成整个任务的信心倍增。而对于一个只有整体长远目标的人来说，除非完成了整个任务，否则他无法知道自己达到了什么水平。因此，即使他们实际上已完成了与有近期目标的人同等程度的任务，他们的自我效能感却并不能得到提高。而且，由于短期目标的难度水平相对较低，执行期限相对比较短，因此可以给个体及时地提供更多的反馈信息和成功的机会，从而使个体获得一定的满足感，增强其实现目标的信心。

四、目标承诺与工作绩效的关系

目标承诺反映了个体对所设置的目标的认可程度和完成目标的信心与执行度，它通过调节个体的工作积极性，间接地影响工作业绩。只有个体承诺要完成的目标才能发挥其激励作用，通常对目标有较高承诺的个体才可能有好的工作绩效。[①]

目标承诺是目标水平影响工作业绩的前提条件。如果目标承诺水平较高，则会带来较好的工作业绩；如果目标承诺较低时，个人的工作业绩就低，这时目标水平对工作业绩没有明显的作用。也就是说，如果个体对目标没有承诺完成，那么他在工作中就不会投入太多的时间和精力。

① 刘丹、江璇：《企业知识型员工组织承诺与工作绩效关系研究》，《商场现代化》，2009 年第 1 期，第 34 页。

第三章

高校教学科研人员绩效考评现状

第一节 高校教学科研人员的特点

建立一个科学有效的高校教学科研人员①绩效考评体系，首先应全面把握高校教学科研人员绩效考评的本质特征。高校教学科研人员的绩效不同于其他类别的绩效，这与高校教学科研人员的职业属性和职位特点以及劳动的特殊性密切相关。由于教师的劳动是一种能够创造价值的复杂脑力劳动，其劳动对象、劳动手段以及劳动过程都有别于其他职业，这就要求我们在进行高校教学科研人员绩效评估体系的研究和设计时，要充分考虑到教师职业的特殊性和劳动的复杂性，不能用简单和机械的标准去衡量。

一、高校教学科研人员的职业属性

根据《中华人民共和国职业分类大典》（2006 年增补本），我国社会职业可归为 8 个大类，66 个中类，413 个小类，1838 个职业。人民教师被归为“专业技术人员”，定义为“从事各级各类教育教学工作的专业人员”。按照划分的指标体系，高校教学科研人员应该隶属于教学人员中的高等教育教师。基于此，高校教学科研人员包括如下五个职业属性。②

1. 教育性

教育性是教师职业的本质属性。教师是学生学习成长的引路人、指导者，他们对学生人格的形成、知识的有效获得以及社会交际能力的锻炼都具有一定的影响力。古语说：“师者，传道、授业、解惑也。”传道是指教师要给学生传递知识，培养正确的价值观、人生观和远大的理想信念；授业是指教师

---

① 我国高校教师依据其专业技术职务一般可以划分为教学科研人员、教辅人员、工勤人员、管理人员以及其他系列等。本书中的高校教学科研人员特指符合《中华人民共和国教师法》和《中华人民共和国高等教育法》中规定的，具有高等教育教师资质的，在高等学校主要从事教学科研工作的人员，其中也有部分学者仅从事科研活动，努力产出高水平的科研创新成果，或者像从事公共基础课教学的教学型教师，我们也把这类教师称为专任教师。高校教学科研人员的教学科研水平直接关系到高校的教学科研实力。

② 许月明、李维军、闫岭：《对高校教师职业特点的分析》，《河北农业大学学报（农林教育版）》2006 年第 3 期，第 79～82 页。

给学生传授基础知识和基本技能等基本的社会生活与生存的本领；解惑是指为学生解答疑问，并培养学生主动学习和提出问题的能力。其中，传道是教师的首要任务。传道是目的，是方向；授业解惑是进行传道的过程和手段。

2. 学术性

高校是学术研究的主阵地，高校教学科研人员作为其主要的构成要素，对学术性的要求远远高于基础教育等教育领域其他类别教育的教师。高校教学科研人员不仅通过教学传授科学文化知识，而且还需要去质疑、反思传统的糟粕及现实社会的不良现象，从而进行更深层次的批判。高校教学科研人员要从国家、民族的利益出发，充分发挥自身的聪明才智，在大量的学术交流和思想碰撞中引领社会文化朝着健康的方向发展。高校教师通过大量的学术研究和交流，不断提高自己的学术研究水平，从而促进人类社会的繁荣和发展。①

3. 创新性

高校教学科研人员的创新性体现在教学创新和科研创新两个方面。教学创新主要是指具有勇于改革的首创精神，具有改革传统的教学观念，树立现代的教学观，着眼于学生创新能力的培养，尊重学生的人格、思想和情感，提倡和鼓励学生表达自己的思想、看法，激励学生积极思考，自由探索和勇于创新；科研创新主要是指高校教学科研人员承担大量的科学研究任务，通过科学研究提升科研能力和水平，产生创造性的科研成果，为社会发展作贡献。

4. 社会性

高校教学科研人员的社会性职业属性主要体现为高校的社会服务职能。高校已经不再是原来意义上的象牙塔，高校必须面向社会的需求，并为社会的发展作出贡献。为此，高校教学科研人员无论从专业知识还是从职业特点上来说，社会性是其实现人生价值的必由之路。

5. 主动学习性

在知识和信息快速更新的时代，学习已经成为支撑人生发展的主要力量源泉，不断学习、终身学习成为学习型社会的重要特征。高校教学科研人员要具有一定的主动学习和获取知识的意识，不断积累本学科前沿知识，

① 王光彦：《大学教师绩效评价研究——基于教师自主发展的探索》，华东师范大学硕士学位论文，2009 年。

提高自己的学术水平和科研能力，并将最新的成就引入教学和科研之中。

二、高校教学科研人员的职业特点

我国高校人员主要由如下几类组成：教师（教学科研人员）、教学管理人员（行政人员、党务人员、政治辅导员）、实验人员以及后勤服务人员。教师是一个特殊的群体，高校教学科研人员是高校人员组成的核心。他们是传递和传播人类文明与文化的专职人员，是人类灵魂的工程师，也是学校教学和科研职能的主要承担者。高校教学科研人员的职业特点鲜明，社会要求高。他们无论在工作性质上还是人格特征上，都与其他社会组织成员有所区别。①

1. 人力资本丰富

高校教学科研人员是典型的知识密集型群体，具有较高的专业知识水平和教学科研能力。其从业人员的平均学历之高、学识之深，是很少有行业能与之相比的。当前我国高校教学科研人员一般都具有硕士学位，随着我国高校人才队伍建设的进一步深化，特别是创新和拔尖人才工程的推动，高校教学科研人员群体将会成为强大的知识聚合体。

2. 职业能力要求高，工作稳定，自由度高

相比其他职业，高校教学科研人员职业对从业者有较高的职业要求，如职业素质和自我约束能力，一般在学历和职称上远远高于一般的社会性职业；教师在高校期间所强化的技能专业性非常强，一旦脱离高校，就很难在短期之内展现自己的技能、施展自己的才华，而学校也一时很难从社会上招聘到合格的人。这就体现出高校教学科研人员一定的职业保障特点。

工作自由度高主要体现于“大学之自由精神”。高校教学科研人员本身具有很强的独立性和自我表现意识，他们在学术思想、学术交流以及教学方式上都表现出较高的自由度，过分管束和限制较少。

3. 较强的成就需求

高校教学科研人员的文化层次较高，高层次的精神需求占主要地位，他们的劳动价值和成果要求得到社会的广泛认可。此外，高校教学科研人员具有很强的创造成就的需求和动机，这就促使他们不断地进取，勇于探索，努

① 赵静瑞：《我国高校教师绩效考评探究》，中国地质大学硕士学位论文，2009年。

力提高教学质量和科研水平。[①]

4. 劳动价值实现的长期性

在教学工作和科研工作中，高校教学科研人员的学术思想要想影响受教育者的观点、品德、意识和价值取向，开发出人体潜在的资源，转化为人的发展价值，必须经历思想的吸收和潜移默化，这是一个长期的过程；科研工作从研究方向的确定，到开展理论与应用研究，取得成果，将成果运用于实践，并最终转化成经济价值，也是一个长期的过程。[②]

三、高校教学科研工作的特点

1. 教学工作的特点

在教学工作方面，与其他类别的教师一样，高校教学科研人员承担教书育人、传道授业的育人任务和职责。但是高校教学具有一定的特殊性，为此，高校教学科研人员的教学工作特点也比较突出。

1）教学质量是办学水平的重要标志，教学质量的高低最终体现在学生对知识的掌握和运用于实践的能力上。高等学校教学科研人员要承担一定的教学工作量，一般是职称越高，承担的教学工作量越多。高等学校教学质量的提升依赖于高校教学科研人员教学水平和教学能力的提高。当前的高校教学改革中明确指出，高级职称的教师必须承担一定的教学任务。

高校教学质量直接影响了社会人才质量。因此，高校的教学工作具有一定的职业导向性。另外，高校教学科研人员还肩负一定的科研任务，也是学生职业发展的引路人，为此，它对教学科研人员的教学能力、教学实践性的要求要更加明确。

2）作为教师，就必须传道授业，教学工作的劳动价值主要体现在知识的传授上。高校教师通过承担一定的教学任务、指导毕业论文和学生实践，以此将自己的知识和经验传递给学生。

3）高校教师在教学要求上与其他类别的教师一样，教学工作有一定的课时要求，有比较严格的时间空间限制。一般来说，随着专业技术职务的提升，对教学工作量的要求越高，比如，教授要求每年至少完成240个课时；助教

① 许月明、李维军、闫岭：《对高校教师职业特点的分析》，《河北农业大学学报（农林教育版）》，2006年第3期，第79～82页。

② 符晨：《我国高校教师绩效评估研究——以重庆市为例》，重庆大学硕士学位论文，2007年。

要求每年至少完成168个课时。

2. 科研工作的特点

我国高等教育法规定，教育、科研和为社会服务是高等教育的三大职能。其中，科研职能的发挥，直接影响着培养人才和为社会服务的质量。衡量高校的办学条件与学术地位，往往以其科研实绩为重要条件。高校科研工作具有如下特点。

（1）业绩成果具有明显的滞后性

由于科研成果属知识性产品，是复杂智力劳动的结晶，具有周期长、转化慢等特点，因此，高校教学科研人员在科研方面所取得的业绩成果的价值不能立刻显现，往往需要较长的一段时间。一般来说，大部分的科研成果转化也需要专利申请、出让和市场化等多个环节，而且有些业绩成果的大部分属于长期积累的工作业绩。特别是高校科研与社会需求脱节现象比较严重，这使得大部分的科研成果不可能直接转化，并产生一定的效益。有些科研成果甚至只是科研人员的个人兴趣或者研究方向，其研究的目的在于个人需求，即使有了重大的科研成果或者进展，也有可能放置于实验室、科研报告或者少许的学术论文中。这些现象都会造成高校科研业绩成果的滞后性。

（2）科研投入产出关系的复杂性

首先，不同类型的科研活动有不同的规律，科研活动和过程的周期差别很大，其人力资本的投入、产出没有统一的模式可供采用。其次，不同研究项目的周期差别很大，周期一年、三年甚至更长时间，这种投入产出的时滞增加了考核的难度。特别是近些年来，大部分高校竞相排名，教学科研人员急功近利，把发表论文数量和级别作为一项重要指标，这使得大量的科研投入和产出严重失衡，并造成科研经费、科研投入的浪费现象。

（3）科研业绩创造性的价值具有不可比拟性

一位教师可能在较长的时间内潜心研究一个课题，多年不出成果，但一旦出了一项成果，也许是原创性的、高水平的；而有的教师也许一年能发表很多文章、研究很多课题，但大多是应用类的，甚至是某项研究成果的翻版、拷贝。如果仅仅从量化的角度，就很难进行比较他们的业绩成效。

第二节　国外高校教学科研人员绩效考评现状

国外的教师绩效考核开始于20世纪70年代，90年代时开始迅速发展。90年代以来，国外在其教育改革中，基于工作综合表现的教师考评结果常常被作为教师资格证明、教师聘任、奖罚、教师职业梯队计划及教师岗位证书更新续用的依据，也是政府制定相关教育政策、合理分配教学经费和加强学校人事管理的重要手段。目前，美国、加拿大、德国、新加坡以及日本等国家现有的评估程序及相应手段一般建立在有关教师与教学的研究的基础之上。

一、美国教学科研人员绩效考评

美国的教师考评体系研究大致经历了以教师的教学方法是否与一些权威的理论方法相一致为评价重点、以判断教师是否具有从事优秀教学活动所要求的个性特征为评价重点，以及以教师的一般教学行为为评价重点等三个阶段。

美国研究型高校对教学科研人员工作的鉴定每年进行一次，主要从科研、教学、服务三方面进行评定。科研鉴定主要以教学科研人员发表的论文、出版的著作、申请到的科研经费为依据；教学鉴定主要以教学科研人员授课的门数、学时数、学生评语、对教学的贡献为依据；服务评价的标准是参加校内各级委员会的数量、贡献、在校外各团体中的贡献。所有教授的提升、晋级、涨薪都与评价和频繁的鉴定相联系。①

由上述分析可知，美国高校评价指标体系比较丰富具体，考评指标区分度较高，且具有较强的可行性，但是评价指标过于全面，评价要求过高，可操作性较差。

① 唐滢：《从美国研究型大学教授聘任制看北大教师聘任制改革》，《集美大学学报》，2004年第3期，第6～8页。

二、加拿大教学科研人员绩效考评

加拿大的教学科研人员绩效考评与教学科研人员聘用、晋级相联系。高等学校一般设置三个级别的岗位：助理教授、副教授、教授；教学科研人员聘用和晋级，主要根据其在教学、科研实绩和社会的贡献大小等三个方面决定；考评与教学科研人员职称评定相联系，一般根据教学科研人员一定任职期内在校内外的教学（由学生打分评价）、科研（主要是学术论文的数量与质量）和社会服务成绩来确定。

教学科研人员职称的晋升工作定期进行，在教学科研人员职称得到晋升后，同样要根据教学、科研和社会服务这三方面的标准衡量，才能得到无限期保留自己职位的契约性权利。① 该评价体系分类清楚，目的明确，但是考评标准不够统一，考评流程不够清晰。

三、德国教学科研人员绩效考评

在德国高等教育管理制度和运行体制下，高校教师的考核评价的特征，主要由教师聘任制度和教师薪酬分配制度的特点所决定。长期以来，德国缺乏全国统一性的教师评价标准，正式的评价在实践中也不普遍。直到20世纪90年代初，也只有13％～15％的教师（主要是教授）接受评价。

德国高校每一年需要对教师进行考核，尤其对教授的考核极为严格。德国的教授主要从校外招聘，对教授的考评主要包括科研、教学和自我管理三个方面。其中，科研主要从申请者的科研成果质量、学术声望以及同行专家评价；教学能力主要考核教师的教学经历、教学水平等多个方面；而自我管理则主要体现在对公共事务的服务意识和能力方面。

四、新加坡教学科研人员绩效考评

在新加坡高校教师的绩效评价方面，对教学的评价受到重视。新加坡高校教学科研人员绩效评价中最突出的特点是非常注重学生对教师工作情况的反馈，并以反馈作为评价教师绩效的一项重要指标。以新加坡南洋理工高校的教师评价为例，主要是通过对工作目标实现程度和有效性的评价进行的。

① 邝泽倩：《追求责任心的声誉——世纪之交的加拿大高校高等教育》，《北京大学教育评论》，2004年第1期，第32～37页。

评价的内容涉及教学、科学研究及学校和社会的贡献三个方面。评价的途径包括学生评价、同行专家评价、评价委员会和提升及任期委员会的评价等。

新加坡高校对其高校教学科研人员的科研进行评价的标准是看一个教师出版了多少本教材专著，发表了多少篇文章，特别是在国际学术杂志上发表了多少文章。发表文章少的教员不但没有可能晋升，同时绝大多数很难保住现有的教师职位。在社会服务贡献方面没有明确的规定。在评价方法上，学生评价、同行专家评价、评价委员会和提升及任期委员会的评价等被广泛采用，其中，校外的同行评价扮演着很重要的角色。与此同时，在评价结果的运用上，与加薪、晋升、续聘相关关系密切，特别是在年终奖金方面，更是如此。

五、日本教学科研人员绩效考评

日本高校中实施的是任期制。较早推行任期制的高校多为理工、医药等应用性较强的专科性高校。如北陆先端科学技术高校的任期制适用对象是施行日之后新任用的教学科研人员，实施“老人老办法，新人新办法”。岐阜药科高校的个人考评指标包括教学、科研、管理运营、社会贡献四个方面，特别是在科研方面，对发表的论文杂志的影响程度要量化。[①] 该评价体系观点新颖，视觉独到，但是太过量化，考评方式单一。

日本高校教学科研人员的绩效评价原则，主要是评价标准和评价结果公开原则、参加型相互评价原则、本人及周围人认可和满意原则。日本高校对教师的晋升考核指标表现在学历和学位条件、任现职的最低年限、教学和科研水平的确定三个方面。

日本高校大部分从科研、教学、社会服务以及其他等四个方面进行评价，侧重于科研水平的评价。冈山高校的绩效评价较为详细地剖析了日本高校教学科研人员的评价体系。教师评价分为教育活动评价、科研活动评价、社会活动评价和校内管理活动评价等四个方面，采用量化评价与定性评价两种基本方法，评价周期为每三年一次，评价结果主要用于量化评价的各类数据则由教师个人根据学校提供的“个人评价调查表”，每年填写并提交到本部门负责人处。各学部、研究生院负责人对本院教师进行“特别优秀”、“超过平均水平”、“达到平均水平”、“有问题需要改进”、“需要改进”等五阶段评价，并且公开所有教师的评价结果。

① 吴光辉：《试论日本的大学教师任期制》，《复旦教育论坛》，2004年第6期，第15～18页。

第三节　我国高校教学科研人员绩效考评现状

我国教师绩效评价始于20世纪50年代，“文化大革命”期间停滞下来，高等教育事业基本上处于瘫痪状态，高校的各项正常工作次序都被打乱，教师的培训、评价工作也彻底停止，直到“文化大革命”后才得以恢复。自20世纪80年代以来，高校教学科研人员绩效评价领域的理论研究和实践探索取得了长足的发展。1984年5月，我国正式加入了国际教育成就评价协会组织。此后，在国家教育体制改革的推动下，我国的高校教学科研人员评价工作得到了较快发展。1991年5月，全国第一次教育督导工作会议颁布《教育督导暂行规定》，标志着我国教师评价工作的全面开展。

一、我国高校对教学科研人员绩效考评背景

我国高校受美国功绩制绩效考评的影响，把工作绩效作为考核的最重要的内容，同时对德、能、勤、绩进行全面考察，并根据工作实绩的优劣决定教学科研人员的奖惩和晋升。近几年来，随着人事改革的深入，我国高校开始采用多种考评方式对教学科研人员进行考评。

1. 我国高等教育向大众化发展

进入新世纪以来，中国的高等教育实现了跨越式发展，进入国际公认的大众化发展阶段。高等教育大众化作为一种社会潮流，无疑将对我国各类高校的生存和发展产生深刻的影响。伴随着高等教育的快速发展，高校教师队伍的结构进一步优化，整体素质有了新的提高。[①] 这一时期，在国家有关部门的指导下，各个大学在岗位设置、聘任制改革、收入分配改革等方面进行积极探索，取得了显著成效，这是大学教师的积极性、主动性被调动与激发带来的成效。[②] 与此同时，各高校围绕教师聘任、教师晋升、职位提升等措

① 周济：《深化改革、全力建设高素质高水平教师队伍》，《中国教育报》，2007年7月10日。

② 王光彦：《大学教师绩效评价研究——基于教师自主发展的探索》，华东师范大学硕士学位论文，2009年。

施进行改革，不断开展以绩效评价为重点的教师考核评价制度的改革，以此来提高教师的素质，从而增强本校的竞争力和综合实力。

2003 年 12 月，《中共中央国务院关于进一步加强人才工作的决定》提出：建立以能力和业绩为导向、科学的社会化的人才评价机制。完善人才评价标准，克服人才评价中重学历、资历，轻能力、业绩的倾向。根据德才兼备的要求，从规范职位分类与职业标准入手，建立以业绩为依据，由品德、知识、能力等要素构成的各类人才评价指标体系。与此相适应，清华大学、北京大学、湖南大学等高校先后进行了人事制度改革，在完善教师考核评价方面积累了一定的经验，取得了初步的成效，但还有许多重点、难点问题等有待理论界去深入破解。无论是在理论上还是在实践层面，对高校教师绩效考评研究的需求都显得十分迫切，探索一套科学的、合理的绩效考评体系已成为推动高校长远发展的重要举措之一。

2. 传统高校人事管理制度急需改革

我国的人力资源管理研究起步较晚，由于我国高校所处的地位及高校所履行的特殊职能，高校的改革相对滞后，计划经济时代的高校人事管理模式已不能和社会政治经济的发展相适应，造成一系列的弊端，从而限制了高校教师的发展。

高校人事管理向人力资源管理转变也是一个漫长的过程。高校的教师考核工作一直与高校教师管理制度的变迁紧密联系，经历了改造与形成时期、巩固与完善时期、严重挫折时期、全面建设与发展时期。直到现在，是否该考核教师、如何考核教师依然是争论的热点和难点。

目前，高等学校教师评价还处在一个依靠经验积累的摸索阶段，缺乏系统的理论指导和科学的方法论证。高校的人事考核普遍是到年末或学期末进行，人事部门发出考核通知，各部门按照规定对本部门的教职工用固定的表格进行考核，主要从“德、能、勤、绩”四个方面进行考核，评估教学科研任务量的完成情况。① 而关于教师评价的研究成果中通常也只是涉及教师教学能力或研究能力这样的单项评价，而对综合性的评价及其评价标准、评价方法的研究还很不系统。教师评价在理论上的不成熟，实践上的不完善，会

① 袁凌、谢赤、谢发胜：《高等学校教师教学效果评价的问题及其对策研究》，《大学教育科学》，2006 年第 1 期，第 42～44 页。

影响教师队伍的发展，也会制约高等教育事业的发展。[①]

另外，在教师考评过程中还存在着以下现象：教师评聘未分离，教学和科研并重成为一般教师的压力，学术泛滥，教学质量日益低下；缺乏人力成本观念，在引进人才和培养人才时，成本概念不强；激励形式单一，待遇只能高不能低等。因此，针对传统的高校人事管理模式的欠缺和弊端，进行大胆改革，建立具有生机和活力的现代高校人事管理模式，已成为一种必然需求。

3. 我国高校教师绩效考评制度有待完善

在现阶段，由于计划经济体制的影响，在高校人事工作中出现效率低下、人浮于事、职责不清、动力不足等现象。为了从根本上解决这些问题，就必须通过人事制度改革，为教职工尤其是教师提供工作动力，提高他们的工作积极性。近年来，全国多数高校都进行了按需设岗、按岗聘任、以岗定薪、优绩优酬为主要内容的人事分配制度改革工作。[②] 教师业绩考评作为检查教师履行岗位职责情况、兑现岗位津贴、形成激励机制的一项必要而且关键的手段，在深化高校人事分配制度改革中，其作用就显得十分突出。

尽管绩效考评制度已在高校实施了很长时间，但是至今还没有一个成熟的经验或者模式可供推广，这是因为其中尚有不少问题有待解决，如考评制度问题、考评指标问题以及考评方法等问题。

4. 我国高校教师教学科研积极性亟待调动

高校教师是高等教育的主体，是人才的培养者，同时也是科学研究的主体，承担了很大部分的科研任务，其业务水平和业务态度直接关系到所培养对象的素质，也就是说，高校教师是提高人才培养质量的关键。实施科教兴国战略，就必须重视高校教师这一教育主体在国民经济中的重要地位，只有让他们在教育和科研领域发挥主导作用，国民素质才能迅速提升，科技水平才能得到提高。因此，如何提高这一主体的积极性，是目前急需解决的问题。[③]

① 周春燕：《基于教师职业特点的高校教师绩效评价研究》，《未来与发展》，2008 年第 12 期，第 46～49 页。

② 英树志：《我国高校绩效考核中存在的问题及对策》，《北京机械工业学院学报》，2005 年第 3 期，第 88～90 页。

③ 龚建荣：《我国高校教师绩效考核的研究——以×大学为例》，南昌大学硕士学位论文，2008 年。

二、我国高校教学科研人员绩效考评体系存在的问题

目前，我国高校教学科研人员绩效考评主要采用“德”、“能”、“勤”、“绩”四因素考评和量化，如表 3-1 所示。[①] 其中，“德”指人的政治思想素质、品德、责任心、使命感与进取精神，德是一个人的灵魂，是用以统率才能的。它决定着一个人的行为方向、行为的强弱、行为方式等。“能”，主要指一个人拥有的业务知识、综合分析能力、学习能力、表达能力、组织与协调能力、创新能力、决策能力、人际协调能力、工作经验等。对于不同岗位，其能力要求也有不同的侧重。“勤”是指勤奋敬业的精神，主要指人员的工作积极性、创造性、主动性、纪律性和出勤率等。真正的勤不仅仅是出勤率，更重要的是以强大的责任感和事业心，以饱满的热情、全身心地投入工作。“绩”是指员工承担岗位工作的成果，包括任务完成度、工作质量、数量、成本与效率，是考评的重点。

表 3-1　我国高校现行教师考评表

类别	项目	具体内容
德	思想政治素质	坚持四项基本原则和改革开放，贯彻执行党的路线、方针、政策，能自觉地和党中央保持一致；忠诚党的教育事业，有较高的思想政治觉悟
	品德修养	作风正派，为人师表，诚实守信，团结同志，乐于助人，办事公道，胸怀坦荡，意志坚定，坚持标准，奖惩分明，客观公正地对待每一位学生
	工作作风	有较强的事业心和敬业精神，工作勤奋努力，精益求精，有较强的民主作风，工作积极、主动性强，深入实际，走群众路线
能	业务技术水平	业务技术水平的运用发挥、业务技术的提高、知识更新情况，教学水平，工作表现等
	组织能力	具有较强组织管理能力，有能力组织、指导学生开展各种学术活动
	宣传能力	有良好的语言表达能力和文字表达能力，主持或参加各种会议时内容丰富，逻辑严谨，思路清晰，情理交融，说服力强，感染力强
勤	岗位出勤	按要求全额出勤，坚守岗位，认真执行工作制度，参加学院组织的各项活动及相关会议等
	信息反馈	认真坚持例会制、联系制，及时传达上级有关部门批示精神和要求，全面准确地反映学生情况，做到上情下达、下情上达
绩	教学业绩	完成工作的数量、质量、效果，取得成果的水平、社会效益、经济效益等
	科研业绩	进行理论科学研究的深度和理论知识转化为实践的可行性与现实意义
	实践业绩	在基层和实习基地实践锻炼的次数以及动手操作的熟练程度
	工作研讨	在本职工作中勤于思考，善于总结，勇于探索，能提出好的建议，创造出好的工作方法，写出高质量的经验总结和理论文章

① 龚建荣：《我国高校教师绩效考核的研究——以×大学为例》，南昌大学硕士学位论文，2008 年。

这样的考评方式简洁明了，考评过程简单，但由于其缺乏较好的考评理论基础、考评制度不完善、考评指标和考评内容混淆以及考评手段落后等问题，受到了很大的质疑和挑战。这具体体现在以下六个方面。

1. 缺乏坚实的理论根据和方法

目前，我国高校教学科研人员绩效考评体系大多采用归纳法、对比法等研究方法，基本上都是将一个或者多个有代表性的教师特征和教师行为罗列在一起，至于其中哪些因素更为重要、更加合理，研究者考虑得不多，往往根据权重计算建立评价体系，以获得合成分数为主要目的，没有考虑绩效考评的系统整体理论和方法。

2. 内容不统一，结构不明确，制度不健全

国外的教师考评在地方教育当局的支持下，从 20 世纪 80 年代开始进入每一所学校，1991 年英国正式公布的《教师考评条例》对教师考评的目的、方法、周期等都有详细规定。而我国目前尚未建立健全的教师考评制度，对教师考评的概念和理论的研究仍处于萌芽阶段。研究发现，大部分员工对学校所作出的考评持不满意态度，认为考评是无效的，难以对绩效作出恰如其分的评价，也就难以成为实施一系列管理措施的依据，或者因此实施的管理措施也难以起到应有的作用，甚至起到不良的作用。

3. 绩效考评指标直接与考评内容挂钩

目前，我国高校一般从“德、能、勤、绩”四个方面来考评教师的工作绩效。但由于教育活动是一种非常复杂的活动，特别是高校教学科研人员工作性质的特殊性，即存在工作内容的实践性、工作时间的模糊性、工作方法的不确定性和工作成果的不易评价性等特点，使得“德、能、勤、绩”绩效考评指标体系的不足之处日益凸显。此外，很多高校所用的教师绩效考评方案往往都是由数十个甚至上百个考评指标构成，形成一个庞大的体系。由于大多数的指标或是一类活动的状态，或是刻意追求量化，考评信息难以有效地反映考评对象的本质特征，难以被人直接感知和测量，只能凭感觉打分，造成考评结果不能反映教师的真实水平，失去了应有的激励价值。

4. 只注重对教师绩效的考评，尚无绩效管理

考评者对绩效的理解仅仅局限于考评打分这一形式的层面上。几乎所有高校都有自己的内部考评方式，制定表格，填写表格，不断寻求不同的数学

方法计算结果来评价教学科研人员的绩效，但考评结果却起不到实际作用，也找不到很好的解决办法。而其本质问题是整体概念上的错误，如果考评的结果不能促进学校整体绩效的提高，那么考评便是在内部增加“额外负担”。绩效考评关注的是考评这一行为，而绩效管理强调的则是过程管理，考评只是走走过场而已。

5. 对绩效考评制度认识不足

当前，我国对绩效考评制度的认识上的不足主要表现在以下几个方面：①绩效考评指标缺乏明确的方向性、目的性；②绩效考评指标缺乏科学性、明确性；③考评过程缺乏科学性、客观性；④绩效考评重数量轻质量；⑤对考评结果缺乏回馈和合理运用。

6. 考评手段落后

目前，我国大多数高校仍然采用手工填表打分、人工统计汇总的方式进行考评，其工作耗时费力，效率低下，易产生错误。因此，引入信息化手段，促使考评网络化、流程化，将是一个提高高校绩效考评水平和效率的必然选择。

三、我国高校对教学科研人员绩效考评的改革与实践

随着高校人事制度改革的开展，高校在改革教师聘用制度的同时，也加强了对教师的考评。我国一些重点高校相继出台教师考评办法和方案，并在其改革实践中取得了一定的成效。

1）北京高校从2003年开始在考评上对教师实施分类管理，将教师分为教学科研岗和专任教学岗两类，后者占到了教师总数的15%。[①] 该方案的突出之处就是引进了市场机制，通过考评淘汰不合适的教师，不足之处是考评对象和考评指标过于笼统，可操作性不强。

2）中山高校每三年为一个考评期，根据《教师职务聘任合同》规定的权利和责任条款对每位教师进行考评。各院系制定本院系的教师职务基本责任标准（包括工作量规定等）。[②] 该评价标准的优点是将考评和长远目标相结

① 张维迎：《北京大学教师职务聘任和职务晋升制度改革方案》，《学术界》，2003年第5期，第27～44页。

② 苏静：《推进高校教师职务聘任制的思考》，《中国高校师资研究》，2006年第4期，第32～35页。

合，但由于考评周期太长，没有很好地与阶段性考评相结合，所以其考评过程的操作和管理不易把握。

3）湖南高校教师考评实行年度考评和三年合同期满后考评的制度，并在2003年暑期召开的“十五”中期发展建设研讨会上达成了简化手续、注意差异、实行分类考评和管理的共识。[①] 该评价体系的最大优点是阶段性考评和终期考评相结合。缺点是考评流程不够清晰，考评方式不确定。

4）暨南高校在参考国内多所院校考评制度并受到国外高校管理的启发的基础上，制订出了一套由教学工作、科研工作、加分三个一级指标构成的量化考评体系，将“德、能、勤、绩”四项定性考评指标与业绩量化考评分乘积作为考评实得分，并将考评成绩与校内工资分配进行挂钩。[②] 该考评体系将考评和激励相结合，凸显了考评的目的。

① 谢炳炎：《达成共识 与时俱进》，《湖南大学报》，2003年8月31日。

② 刘人怀：《转变观念 量化考核 优劳优酬——暨南大学教学科研人员考核与分配体制的改革》，《高教探索》，2000年第1期，第5～8页。

第四章

高校教学科研人员绩效考评体系构建

绩效考评是在高校教学科研人员的教学活动和科研活动进行描述的基础上，进一步对其作出价值判断的技术活动。为了使我国高校教学科研人员能够适应社会环境发展的变化，改变我国高校目前的绩效管理状况，调动教学科研人员进行科研教学活动的积极性，设计和构建公平、合理、科学和有效的绩效考评体系是非常必要的。

第一节　绩效考评与传统考评的区别

绩效考评与传统人事工作考评有很大的不同，总体来说，主要表现在以下七个方面。表 4-1 是绩效考评与传统考评的比较。

表 4-1　绩效考评与传统考评的比较

比较项目	传统考评	绩效考评
目的	奖惩	绩效改善
重点	过去表现	将来表现
考量点	整体结果	细节过程
结 果	选拔干才	培育干才
对 象	以事为主	以人为主
执行方式	回忆和记录	立即回馈
部属反映	被动抵制	主动合作

一、考评目的不同

传统人事工作考评的目的只是单纯地为了奖惩，通常是在年度末进行总结性年度考评，考评的结果通常用来作为聘任、晋级、加薪、奖励等人事决策的依据，一般分为不合格、合格以及优秀三个等级，并实行优胜劣汰的人事管理机制；而绩效考评则是一种发展性考评，其目的是通过反馈和指导，帮助高校教学科研人员提高教学和科研水平，促进高校教学科研人员的绩效改善。绩效考评强调淘汰的不是高校教学科研人员本人，而是淘汰高校教学科研人员与学校规范不一致的行为。

二、考评重点不同

传统考评侧重于规范考评和事务考评，考评重点是高校教学科研人员的过去表现，是“立足现在看过去”的一种考评方法，属事后判断式考评；而绩效考评则属预警式考评模式，即采取前瞻态度，防患于未然，其考评内容不仅包括工作业绩考评，而且包括潜能的开发和适应性等方面的考评，考评的重点是高校教学科研人员的将来表现，是“立足现在看将来”的一种考评方法。

三、考量点不同

传统考评的考量点关注的是考评对象的整体结果，即主要考察考评对象的工作成效，其考评结果直接与薪酬水平、晋升机会、职称评定等相挂钩；而绩效考评不仅注重每一项考评标准对高校教学科研人员行为进行改进，关注细节过程，而且关注考评主体与组织的协调发展。

四、考评结果不同

传统考评的绝大部分工作，还只停留在某人是否能胜任该工作、是否能认真贯彻学校的规章制度上，所以说，传统考评的结果是选拔干才；而绩效考评重点思考如何提炼和塑造优秀的学校文化、制定个性化的高校教学科研人员职业生涯规划，特别关注对人的潜能开发和培训，因此，绩效考评的最终结果是培育干才。

五、考评对象不同

传统考评的特点是以“事”为中心，只见“事”，不见“人”，只见某一方面，而不见人与事的整体、系统性，其考评的对象以事为主；而绩效考评以“人”为核心，强调一种动态的心理和意识的调节和开发，考评的根本出发点是“着眼于人及其个人发展”。

六、考评执行方式不同

传统考评在考评实施结束后并不将考评结果反馈给高校教学科研人员，只是作为高校教学科研人员奖惩的依据记录在案；而绩效考评在绩效考评实施结束后，将考评结果立即反馈给高校教学科研人员，使高校教学科研人员清楚自己的绩效表现，了解学校对自己的期望，发现自己的闪光点和有待改进的地方，以便在以后的工作中发扬成绩，改正缺点。

七、考评部署反映不同

传统考评是单向的考评，实行的是“你管我做，你说我听”的压迫式管理，从而把管理者和高校教学科研人员对立起来，考评对象只能是被动地抵制或者接受；而绩效考评的考评对象则是积极地主动合作，考评主体呈现多元化，管理者和考评对象对考评结果一起进行分析、研究、达成共识，最终促进高校教学科研人员的绩效改善。

第二节 高校教学科研人员绩效考评

当前对教学科研人员的考评可以分为胜任力考评和绩效考评两种类型。

一、教学科研人员胜任力考评

1. 胜任力及其模型

胜任力来自拉丁语 competere，意思是适当的，国内有人译为素质、能力、才能、胜任力、胜任特征等。胜任力是 20 世纪 70 年代初由哈佛大学著名的组织行为专家戴维·麦克利兰（David McClelland）教授在其发表的文章 *Testing Competency Rather than Intelligence* 中最早提出的[①]，他引用大量研究说明用智力检测来判断个人能力的不合理性，并从第一手材料入手，发掘那些真正影响工作绩效的个人条件和行为特征，并将其提炼为胜任力，

① McClelland D C. Testing for competence rather than for intelligence. American Psychologist，1973，(1)：1～14.

主张用考评胜任力来取代传统智力测验。

所谓胜任力，是指在特定工作岗位、组织环境和文化氛围中优异成绩者所具备的可以客观衡量的个人素质。胜任力是有针对性的、动态的能力新概念，有着非常强的职业特征。与传统意义上的能力素质相比，它具有绩效相关联、显著区分性、可测量性和可分级性等特征。①

胜任力模型又叫资质模型、素质模型，是指担任某一特定的任务角色或达成某一绩效目标所需要具备的一系列胜任特征素质的组合。公认的胜任力基本模型是由斯潘塞（Spencer）等提出的冰山模型，如图 4-1 所示。该模型包括七大领域：行为、知识与技能、价值观与态度、自我形象、个性与品质、内驱力与社会动机等。其中，浮在“水面上”的行为、知识与技能是基准性胜任能力（threshhold competency），属于表层特征、外显要素，易于发现与考评，并易于通过培训等方式获得提升；而沉在“水面下”的价值观与态度、自我形象、个性与品质、内驱力与社会动机等其他要素是鉴别性胜任能力（differeting competency），属于深层特征，较难发现和测量，但却是决定人们行为及表现的关键因素，具有一定的影响力。②

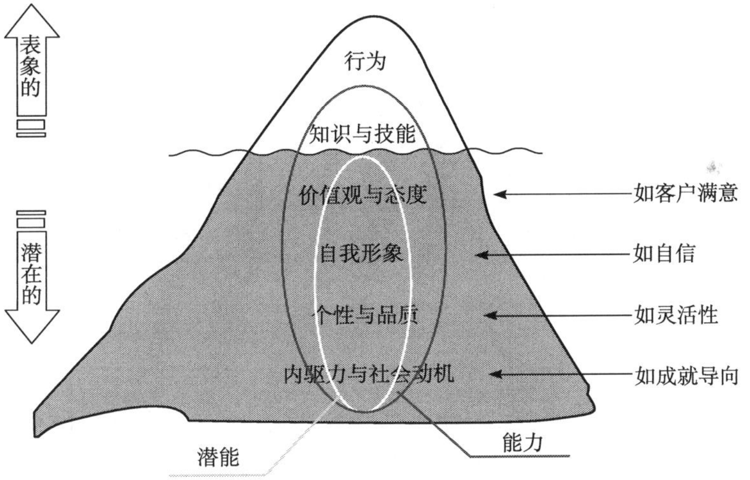

图 4-1　胜任力冰山模型

① 叶龙、张文杰、姜文生：《管理人员胜任力研究》，《中国软科学》，2003 年第 11 期，第96～99 页。

② Spencer L M，Spencer S M. Competence at Work：Models for Superior Performance. American John Wiley Sons Inc，1993：222～226.

胜任力模型构建的基本原理是辨别绩效优秀者与绩效一般者在行为、知识与技能、价值观与态度、自我形象、个性与品质、内驱力与社会动机等方面的差异，通过收集和分析胜任特征数据，并对数据进行科学的分析，从而建立某岗位工作（角色）的胜任力模型构架，并开发出相应可操作的人才管理体系，以用于人才的选拔、招聘、管理及绩效考评中。

因此，在确定胜任能力的过程中需要遵循三条基本原则：一是绩效相关性和显著区分性。能否显著地区分工作业绩，是判断一项胜任能力的唯一标准。在实际工作中，表现优秀与表现一般的成员必须在所确认的胜任能力上有明显的、可以客观衡量的差别。二是可测量性和可分层性。判断一项胜任能力能否区分工作业绩必须以量化客观数据为依据，并且各种能力要素的重要性不尽相同，是分层次性的。三是实用性和可操作性。

与传统的考评分析方法相比，胜任力模型提炼了绩效优秀人员具备的核心素质，因而考评结果具有更好的工作绩效预测性，能更科学、客观地测评研究对象的素质，更有效地为人才选拔、培训和考评，乃至为职业生涯规划、薪酬设计等提供参考依据。

2. 教学科研人员的胜任力考评

教学科研人员的胜任力考评是对教学科研人员所需要的素质或胜任力评估，通常应用在两个阶段：第一个阶段是在教学科研人员进入教育岗位之前进行，其结果常常作为教师资格证书或执照授予的依据评估。当前我国已经在教育领域全面实施了教师资格证考评。第二个阶段是对其一段工作实施的考评，以综合考评其是否适合该工作岗位，其工作业绩如何。

二、教学科研人员绩效考评

绩效考评是对教学科研人员的工作行为进行评定，以了解教学科研人员工作的质量。通常是在工作中通过教学情况、科研水平，由领导、同事和学生等作出评定。绩效考评关注考评对象的工作行为和业绩成果，并且关注考评对象的职业发展和规划，其目的是激励考评对象做好本职工作，并对其职位晋升、津贴发放等产生一定的影响力。教学科研人员的绩效考评要从教学工作、科研工作、工作态度以及工作环境等多个方面进行综合考评。

第三节　高校教学科研人员绩效考评体系构建原则

一项科学合理的绩效考评体系，既是一种监督方式，也是一种工作激励方式，需要不断实践检验与完善。通过科学完善的绩效考评体系，使高校的人员配置更加优化，为高校选聘、培养和选拔骨干教学科研人员和学科带头人提供重要依据，对高校的长远发展、提高高校的整体竞争力有着不可替代的作用。

高校教学科研人员绩效考评体系的构建原则包括以下几个方面。

一、要与高校的组织目标相吻合

高校的组织目标是高校发展的规划蓝图，是指一个时段内需要完成的愿景任务或者目标，也是高校各个组织机构工作的指南。那么，高校教学科研人员绩效考评目标也必须与高校发展战略目标相吻合。高校教学科研人员考评的基本目标就是根据学校的办学理念和目标，确立高校教学科研人员的考评标准，并充分发挥考评的导向、激励等功能，采取年度考评与综合考评的方式在促进高校教学科研人员个体不断发展的同时，促进学校不断加强高校教学科研人员队伍建设和有效管理，提高学校的教育教学水平和科研实力，从而实现提高学校办学水平的目标。

二、要针对高校类型和办学的特点

高校教学科研人员考评不仅要与学校的发展目标相吻合，而且也要注意与高校的基本定位相协调，如教学型、教学科研型、综合型大学等。在考评体系构建和指标确定的过程中，我们需要在国家颁布的有关高校教学科研人员职业道德规范要求下，依据学校的定位和目标，根据师资队伍的基本情况进行考评内容和考评方法的设计。不同的高等院校有不同的使命和定位，教学科研人员承担的任务也不尽相同。比如，科研型和综合性大学需要承担大量的科研任务，因此，对其教学科研人员的科研能力和水平的要求就很高，特别是在学历和资历要求上，那么这类大学，其考评的重点就是科研能力和水平；而对于那些教学工作量比较大的教学型大学，对教学科研人员的考评，主要从教学数量和教学质量两个方面加强考评。另外，为了体现个性能力的发挥，高校在考评时要注意教学科研人员的类型，如教学型、教学科研型、科研教学型或者科研型等，对于每类教学科研人员都应该采用不同的考评指标和权重，切忌用一个考评体系和标准进行全体教学科研人员的考评，为此我们应将被动的事后考评变为主动的事前规划，确定不同学科不同岗位的职责范围，通过岗位聘约管理、定期考察，避免用同一个模式考评所有的高校教学科研人员，减少高校教学科研人员考评的盲目性（详见附录 9、10、11）。

三、要考虑到高校教学科研人员的阶段性特征

高校教学科研人员的工作具有与其他行业不同的特性。高校教学科研人员既承担繁重的教学任务，又要进行科学研究和社会服务等工作，其工作独立性较强，工作内容复杂多变，面向的教育对象已经成人，大部分学生还没有度过青春期；而且教育效果滞后，科研成果的集体性强等。为此，对于高校教学科研人员考评不能采取一种静态的、指标过于硬性的考评方法来进行。在不同发展阶段，高校教学科研人员考评体系应该表现出不同的阶段性特征，同一所高校在不同的发展阶段也需要采取不同的考评体系，在高校教学科研人员不同的发展阶段也应该采用侧重点不同的考评方法。如对科研成果、科研项目的要求，对其专业水平提升的要求等，应对不同类别的教学科研人员采取分级量化、逐级减少的原则进行年度和综合考核；而对那些学科带头人，创新团队带头人等，其考评的重心更应强调其对学科和团队的贡献度以及影响力。而且在考评的过程中，我们还要注意科研成果的迟滞性和原创性，有些优秀的科研成果在限定的时间内无法完成或者看不出其效果和效益，那么我们就应该进行必要的评估后放宽限制，以保证实践和精力促进其产生高层次、高质量的研究成果。对于那些具有原创性的成果，一定要给予大量的支持和倾斜。

四、要把考评和绩效激励以及职业生涯规划结合起来

绩效考评的目的是实现组织要求和目标，同时还要能激励考评对象。那么我们无论在构建考评体系，还是实施考评都要采取积极的绩效沟通的方式，了解考评对象的现状，调研考评实施的范围和层次等，以便于达到考评体系具有一定的针对性和可操作性。考评的目标是激励先进，鼓励进步者，提醒后进者，以便于他们能依据单位要求和个人能力及时地进行个人职业生涯规划的调整。

第四节　构建科学高效的高校教学科研人员绩效考评体系

为了更好地完成绩效管理的目标，充分发挥绩效考评在提高教学科研人员绩效中的激励作用，就需要对目前的绩效考评体系进行合理、科学的分析和设计。在分析传统的考评体系的基础上，并结合当前最新的研究成果，初步构建适合我国国情的高校教学科研人员绩效考评体系。下面就该体系进行分析和说明。

一、完善考评指标体系，改进考评指标设定

一个科学、高效的考评体系应该全面、具体，并且要有实际指导意义和可操作性。因此，本书认为构建教学科研人员的考评体系应该对不同岗位区别考评，在考评之前作科学合理的调查分析和对比分析以及可行性分析研究。以教学科研人员的行为过程为主要考评对象，从考评对象的工作过程和绩效影响因素入手，设置能力素质、工作环境、工作过程和工作业绩等四个一级指标，每个一级指标相应地设置了二级和三级指标。[①] 如图 4-2 所示。

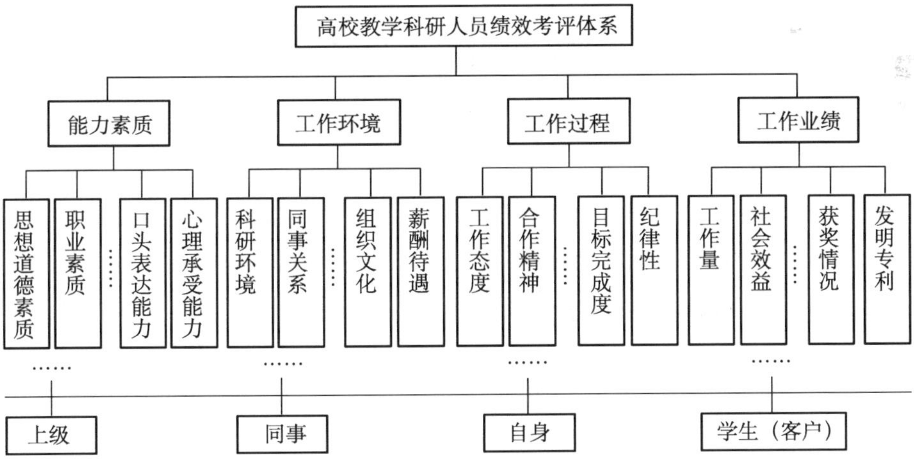

图 4-2　高校教学科研人员绩效考评体系框架图

① 李志河、王云、梁永平：《我国高校教学科研人员绩效考评体系现状及体系建构探讨》，《山西师范大学学报（社科版）》，2008 年第 3 期，第 129～131 页。

二、以360度绩效考评为主，多种考评方式相结合

纵观国内外高校教学科研人员绩效考评体系，大多数以单一的考评为主，很少将多种考评方式相结合。目前，绩效考评主要有360度绩效考评法、层次分析法、MBO法（目标管理法）、KPI法以及BSC法等方式。本书综合运用多种考评方式，比如，在整体考评某一对象时多采用360度绩效考评为主要考评方式，在考评某一对象的某一具体行为过程时通常从自我、上级、同事、学生或客户（课题下发或合作单位）等四个考评主体角度对考评对象进行MBO考评，而在一些具体考评过程中亦同时采用层次分析和对比关联分析法等考评方式。

三、注重个性和共性的有机结合

绩效考评反映了高校管理和教学科研人员共同的绩效行为，它不仅要体现高校管理的实施效果，也要客观准确地显示教学科研人员适应力和绩效能力。为此，本书在综合分析和设计考评指标的过程中，既考虑到教学科研人员在教学或者科研方面的侧重点，又考虑到教学科研人员综合能力素质的同一性，而且把学校的组织文化和高校教学科研人员的绩效能力整合起来进行量化分析。

四、对考评结果及时反馈，并有效进行绩效激励

考评是为了促进考评对象和团队的改进和发展，为了让考评对象认可考评结果，客观地认识自己，改进工作，得到激励。通过绩效的反馈与沟通，使教学科研人员了解组织者和学生对自己的期望，了解自己的工作绩效；组织者应依据考评结果对教学科研人员不足的方面提出改进意见，对教学科研人员的优点给予鼓励；同时绩效考评的结果应该与教学科研人员的奖惩、职位的晋升等联系在一起，做到赏罚分明，这样考评才能不流于形式，从而达到绩效考评的真正目的。

第五节　绩效激励对高校教学科研人员的影响

美国著名学者威廉·詹姆斯认为，一个人的能力在平时和经过激励的表现差为60%。组织行为学认为，个体的工作绩效＝F（能力、激励）。由此可见，有效的激励机制对充分提高工作绩效、挖掘个体潜力有着极为重要的作用。高校教学科研人员作为一个特殊的社会群体，有着鲜明的特征，对于这个群体的激励不能仅仅限于单纯而传统的激励方法，而需要建立一个全面有效的激励机制，来充分体现他们的需求，挖掘他们最大的潜力。

一、绩效考评激励体制的设计原则

结合相关的激励理论，绩效考评机制的设计原则应该注重以下几个方面。

1. 公平原则

美国管理心理学家史坦福·亚当斯于1956年提出公平理论。该理论认为，个人不仅关心自己经过努力所获得的报酬的绝对数量，也关心自己的报酬和其他人报酬的关系。依据亚当斯的公平理论，在激励设计中，应把握激励公平。这是进行激发教学科研人员积极性的基础。

2. 物质激励与精神激励相结合原则

美国哈佛大学的心理学家戴维·麦克利兰于20世纪50年代提出成就需要理论，他假设人有三种基本的社会性需要，即成就需要、权力需要、合群需要。他认为，不同的人对这三种基本需要的排列层次和所占的比重是不同的，人在生理和安全需要得到满足后，人的最主要的需求转为权力、友谊和成就，越是有能力、有成就的人，越是看重成就感乃至控制权本身等非物质性的回报。因此，在激励机制的设计过程中，不仅要关注物质激励，还要关注精神激励。

3. 因人而异原则

马斯洛的需求层次理论指出了人的需要是多层次的，同一个体在不同阶段的需求不尽相同。而个体差异性的存在进一步使得同一种激励措施对不同人员产生的激励作用也各不相同。例如，对于有强烈的精神需要的教学科研人员而言，中青年教学科研人员可能业务进修、提高素质的需求强烈一些；而对于中老年教学科研人员来说，总结经验、著书立说是其主要的追求。因此在激励机制设计中就应采取多种形式，根据不同层次的需要，采取不同形式的激励措施。

二、绩效考评激励体制概述

强化是指对一种行为的肯定或否定的后果（奖励或惩罚），它在一定程度上决定该行为是否重复。美国心理学家斯金纳提出的行为强化理论中把强化分为正强化、负强化、自然消退、惩罚四个类型。正强化是指组织对符合要求的个人行为给予奖励、肯定；负强化是指取消或减轻不希望出现的行为所赖以生存的环境，从而使改变后的行为增强；自然消退是指对不希望出现的个人行为不予理睬，使其自然消亡；惩罚是指对违反规则或不符合组织要求的个人行为给予惩罚、否定。对于某种行为予以奖励、肯定或者否定、惩罚的，我们称之为正激励或负激励。

因此，我们将绩效激励机制也分为正激励、负激励两个纬度。在高校人事管理中，对教学科研人员实行奖惩，是正确考评他们的工作，激励他们的工作积极性和创造性，增强教学科研人员主人翁意识、责任感的一项重要措施。对于高校教学科研人员来说，正激励机制主要有职称、职务晋升，优先选派学习、深造，提高工资待遇，发放奖金，在公开场合予以表扬，改善工作环境等；负激励机制主要有批评、警告、罚款、留用察看、降职、撤职、开除等方式。这些激励机制本身就是作为一种绩效控制的手段而存在的。正激励机制可以使有能力的教学科研人员体验到成就感、尊重感，从而增强其工作满意感。负激励机制也可以激励教学科研人员寻找差距、弥补不足。所以，无论是什么形式的激励机制，都可以使教学科研人员提高工作效率、改善绩效。所以我们应结合实际情况采用精神与物质相结合的激励方式，真正从教学科研人员的需求出发，公平、公正、公开地进行教学科研人员的绩效考评。

三、高校教学科研人员绩效考评的激励作用

教学科研人员绩效考评把对教学科研人员的要求具体化、行为化、指标化，制定成科学的教学科研人员绩效考评的指标体系，考评者根据指标体系

系统地收集资料，对影响教学科研人员工作质量和水平的各种有效性行为因素进行价值判断和有效的控制，以达到预期的目标。其激励作用的目的也在于此。高校教学科研人员绩效考评指标体系从对被考评主体的影响和被考评单位的影响两个维度来分析绩效考评的激励作用。

1. 对被考评主体的影响

（1）从能力素质方面来看

能力素质的考评是对被考评主体的主要衡量因素，它主要包括自身素质和基本能力这两个二级指标，在自身素质方面包括思想道德素质、职业素质、文化素质、身体素质；在基本能力方面包括口头表达能力、书面表达能力、信息素养、专业技能、创新能力、心理承受力等。从这里可以看出，在对高校教学科研人员激励的过程中，尤其强调了道德、心理承受力这两个方面，其指标分级如图 4-3 所示。

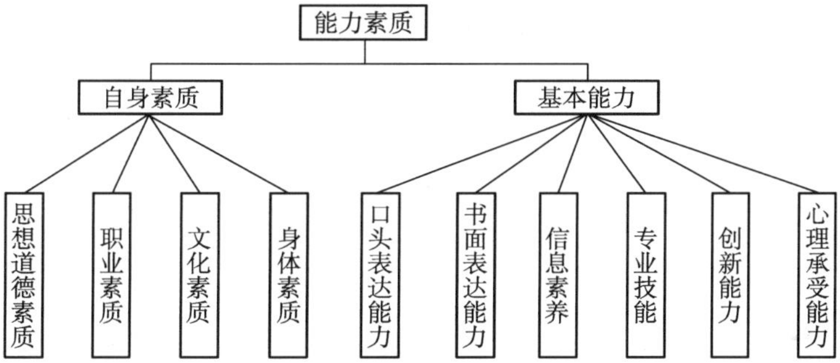

图 4-3　能力素质指标体系分级图

能力素质方面的激励作用体现在：通过绩效考评的激励，可以使教学科研人员不仅关注基本能力的提高，更多的是关注自身素质能力的提高。以往的绩效考评对自身素质方面关注不够，激励大多体现在提高教学科研人员基本能力方面，而对于对人终身发展都有利的自身素质激励作用却没有体现。例如，在思想道德方面，一些腐朽的文化正在腐蚀着我们的高校科研人员，有的科研人员不是把自己的所学服务于大众，而是将其作为敛财、谋利的手段。科研水平的高低在很大程度上决定高校教学科研人员在学校地位的高低。所以，巨大的科研压力成为他们精神上的一道枷锁，枷锁禁锢着他们的思想、行为。激励作用应该更多地考虑高校教学科研人员群体的思想道德、心理承受力等方面，使他们可以拿出部分精力来加强思想道德、心理承受力等方面的培养。针对自身素质方面可以通过同事的互评、自评以及学生的评价来进行相应的考评，以使教学科研人员对自身的能力素质有一个全面的认识与理解，从而不断提高能力素质方面的绩效。

（2）从工作过程方面来看

工作过程的考评也是对被考评主体进行衡量的一个因素，它主要包括工作态度、教学过程和科研过程这三个二级指标，在教学过程的考评方面包括教学目标、教学内容、教学策略和教学考评；在科研过程方面包括学术交流、阶段性成果与课题进展情况等。其中，将工作态度列入对工作过程的考评体系也是本书在工作过程考评方面的亮点。其指标分级如图 4-4 所示。

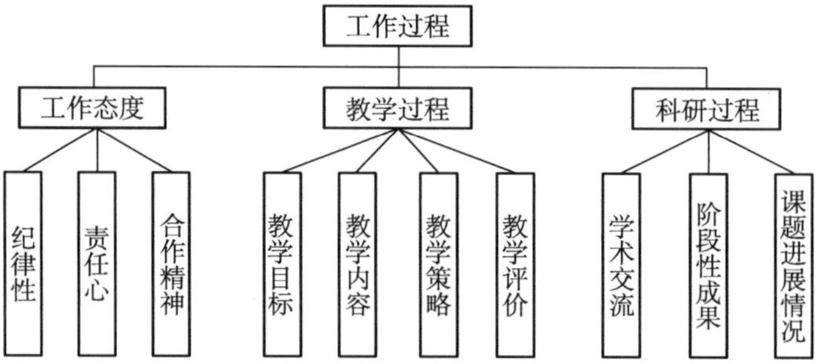

图 4-4　工作过程指标体系分级图

美国行为科学家弗雷德里克·赫茨伯格认为，人类有两种不同类型的需要，它们是彼此独立的，且能以不同的方式影响人们的行为。由此，他于 20 世纪 50 年代提出双因素理论。这两类因素，一类叫做激励因素，另一类叫做保健因素。激励因素是指使员工感到满意的因素，指与工作本身的性质有关，多与工作内容联系在一起的因素。这些因素涉及工作的积极因素，这类因素的改善，往往能给教学科研人员带来很大程度的激励，使他们产生对工作的满意感。

态度决定一切。同样，在高校教学科研人员的工作中，态度的好坏在很大程度上制约着工作过程。对于作为知识分子的高校教学科研人员来说，工作本身是否具有自主性、重要性、多样性、发展性，能否充分发挥主观能动性，在工作中取得成绩，增长见识、才干，往往比获得良好的福利待遇更重要。所以，可以通过精神激励的方式，例如，公开表扬，必要的时候给予一定的物质奖励或者是进修优先权等，来加强团队的合作精神，增强团体中成员的责任心等。

（3）从工作环境方面来看

工作环境的考评中的二级指标有个人发展、组织文化、薪酬福利这三个方面，在个人发展方面的考评包括科研环境、培训进修、晋升机会等；在薪酬福利方面包括薪酬待遇、住房环境、三险保障等。其中，本书把组织文化纳入对工作环境的考评体系，也是本书的创新所在。在组织文化方面，包括领导关系、同事关系和组织承诺等指标因素。工作环境的指标分级如图 4-5 所示。

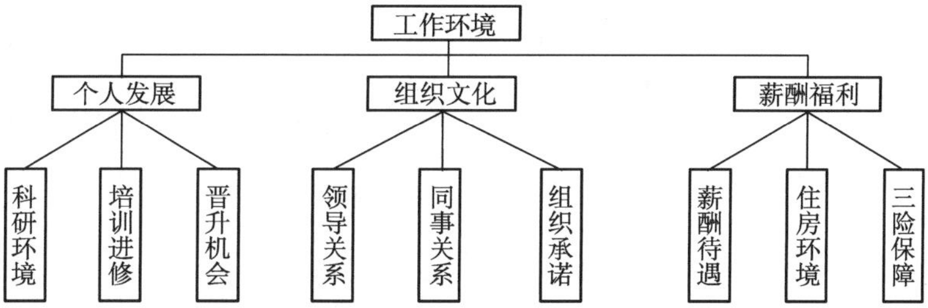

图 4-5　工作环境指标体系分级图

弗雷德里克·赫茨伯格提出的双因素理论中的另一个因素是保健因素。保健因素是指防止人们产生不满的因素，多与工作条件和工作环境有关，这些因素均是来自工作环境的外部因素。当这些因素恶化到人们认为可以接受的水平以下时，人们就会产生对工作的不满意。但是，当人们认为这些因素很好时，它只是消除了不满意，并不会导致积极的态度，这就形成了某种既不是满意又不是不满意的中性状态。

保健因素虽不像激励因素那样对教学科研人员的工作有直接的激励效果，但它对教学科研人员的工作也在间接地起着作用。例如，某些教学科研人员搞科研，但是没有配备相应的科研社会与场所，限制了教学科研人员的发展。某些教学科研人员长时期在一个工作环境中工作，对环境缺少激情等。这些现象造成了某些高校人员的不断流失，阻碍了某些高校的发展。可见，在重视教学科研人员薪金政策的同时，也应重视工作环境的改善。通过科研环境的改善，思维也会变得活跃，创新的能力会更强，这在某种程度上也间接地激励着教学科研人员提高工作绩效。

（4）从工作业绩方面来看

工作业绩指标分为工作成效和工作量两个方面。工作量指标体系中主要有教学工作量、指导毕业论文数、指导毕业实习数、学术论文、著作教材、科研项目等；而获奖情况、经济效益、社会成效却决定着工作成效的大小。

其中，把工作成效纳入对工作业绩的考评，也是一个创新点。其指标分级如图 4-6 所示。

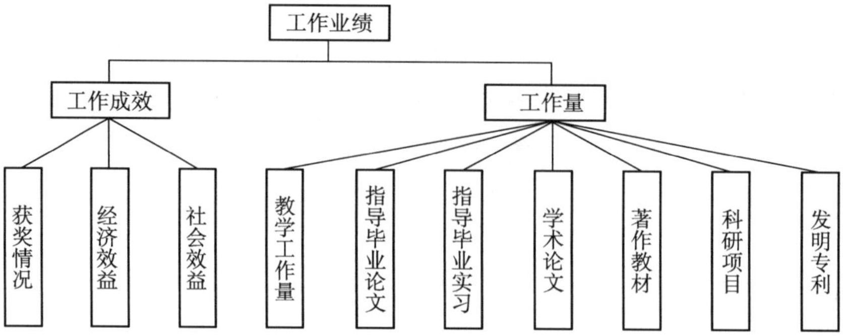

图 4-6　工作业绩指标体系分级图

美国马里兰大学心理学教授洛克和他的同事，通过大量的实验室研究和现场实验发现设置合适的目标会使人产生想达到该目标的成就需要，因而具有强烈的激励作用。在职业技能教学管理中，教学科研人员工作任务的确定，即目标的设置同样具有这种激励作用。这主要体现在以下两个方面：

第一，公布优秀教学科研人员的工作业绩，可以给没有工作业绩或工作业绩很少的高校教学科研人员起到模范示范作用。通过这种方式可以激励落后者的工作行为。

第二，工作成效的大小决定高校教学科研人员的成就感、效能感。现代教育心理学认为，人们行为的指向性是以需要为基础的。而当需要得不到满足时，有机体内部就会产生一种内驱力的刺激，以达到需求的满足。同样，原有的工作成效越大，自我效能感越强，对后续工作的开展就越有利，成就感也就越能体现。可见，对工作业绩，尤其是工作成效的绩效考评激励是必要的。

2. 对被考评单位的影响

美国马里兰大学教授爱德温·洛克阿（Edwin Locke）于 20 世纪 60 年代末提出目标设置理论。目标设置理论认为，指向一个明确目标的工作意向是工作激励的主要源泉。目标设置理论的一个基本主张，是对于一个人的行动而言，具有一个明确而具体的目标比没有目标更能激发人的积极性，从而取得更好的业绩。

结合目标设置理论，对高校教学科研人员进行激励时，被考评单位应让教学科研人员明了自身的发展目标，并在此基础上制定与被考评单位目标相一致的个人目标，从而在激励教学科研人员实现自身目标的同时，也有力地推进了被考评单位目标的实现。

（1）从人力资源的配置方面来看

促进被考评单位的生存与持续发展，是绩效考评对被考评单位最根本的目标。从人力资源配置方面看，就是为适当的工作岗位寻找合适的人选，实现事得其人，人适其事，人事相宜；并且，该岗位能够使每一位高校教学科研人员人尽其才，才尽其用，促进被考评单位的进一步发展。绩效激励体制的出现，可以激发每一位高校教学科研人员的思想潜能与工作热情，可以使被考评单位配置合理的人才结构，优化人力资源的配置，确保在需要的时候，在适当的职位有适当数量和类型的教学、科研人员，为被考评单位的总体目标的实现而努力。

（2）从资金资源的分配方面来看

在企业管理中，合理配置资金资源目的是为了创造更多效益。马克思也在其政治经济学的论述中指出：资本的最大特点是不断增值。同样，高等院校的资金运作也离不开这样的规律，也需要合理地分配资金资源。通过上述激励机制的作用，被考评单位可以对优秀人士进行薪金奖励、改善资助科研条件等，使资金资源不断流向能充分发挥其功用的地方，从而使被考评单位更有创造力和活力。

第五章

高校教学科研人员绩效考评指标体系的设计

制定绩效考评制度的一个核心工作就是依据组织的实际情况设计科学的绩效考评体系，它把考评对象、考评主体、考评方法与考评结果连为一体，在绩效考评过程中具有重要的作用和意义。

第一节 绩效考评指标体系设计中存在的问题

绩效考评指标体系在考评中具有重要的作用，但指标体系的建立并非易事。当前高校教学科研人员绩效考评指标体系设计中存在的问题，具体表现为以下几个方面。

1）考评指标体现不出组织的战略目标。在考评内容的设计中，不很清楚组织的意愿和自己的设计意图。

2）指标设计不能兼顾全面性和可操作性。有些考评体系指标太多、太旧，太注重形式上的完整，而针对性不强，重点不突出，另外有些体系指标设计过于简单，不能够全面考评教学科研人员的综合素质。

3）当前，我国高校对教学科研人员的考评多从“德、能、勤、绩”等四个方面进行。这种考评多数是定性的，过多定性指标自然无法避免在实际考评过程中出现考评主体的随意主观判断，丧失了考评工作的严肃性和有效性。

4）指标设计时缺乏科学性。在设计指标时并未对现实情况进行绩效分析，而是仅仅根据一些资料进行简单修改，然后就生搬过来形成了自己的指标体系。

第二节 绩效考评指标体系设计原则

衡量绩效的总体原则有两条：是否使工作成果最大化和是否有助于提高组织效率。个人的工作绩效考评，必须以有助于提高组织效率为前提。绩效考评指标体系的设计应遵循以下几项原则。①

1. 目标一致性原则

绩效考评指标，首先要与组织的战略目标相一致，并以此为前提，利用实际成果的考评对被考评对象的行为加以控制，引导其向目标靠近。其次，绩效考评指标还要注意与考评对象的岗位要求相一致，过高要求或者过低评价都可能影响考评对象，进而影响考评结果。

2. 科学性原则

指标体系的设计要有科学的理论做指导，使各个指标都是客观的抽象描述，并使整个指标体系结构严谨、合理。在指标体系建构中，要坚持基本指标和关键指标的设计和应用，采用科学有效的指标确定方式。另外，还要注意指标的原子性和不可兼容性。原子性是指考评指标不能再分，具有一定的独立性；不可兼容性是指考评指标不能产生歧义，具有准确的意义表达和目标指向。

3. 可度量性原则

评价指标要尽可能达到具体化、数量化以及清晰化，这样就可防止评价指标出现模棱两可的现象，并可增强评价结果的准确性。一般地，指标设计以可量化的指标为主，兼顾非量化性的指标。

4. 动态性原则

每个指标体系和指标项都会因人因事发生变化，只有通过指标体系的不断调整和完善，才能更好地适应高校教学科研人员发展的不同阶段，适应不断变化的外界环境，并保证个体目标与学校所制定的战略发展目标相一致。

5. 定性与定量考评相结合的原则

考评者不仅对教学科研人员的工作业绩进行量化考评，同时，对于定性指标

① 谵新民：《绩效考评方法》，广东经济出版社，2002 年。

也可应用恰当的方法，使定性指标尽可能量化，从而使评价更加全面、精确。

6. 全面性与可操作性相结合的原则

考评指标体系要兼顾全面性与可操作性，在指标综合全面的基础上确保指标客观明确，准确可靠。

第三节 绩效考评指标体系设计思路

绩效考评指标体系的设计是绩效考评的核心，需要大量收集资料，分析数据，广泛听取专家意见，以此确立绩效考评模型和指标体系。360 度绩效考评法相当于人的大脑，定性考评和定量考评相当于人的左右手，而能力素质、工作环境、工作过程和工作业绩这条主线相当于人的躯干。三者有机结合，缺一不可，构成了一个考评整体。

1. 360 度绩效考评法的应用

360 度绩效考评法又叫立体考评法、全方位考评法，它是指考评主体包括上级、下级、同事及自己，通过全方位、多角度考评，使收集到的信息更加全面、客观和准确。

2. 定性考评和定量考评的结合

定性考评是对考评对象进行概括性的抽象描述，往往反映思想、素质、能力、态度等难以用数据量化的内容；定量考评是运用数据形式，对被考评者的各项考评因素进行量化，往往反映工作业绩等较为直观的可以量化的内容，两者结合，才能确保考评工作的全面性。

3. 以能力素质、工作环境、工作过程和工作业绩为主线

对教学科研人员的能力素质进行考评，是展开有效教育教学的基础，其目的是衡量一个人是否具有在教学科研活动中顺利完成某项任务的能力和本领，是否具有教学科研人员职业所需要的某些个性品质、知识水平、一般能力，衡量一个人的素质是否符合教学科研人员的标准。它是影响教学科研人员工作的内因。

工作过程是前提，工作业绩是结果，通过工作过程，将教学科研人员的

工作态度、工作能力体现出来。对其工作过程进行考评，一是可以起到监督作用，使教学科研人员的工作增强计划性，提高其完成工作的质量和效率；二是可以起到激励作用，对其阶段工作业绩进行评价，可以提高教学科研人员的工作热情和工作积极性，使其按时保质保量地完成工作。

工作业绩考评实质上是对教学科研人员在年终或者聘期内所完成的任务进行统计的过程。四者贯穿在一起，才能全面考评教学科研人员的绩效水平。

工作环境是外因，它反映高校提供给教学科研人员的环境是否能使教学科研人员的工作成效最大化，也体现了高校营造的工作氛围是否适合教学科研人员的个人发展等。

第四节　考评对象的选择

我国高等学校的教师按照岗位类型可以分为教学科研类、管理类、教辅类、工勤技能类以及其他系列。其中，教学科研类主要包括从事教学和科研的人员，目前这类人员按照其专业技术职务可以分为教学型、教学科研型、科研教学型以及科研型等多种类型；管理类主要是那些在高等院校中从事党务、学团以及行政事务管理的人员，如教务处教学科职员等；教辅类是指从事教学辅助工作为教学服务和后勤总务的人员。

高校教学科研人员绩效考评的主体是多种多样的，主要包括上级、同事、教师本人以及学生等，不同的考评主体在绩效考评中承担了不同的责任。

第五节　绩效指标及指标体系的确定

绩效考评指标及指标体系的确定需要经历指标预选、指标筛选和指标体系确定三个方面。

一、绩效考评指标预选

根据绩效考评指标体系的设计原则和设计思路，在文献调研和专家咨询的基础上，从能力素质、工作环境、工作过程和工作业绩四个方面入手，初步确定了指标体系，并构建了递阶层次结构模型，如表 5-1 所示。

表 5-1　高校教学科研人员绩效考评递阶层次初步结构模型

目标	准则层			方案
	一级指标	二级指标	三级指标	
高校教学科研人员绩效考评　A	能力素质　A1	自身素质　B1	思想道德修养　C1	各个被考评的教学科研人员
			职业素质　C2	
			文化素质　C3	
			身体素质　C4	
		基本能力　B2	口头表达能力　C5	
			书面表达能力　C6	
			外语计算机能力　C7	
			信息素养　C8	
			专业技能　C9	
			创新能力　C10	
			心理承受能力　C11	
	工作环境　A2	个人发展　B3	科研环境　C12	
			培训进修　C13	
			晋升机会　C14	
		组织文化　B4	领导关系　C15	
			同事关系　C16	
			组织历史　C17	
		福利待遇　B5	工资待遇　C18	
			住房环境　C19	
			三险保障　C20	
			奖金分红　C21	
	工作过程　A3	工作态度　B6	纪律性　C22	
			责任心　C23	
			合作精神　C24	
		教学过程　B7	教学目标　C25	
			教学内容　C26	
			教学策略　C27	
			教学评价　C28	
		科研过程　B8	学术交流　C29	
			阶段性成果　C30	
			课题进展情况　C31	

续表

目标	准则层			方案
高校教学科研人员绩效考评　A	工作业绩　A4	工作成效　B9	获奖情况　C32	各个被考评的教学科研人员
			经济效益　C33	
			社会效益　C34	
		工作量　B10	教学工作量　C35	
			指导毕业论文　C36	
			指导毕业实习　C37	
			学术论文　C38	
			著作教材　C39	
			科研项目　C40	
			发明专利　C41	

递阶层次结构一般为三层，即目标层（最高层），用来确定层次分析的目标；准则层（也称指标层），为目标设计评价的依据、准则，考评教学科研人员所划分的指标，包括能力素质、工作环境、工作过程、工作业绩 4 个一级指标，自身素质、基本能力等 10 个二级指标，思想道德修养、职业素质等 41 个三级指标；方案层（最底层）是被评价的对象。

二、绩效考评指标筛选

上述考评指标体系是在参考相关指标体系研究成果的基础上确立的，包含研究者的主观成分很大，因此有必要对指标进行专家筛选，以增强科学性、合理性和可操作性。

（一）问卷设计

专家筛选是指通过问卷咨询表，请专家根据自己的知识和经验、判断和选择预选的考评指标。专家的选择虽然具有主观性，但它们是专家本人知识、经验的反映，集成多数专家的意见，可以化主观为客观，删除一些不能较好地反映高校教学科研人员绩效的考评指标。

（二）考评方法的选择

1. 德尔菲法及其特征

德尔菲法（Delphi）又称专家调查法，是在 20 世纪 40 年代由 O. 赫尔姆和 N. 达尔克首创，经过 T. J. 戈尔登和兰德公司进一步发展而成的。德尔菲法是充分开发和利用专家的潜在信息资源，以此预知未来的一种方法。德尔菲法依据系统的程序，采用匿名发表意见的方法，即专家之间不得互相讨论，不发生横向联系，通过多轮次调查专家对问卷所提问题的看法，经过反复征询、归纳、修改，最后汇总成专家基本一致的看法，作为预测的结果。它具有全面性、权威性以及不确定性等特点。①

$$W=\left\{\frac{W_1^*}{\sum_{i=1}^{n}W_i^*},\ \frac{W_2^*}{\sum_{i=1}^{n}W_i^*},\ \cdots,\ \frac{W_n^*}{\sum_{i=1}^{n}W_i^*}\right\}=\{W_1,\ W_2,\ \cdots,\ W_n\}$$

其主要特征如下：①匿名性。采用这种方法时，所有专家组成员不直接见面，只通过函件交流，就可以消除权威的影响。②反馈性。该方法需要经过三到四个轮回进行信息反馈，在每次反馈中使调查组和专家组都可以进行深入研究，使得最终结果基本能够反映专家的基本想法和对信息的认识，所以结果较为客观、可信。②

2. 德尔菲法实施的基本程序

德尔菲法实施的基本程序图如图 5-1 所示。

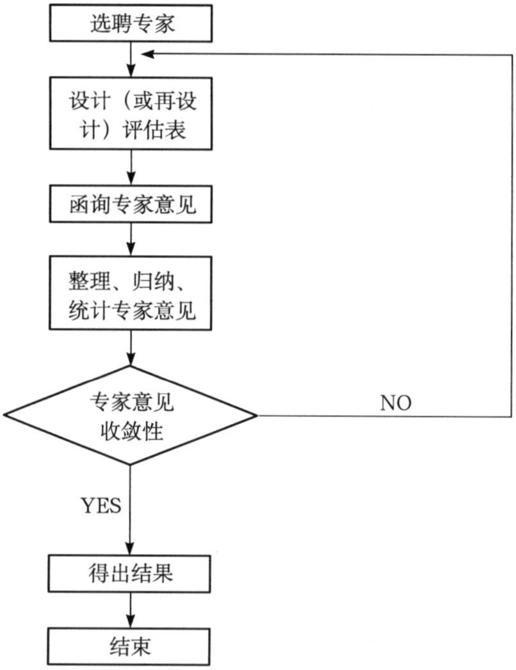

图 5-1　德尔斐法实施的基本程序图

---

①　樊宏、戴良铁：《如何科学确定绩效评估指标的权重》，《中国劳动》，2004 年第 10 期，第 53～55 页。

②　王英：《高校教师绩效评价体系研究》，河北工业大学硕士学位论文，2006 年。

三、绩效考评指标体系确定

通过应用德尔菲法，我们广泛听取专家意见，经过讨论研究，对不必要的指标进行删除，对表达不准确的指标进行修改，对在概念和指向上具有重复的指标进行合并或者重新确认。最终确定的指标体系包括4个一级指标，10个二级指标，39个三级指标，如表5-2所示。其中一级指标包括能力素质、工作环境、工作过程和工作业绩等4个；能力素质包括自身素质和基本能力等2个二级指标，工作环境包括个人发展、组织文化、薪酬福利等3个二级指标；工作过程包括工作态度、教学过程和科研过程等3个二级指标；工作业绩包括工作成效和工作量等2个二级指标。

表5-2　高校教学科研人员绩效考评指标体系

目标	准则层			方案
	一级指标	二级指标	三级指标	
高校教学科研人员绩效考评　A	能力素质　A1	自身素质　B1	思想道德修养　C1	各个被考评的教学科研人员
			职业素质　C2	
			文化素质　C3	
			身体素质　C4	
		基本能力　B2	口头表达能力　C5	
			书面表达能力　C6	
			信息素养　C7	
			专业技能　C8	
			创新能力　C9	
			心理承受能力　C10	
	工作环境　A2	个人发展　B3	科研环境　C11	
			培训进修　C12	
			晋升机会　C13	
		组织文化　B4	领导关系　C14	
			同事关系　C15	
			组织承诺　C16	
		薪酬福利　B5	薪酬待遇　C17	
			住房环境　C18	
			三险保障　C19	
	工作过程　A3	工作态度　B6	纪律性　C20	
			责任心　C21	
			合作精神　C22	
		教学过程　B7	教学目标　C23	
			教学内容　C24	
			教学策略　C25	
			教学评价　C26	

续表

目标	准则层			方案
高校教学科研人员绩效考评　A	工作过程　A3	科研过程　B8	学术交流　C27	各个被考评的教学科研人员
			阶段性成果　C28	
			课题进展情况　C29	
	工作业绩　A4	工作成效　B9	获奖情况　C30	
			经济效益　C31	
			社会效益　C32	
		工作量　B10	教学工作量　C33	
			指导毕业论文　C34	
			指导毕业实习　C35	
			学术论文　C36	
			著作教材　C37	
			科研项目　C38	
			发明专利　C39	

四、绩效考评指标项标度和描述

1. 能力素质

能力是顺利实现某种活动的心理条件，是指个人特有的能够产生绩效所具备的知识和技能。素质是有机体先天形成的生理特性。对于教学科研人员而言，崇高的思想品德、高超的业务能力、深厚的文化底蕴等都成为教书育人的前提，因此，对教学科研人员进行能力素质考评，是顺利开展教学科研活动的基础。能力素质包括自身素质和基本能力 2 个二级指标如图 4-3。

（1）自身素质

高校教学科研人员应该具备的自身素质包括：具有较高的思想道德品质，为人师表、爱岗敬业；具备扎实的专业知识和良好的职业能力；具有较强的语言、文字表达能力，良好的人际交往能力和承受挫折的能力以及健康的体魄。因此，自身素质包括思想道德素质、职业素质、文化素质、身体素质等 4 个三级指标。

1）思想道德素质。思想道德素质是指教学科研人员表现出来的思想修养、意志品格和道德感等，如坚持正确的政治方向和正确的人生观、价值观；具有与时俱进的社会意识和献身教育事业的职业理想；重视教书育人，具有热情、坚定、同情、关心、耐心、自制等良好的师德素养；恪守学术道德，教风优良。

2）职业素质。教学科研人员的职业素质是指教学科研人员在其职业生涯中，调节和处理他人与社会、与集体、与职业工作关系所应遵守的基本行为规范或行为准则，以及在此基础上所表现出来的观念意识和行为品质。在教育领域中，教学科研人员必须有对教育事业的敬爱与热诚，忠于人民的教育事业，热爱学生，对学生负责，肯吃苦耐劳，不断钻研业务知识，提高业务能力，以适应社会发展的需要。

3）文化素质。教学科研人员的文化素质即所具备的科学文化知识结构及其程度，如科学、哲学的理论修养；扎实精深的专业知识；广博的相关科学知识和基本的教育科学知识等。

4）身体素质。教学科研人员的身体素质指教学科研人员精力充沛、体质健壮、反应敏捷、身心健康。

（2）基本能力

基本能力包括口头表达能力、书面表达能力、信息素养、专业技能、创新能力、心理承受能力等 6 个三级指标。

1）口头表达能力。在教学科研活动中，教学科研人员用口头语言表达自己的思想、情感，以达到与别人交流的目的的能力。

2）书面表达能力。教学科研人员的书面表达能力即写作能力，就是教学科研人员能够利用文字，准确无误、清晰明了地表达自己的思想的能力。这体现在教学人员板书整洁利落，安排合理，书写清晰，便于学生观看和记笔记。

3）信息素养。教学科研人员的信息素养不仅包括利用信息工具和信息资源的能力，还包括选择、获取、识别信息、加工、处理、传递信息并创造信息的能力。

4）专业技能。教学科研人员具有较强的专业能力，具备精深的学科知识，掌握教育理论及心理学知识，另外还应具备良好的教育能力。

5）创新能力。教学科研人员的创新能力，是指教学科研人员在现代教育观的指导下，能进行教育教学探索和科研实践活动，从而创造出符合教育规律且能产生积极效益的新理论、新方法的能力。它主要包括：具有现代教育观念和创造性思维；锐意教育，创新实践；开展研究性学习课程的能力；注重信息技术与课程教学的整合。

6）心理承受能力。教学科研人员在工作中应该具有较高的心理成熟度、较稳定的心理状态和较强的自我调节能力，心理素质良好，能够应付各种压力和突发事变。

2. 工作环境

工作环境既包括组织给教学科研人员提供的硬件环境，也包括组织内部的人文氛围等。工作环境对个人能力的发挥和今后的发展方向都有很大影响。组织提供的硬件条件优越，人与人之间的关系和谐，能在很大程度上提高教学科研人员的工作积极性，进而产生更多更好的业绩，具体包括个人发展、组织文化、薪酬福利 3 个二级指标，如图 4-5 所示。

(1) 个人发展

个人发展是指组织提供的有助于教学科研人员提高其业务能力的发展空间和发展机会。教学科研人员发展是教学科研人员人生价值实现的过程，是教学科研人员在充分认识教育意义的基础上，不断提升精神追求，增强职业道德，掌握教育规律，拓展学科知识，强化专业技能和提高教育教学水平的过程。个人发展包括科研环境、培训进修、晋升机会等 3 个三级指标。

1) 科研环境。科研环境是指组织为教学科研人员进行科研活动所创设的客观环境，包括设备、资金以及人员的配备等。

2) 培训进修。培训进修指组织为提升教学科研人员教学科研水平所提供的在职培训、进修学习等机会。

3) 晋升机会。晋升机会是指组织为教学科研人员提供发展空间的机会，包括职务升迁或者职称晋升。

(2) 组织文化

组织文化是指组织成员的共同价值观体系，它使组织独具特色，区别于其他组织。其表现的具体特征有：组织鼓励员工创新、冒险的程度，员工做事方式的风格，组织内部的人际关系导向，团队精神，员工的进取心和竞争性，组织的稳定性等。组织文化包括领导关系、同事关系、组织承诺等 3 个三级指标。

1) 领导关系。领导关系指教学科研人员对上级领导的领导能力、执政手段以及亲和力等的满意程度。

2) 同事关系。同事关系指与同事之间的融洽度及组织的工作氛围。

3) 组织承诺。组织承诺是个人基于对其组织成员资格的接受和认可，在感情或理智上对其所在组织的不同程度、不同性质的投入和献身，隐含了个人对是否继续留在该组织的决定，反映了个人对其所在组织的依赖和归属心理，体现了组织对个人的心理束缚力。

（3）薪酬福利

薪酬福利是每个教学科研人员关注的问题，也是体现教学科研人员满意度的关键因素之一。公平性和竞争性是维护教学科研人员薪酬满意度的两个原则。薪酬福利包括薪酬待遇、住房环境、三险保障等3个三级指标。

1）薪酬待遇。薪酬是教学科研人员因向所在组织提供劳动或劳务而获得的各种形式的酬劳或酬谢。薪酬的待遇公平与否直接关系到教学科研人员以后的工作业绩水平，通过发放薪酬的公平来体现教学科研人员的满足感。

2）住房环境。住房环境即组织提供给教职工的住房分配及住房条件。

3）三险保障。三险主要指社会保险、医疗保险、养老保险。三险保障是高校对教学科研人员最起码的福利保证。

3. 工作过程

工作过程是教学科研人员工作能力、个人素质等的具体体现。以往的考评体系只重成果不重过程，为了一味追求成果，有些教学科研人员很可能会采取急进手段，泯灭了学生的创新思维和个性发展，同时对自己的教学科研技能也是一种无形扼杀。因此，对于教学科研人员工作过程的考评将会促进教学科研人员做好每一件事，如此量的积累势必产生好的工作成果。工作过程具体包括工作态度、教学过程、科研过程3个二级指标，如图4-4所示。

（1）工作态度

态度决定一切，一个教学科研人员的工作态度是否认真，工作是否负责，对学生的关爱程度怎样都会影响工作成效。工作态度包括纪律性、责任心、合作精神等3个三级指标。

1）纪律性。纪律性是教学科研人员对规章制度的遵守，对上级领导的服从。

2）责任心。责任心是教学科研人员所表现的对工作的负责态度，认真完成教学科研任务、关心爱护学生、对学生负责、对组织负责等都是教学科研人员责任心的体现，是做好一切工作的保障。

3）合作精神。合作精神是教学科研人员的合作意识以及在工作中与他人协调、沟通的能力。

（2）教学过程

教学过程是教学科研人员备课、授课以及接受学生反馈的一系列过程。教学科研人员的课堂设计、授课中对问题的应变、课程气氛的把握以及后期学生对教学科研人员的课程满意度评价都能反映一个教学科研人员的教学水平。教学过程包括教学目标、教学内容、教学策略、教学评价等4个三级指标。

1）教学目标。教学目标是教学科研人员对教学内容进行分解，并且明确学习内容要求达到的学习水平。

2）教学内容。教学内容是教学科研人员根据教学目标和学生的实际情况确定，且要符合教学需要。

3）教学策略。教学策略是教学科研人员在具体的教学环境下，选择要达到预期目标所需要的资源、程序、方法，主要体现在多媒体、信息资源、方法、组织形式的选择和教学程序的安排上，教学策略是反映教学科研人员教学个性的关键因素。

4）教学评价。教学评价是教学科研人员采用科学的方法，收集学习过程中的学习反应资料，通过量化分析，以获得反馈信息，检查是否达到预期目标，以及时调整教学目标或修正教学策略。

（3）科研过程

科研过程具有周期长的特点，高校教学科研人员在科研方面所取得的业绩成果的价值不能立即显现，因此我们以阶段性检查的形式来考评科研过程，以便督促科研人员按时按质完成科研项目。科研过程包括学术交流、阶段性成果、课题进展情况等3个三级指标。

1）学术交流是指教学科研人员参加学术会议，作学术报告以及合作科研等多方面的学术交流活动。

2）阶段性成果是指科研人员已取得的阶段性成果，包括论文发表、科研项目进展等方面取得的成果。

3）课题进展情况是指课题目前所处阶段、在进展中存在的问题等。

4．工作业绩

工作业绩是绩效考评工作的重点，它是对教学科研人员辛勤劳动的总结，是衡量一名教学科研人员优秀与否的标准，包括工作量和工作成效2个二级指标，如图4-6所示。

（1）工作量

工作量指教学科研人员的工作数量和工作质量。工作量包括教学工作量、指导毕业论文、指导毕业实习、学术论文、著作教材、科研项目、发明专利等7个三级指标。

1）教学工作量。教学工作量指教学科研人员讲课的课时总数及按照教学计划完成教学任务的情况。

2）指导毕业论文。指导毕业论文指教学科研人员指导毕业论文的数量、等级。

3）指导毕业实习。指导毕业实习指指导毕业实习的人数、跟班天数及实习效果。

4）学术论文。学术论文指教学科研人员发表论文的数量和质量。学术论文发表期刊等级可划分为权威期刊、核心期刊、一般期刊三个档次。

5）著作教材。著作教材指教学科研人员编制出版著作教材数及参编角色，分为专著、编著和译著三种：专著是作者根据自己在某一科研领域内所取得的科研成果，撰写而成的著作；编著是作者主编，并由其他人员参编，撰写而成的著作；译著是对国外某一著作的翻译作品。

6）科研项目。科研项目指科研人员申请课题的级别和数量，最终课题发表的级别和鉴别等级。是否承担重大科研课题是衡量科研工作者科研实力与科研水平高低的重要指标。

7）发明专利。发明专利指科研人员批准专利数量及专利推广成效。

（2）工作成效

工作成效是教学科研人员在教学科研工作中取得的，是对教学科研人员工作的认可，在一定程度上反映了教学科研人员的工作业绩。工作成效包括获奖情况、经济效益、社会效益等3个三级指标。

1）获奖情况。获奖情况指教学科研人员所获奖项的数量和级别，包括国家级、省部级、局级和校级四个级别，根据不同的级别分别赋予不同的分值。

2）经济效益。经济效益指科研成果所带来的经济收益，包括为组织创收的经济效益和个人所得。

3）社会效益。社会效益指科研成果的推广应用情况及社会反响。

第六章

高校教学科研人员绩效考评指标权重的确定

高校教学科研人员绩效考评是高校人事管理的核心。进行绩效考评，可以使教学科研人员与学校的发展战略和目标一致，保证教学科研人员资源的活动的各个环节相互协调，避免人才流失、发生冲突，同时也可以帮助学校寻找和发现符合职务和岗位要求的人选，做到“人事相宜，人尽其才，才尽其用”，使每个员工保持良好的态度、热情和积极性，投身于工作和事业之中，当然，也能更好地发挥规章制度的作用。但是，绩效考评操作过程中往往会出现考评指标设置不合理、指标权重确定方法不科学或者操作困难等问题。[①]

合理分配权重是评价合理量化的关键，通常确定权重系数的方法有很多，如定性的专家意见、定量数据统计处理的主成分分析法，以及定量与定性相结合的层次分析法。

本章基于高校教学科研人员绩效考评体系进行了专家咨询、专家问卷调查、收集资料，采用层次分析法来计算高校教学科研人员指标体系的指标权重。但是在指标设计和权重赋值过程中，设计的指标、权重赋值都难免会有一定的主观色彩和量化误差。

另外，本书主要是针对以教学科研为主的高校中教学科研型人员的绩效考评指标体系权重的设置，因而不可能适用于所有的高校，其他类型的高校可以根据本章所介绍的确定权重的方法，进行相应的权重赋值。

第一节　权重的概念

一、权重的定义

权重是在考评过程中对被考评对象不同侧面的重要程度的定量分配，对

① 孟华兴：《人力资源管理》，科学出版社，2005年。

各考评要素在总体考评中的作用进行区别对待。简单地说，权重就是影响人或事物的几个因素各自所占的影响比重。它是一个相对概念，一般用于综合性的考评，是针对某一指标而言的。某一指标的权重即该指标在整个考评指标体系中所占的比重。①

指标体系中的每一项指标都很重要，但是，其重要程度取决于我们看问题的角度。既然权重是一个相对概念，那么它体现的是某一指标相对于整个指标体系中其他指标的重要性。各个指标的权重相互影响、相互制约。某一项指标的权重增大时，则其他指标的权重就会相应地减小，反之亦然。② 比如，对个人的评价，采用上级评价与同事评价相结合的方式，同事给你打100分，你的上级给你打60分，如果平均，则是（100＋60）/2＝80（分）。但因为上级的权重比同事大，假如上级的权重是2，同事是1，这时求平均值就是加权平均了，结果是（100×1＋60×2）/（1＋2）＝73.3（分），显然你的上级评判起决定作用。假如你的上级权重是3，你的同事权重是1，其结果是（100×1＋60×3）/（1＋3）＝70（分）。这就是根据权重的不同进行的平均数的计算，所以又叫加权平均数。

权重是一根指挥棒，它能有效指引教学科研人员的行为和方向；也是一座桥梁，能连接教学科研人员与其上下级之间的沟通。权重值的分配高低说明学校对考评对象的期望侧重点。权重的设定可以帮助考评对象认识自己某方面的优缺点以及和别人的差距，并在今后的工作中及时调整工作策略。③

二、权重确定的条件

权重体系是根据指标体系来确立的。首先必须有指标体系，其次才有相应的权重体系。指标权重的选择，实际也是对系统评价指标进行排序的过程，而且，权重值的构成应符合以上条件。

权重反映的是某项指标的重要程度，但是权重的确定需要满足一定条件。一组权重体系 $\{V_i \mid i=1, 2, \cdots, n\}$，必须满足下述两个条件：①$V_i \leqslant 1$；

① 李志河、张宏业、孟继叶等：《高校教学科研人员绩效考评体系指标权重确定研究》，《现代教育技术》，2008年第6期，第36～42页。

② 杨明娜：《绩效管理实务》，中国人民大学出版社，2008年。

③ 曲长生、李明珍、刘凡儒：《中文图书采购招标评价指标体系的建立》，《大学图书馆学报》，2007年第3期，第11～14页。

$i=1, 2, \cdots, n$；② 每级指标权重必须满足 $\sum_{i=1}^{n} V_j = 1$，其中 n 为权重指标的个数。我们以一级指标和二级指标权重的确定为例来说明权重确定。设某一评价的一级指标体系为 $\{W_i \mid i=1, 2, \cdots, n\}$，其对应的权重体系为 $\{V_i \mid i=1, 2, \cdots, n\}$，则有：① $0 < V_i \leqslant 1$；$i=1, 2, \cdots, n$；② $\sum_{i=1}^{n} V_j = 1$。

如果该评价的二级指标体系为 $\{W_{ij} \mid i=1, 2, \cdots, n, j=1, 2, \cdots, m\}$，则其对应的权重体系 $\{V_{ij} \mid i=1, 2, \cdots, n, j=1, 2, \cdots, m\}$，应满足：① $0 < V_{ij} \leqslant 1$；② $\sum_{i=1}^{n} V_j = 1$；③ $\sum_{i=1}^{n} \sum_{j=1}^{n} V_i V_{ij} = 1$。

第二节　权重确定的原则

对绩效考核指标权重的确定，一般要遵循一些基本的权重确定原则，主要有系统优化原则、主观意愿与客观现实相结合原则、民主与集中相结合原则等。①

一、系统优化原则

在评价指标体系中，每个指标对系统都有它的作用和贡献，对系统而言都有它的重要性。所以，在确定它们的权重时，不能只从单个指标出发，而是要处理好各评价指标之间的关系，合理分配权重。应当遵循系统优化原则，把整体最优化作为出发点和追求的目标，既不能平均分配，也不能片面强调某个指标、单个指标的最优化，忽略其他方面的作用。在实际工作中，应该使每个指标发挥其应有的区分作用。

二、主观意愿与客观现实相结合原则

指标的权重反映了学校对教学科研人员工作的引导意图和价值观念。根据组织发展目标和岗位的要求，当某项指标很重要，需要突出它的作用时，就必然给该指标以较大的权数。但现实情况往往与人们的主观意愿不完全一

① 龚建荣：《我国高校教师绩效考核的研究——以×大学为例》，南昌大学硕士学位论文，2008年。

致。如在确定权重时要考虑这样几个问题：历史的指标和现实的指标；社会公认的和单位的特殊性；同行业、同工种间的平衡。所以，必须同时考虑现实情况，把主观意图与现实情况结合起来。例如，考评教学科研人员的工作业绩应该对经济效益和社会效益同时加以考虑。[①]

三、民主与集中相结合原则

权重是人们对考评指标重要性的认识，是对定性判断的量化，往往受个人主观因素的影响。不同的人对同一件事情都有各自的看法，而且经常是不相同的，其中有合理的成分，也有由个人价值观、能力和态度造成的偏见。这就需要实行群体决策的原则，集中相关人员的意见相互补充，形成统一的方案。

第三节　计算权重的方法

权重的计算方法一般有定性分析法、定量分析法，以及定性与定量相结合的分析法。常用的定性分析法有德尔菲法、综合评分法、FHW（模糊、灰色、物元空间）法等；定量分析法有主成分分析法等；定性与定量相结合的分析法有层次分析法等。

一、综合评分法、FHW 法

综合评分法、FHW 法和德尔菲法一样也是定性分析方法。其中，综合评分法是用于考评指标无法用统一的量纲进行定量分析的场合，而用无量纲的分数进行综合评价。综合评分法是先分别按不同指标的考评标准对各考评指标进行评分，然后采用加权相加，求得总分。FHW 法是一种新型的决策、评价方法，一般不常用，是对德尔菲法的改进和发展，融合了德尔菲法、头脑风暴法等方法的优点，并采用了一些新兴学科的思路，如模糊数学、灰色系统理论、物元分析等，从而能定量地处理联想思维，它把德尔菲法的咨询表改为 FHW 咨询表，把向专家咨询的一个数（顺序、判断、打分）改为一个模糊灰色物元。

---

① 樊宏、戴良铁：《如何科学确定绩效评估指标的权重》，《中国劳动》，2004 年第 10 期，第 53～55 页。

二、主成分分析法

1. 主成分分析法的内涵及特点

主成分分析法，也叫主分量分析、主成分回归分析法，是定量数据统计法中比较常用的一种分析方法，也是一种重要的降维方法。当将原始变量变换成各个分量时，形成了分量与原始变量间的线性关系式，各原始变量前面的线性系数就是权重值。其目的是希望用较少的变量去解释和概括大部分变量，这些彼此相互独立或不相关的变量，即所谓主成分，并用以解释资料的综合性指标。

主成分分析能降低所研究的数据空间的维数，即用研究 m 维的 Y 空间代替 p 维的 X 空间($m < p$)，而低维的 Y 空间代替高维的 X 空间所损失的信息很少。另外，在所选的前 m 个主成分中，如果某个 X_i 的系数全部近似于零的话，就可以把这个 X_i 删除，这也是一种删除多余变量的方法。通过主成分分析法，我们可以选取前两个主成分或其中某两个主成分，根据主成分的得分，画出 n 个样品在二维平面上的分布况，由图形可直观地看出各样品在主分量中的地位，进而还可以对样本进行分类处理，可以由图形发现远离大多数样本点的离群点；用主成分分析筛选回归变量。用主成分分析筛选变量，可以用较少的计算量来选择量，获得选择最佳变量子集合的效果。

2. 主成分分析法的主要计算过程

主成分分析法的主要计算过程包括以下五个步骤。

(1) 原始指标数据的标准化采集 p 维随机向量 $X = ((X_1, X_2, \cdots, X_p)T)n$ 个样品 $x_i = (x_{i1}, x_{i2}, \cdots, x_ip)T$，$i = 1, 2, \cdots, n$，$n > p$，构造样本阵，对样本阵元进行如下标准化变换：

$$Z_{ij} = \frac{x_{ij} - \overline{x}_j}{s_j},\ i = 1, 2, \cdots, n;\ j = 1, 2, \cdots, p$$

其中，$\overline{x}_j = \frac{\sum_{i=1}^{n} x_{ij}}{n}$，$s_j^2 = \frac{\sum_{i=1}^{n} (x_{ij} - \overline{x}_j)^2}{n-1}$，得标准化矩阵 Z。

(2) 对标准化矩阵 Z 求相关系数矩阵。$R = [r_{ij}]_p xp = \frac{Z^T Z}{n-1}$，其中，$r_{ij} = \frac{\sum z_{kj} \cdot z_{kj}}{n-1}$，$i, j = 1, 2, \cdots, p$。

(3) 解样本相关矩阵 R 的特征方程 $|R - \lambda I_p| = 0$ 得 p 个特征根，确定主

成分。按$\frac{\sum_{j=1}^{m}\lambda_j}{\sum_{j=1}^{p}\lambda_j} \geqslant 0.85$确定 m 值，使信息的利用率达 85% 以上，对每个 λ_j，$j=1, 2, ..., m$，解方程组 $R_b = \lambda_{jb}$ 得单位特征向量 b_j^o。

（4）将标准化后的指标变量转换为主成分。$U_{ij} = z_i^T b_j^o$，$j=1, 2, \cdots, m$，U_1 称为第一主成分，U_2 称为第二主成分，…，U_p 称为第 p 主成分。

（5）对 m 个主成分进行综合评价。对 m 个主成分进行加权求和，即得最终评价值，权数为每个主成分的方差贡献率。

三、层次分析法

层次分析法（analytic hierarchy process，AHP），由美国运筹学家 T. L. Saaty 于 20 世纪 70 年代提出。它是一种定性和定量相结合的、系统化的、层次化的分析方法，是一种用于可处理复杂的社会、政治、经济以及技术等方面决策问题的分析方法，尤其是对于多目标、多方案的决策，这种方法可以有效地进行处理。[①]

一个好的递阶层次结构对于解决问题至关重要。构建所研究问题的递阶层次结构，首先要分析系统中各个因素之间的关系，按其支配隶属关系，形成不同层次。同一层次各元素对其下层元素有支配作用，同时又受到上层元素的支配，从而形成递阶层次结构。该结构的最高层为目标层，只有一个元素，即总的决策目标。中间为准则层，一般为决策需要参照或考虑的依据、准则、因素等。最底层为方案层（或指标层），通常为备选的方案、措施、政策、指标、因素等。方案层通过准则、子准则与目标层建立关联，如图 6-1 所示。

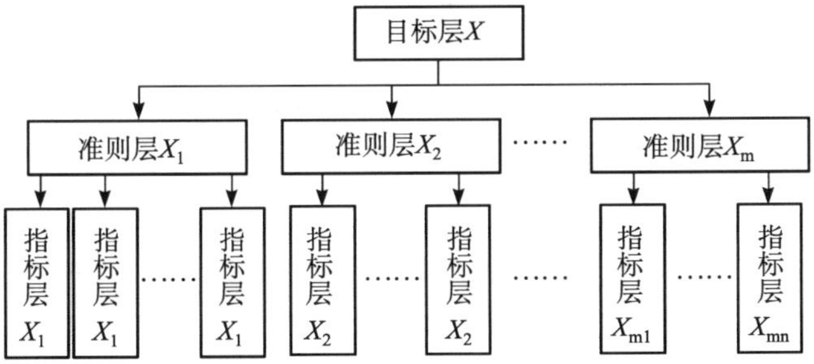

图 6-1 AHP 层次示意图

① 王莲芬、许树柏：《层次分析法引论》，中国人民大学出版社，1989 年。

第四节　利用 AHP 确定和计算权重

鉴于以上几种权重计算方法的特点，可操作性以及操作周期等各因素的影响，高校教学科研人员绩效考评指标体系采用层次分析法确定该指标体系的权重。层次分析法具有可操作性强、操作周期短等优点，其常用的计算方法有幂法、和法、特征向量法以及方根法等，本书选用和法来确定权重值。

一、建立递阶层次结构

层次分析法的递阶层次结构一般为三层，即目标层（最高层），用来确定层次分析的目标；准则层（也称指标层），为目标设计评价的依据、准则，考评教学科研人员所划分的指标；方案层（最底层），是被评价对象。

二、构造两两比较判断矩阵

递阶层次结构建立以后，根据各层元素间的隶属关系，下层元素以上层某元素为准则，进行两两比较，构造比较判断矩阵。

在同一层次两个因素相互比较时，考虑到专家对若干指标直接评价权重的困难，根据新心理学家提出的“人区分信息等级的极限能力为 7±2”的研究结论，层次分析法在对指标的相对重要程度进行测量时，引入了九分位的相对重要的比例标度，构成一个判断矩阵 A。[①] 构造两两比较判断矩阵（1～9 段标度法），如表 6-1 所示。

表 6-1　确定判断矩阵：1～9 段标度法表

矩阵	重要度对比
$A=B$	A、B 同样重要
$A=3B$	A 比 B 稍微重要
$A=5B$	A 比 B 重要
$A=7B$	A 比 B 重要得多
$A=9B$	A 比 B 绝对重要
$A=$（2、4、6、8）B	各取相应的中间重要程度

① 门志国：《高校教学科研人员绩效考核体系研究》，哈尔滨工程大学硕士学位论文，2007 年。

例如，设某一判断矩阵的行列式为

$$A=(a_{ij})=\begin{bmatrix} a_{11} & a_{12} & \cdots & a_{1a} \\ a_{21} & a_{22} & \cdots & a_{2a} \\ \vdots & \vdots & & \vdots \\ a_{a1} & a_{a2} & \cdots & a_{aa} \end{bmatrix}$$

三、计算指标的相对权重列向量 ω

依据表 6-1 所示 1～9 段标度法确定的判断矩阵，求出每一个指标的相对权重。其具体方法是：矩阵 A 第 i 行中的每一个元素相加，再除以整个判断矩阵各元素相加之和，得到权重列向量 ω ，即

$$\omega_i=\frac{\sum_{i=1}^{n} a_{ij}}{\sum_{ij=1}^{n} a_{ij}}$$

四、求特征根 $\lambda_{\max}$

当判断完全一致时，应该有 $\lambda_{\max}\approx n$(其中 n 表示阶数)，其余特征根都为零。求解 $\lambda_{\max}$ 的公式如下：

$$\lambda_{\max}=\sum_{i=1}^{n}\frac{(A\omega)_i}{n\omega_i}=\sum\frac{(A\omega)\text{的第 } i \text{ 个元素}}{n\times\text{特征向量的第 } i \text{ 个元素}}$$

五、进行一致性检验

由于客观事物的复杂性及对事物认识的片面性，构造的判断矩阵不一定是一致性矩阵（也不强求是一致性矩阵)，但当偏离一致性过大时，会导致一些问题的产生。因此，还需进行一致性和随机性检验。引入度量 CI 为一致性指标，RI 为随机一致性指标，CR 为随机一致性指标比率。

其中 CI 的计算公式为

$$\mathrm{CI}=\frac{\lambda_{\max}-n}{n-1}$$

RI 如表 6-2 所示，其中上一行对应矩阵的阶数，下一行为相应随机一致性指标。

表 6-2 随机一致性指标 RI 的矩阵的阶数与一致性对应表

1	2	3	4	5	6	7	8	9	10	11	12	13	14	15
0	0	0.58	0.90	1.12	1.24	1.32	1.41	1.45	1.49	1.51	1.48	1.56	1.57	1.59

当 $CR=\frac{CI}{RI}\leqslant 0.1$ 时，认为该判断矩阵具有满意的一致性，所获取值才比较合理。否则须对判断矩阵进行调整，直到一致性满意。

六、求解指标体系中每一个指标的权重 W

求解指标的权重公式是：$W_n=\omega_n\cdot(\omega_n-1)\cdot(\omega_n-2)\cdot\omega_3\cdot\omega_2$。其中，$\omega_n$ 是由第 n 层每个元素的为列向量而构成的矩阵。

七、进行整体的一致性检验

这一步主要是确定各层中所有元素对于总目标的组合权重，从而最终计算出方案层各元素的组合权重。

整体一致性检验的方法是将上面每一层中各个判断矩阵的一致性指标顺序排列组成的矩阵左乘自身权重向量，则得到各层的一致性指标，求和得 $CI^{(n)}$，再除以将上面每一层中各个判断矩阵的随机一致性指标顺序排列组成的矩阵左乘自身权重向量，则得到各层的随机一致性指标的和 $RI^{(n)}$，即为 $CR^{(n)}$。设 $CI^{(n)}$ 为第 n 层一致性指标，$RI^{(n)}$ 为第 n 层随机一致性指标。

$$CR^{(n)}=\frac{\sum_{j=1}^{n}CI^{(i)}}{\sum_{i=1}^{n}RI^{(1)}}$$

其中，$CI^{(n)}=[CI_1^{(n)},\cdots,CI_i^{(n)}]\,W_{n-1}$；$RI^{(n)}=[RI_1^{(n)},\cdots,RI_i^{(n)}]\,W_{n-1}$。

同样，当 $CR^{(n)}\leqslant 0.1$ 时，整个指标通过一致性检验，说明指标的权重赋值是合理的。

第五节 确定高校教学科研人员绩效考评指标的权重

根据目前各个高校的主要性质，我们将其划分为三个研究领域，即以教学为主的高校、以教学科研为主的高校以及注重科研的综合性大学高校。教学科研人员的基本类型包括教学型、教学科研型以及科研型等三类。本书以某些属重点师范大学为主要研究对象，以教学科研型人员为参照来设置绩效考评指标的权重。其他类型的高校人员可按照我们提供的步骤对自己的指标进行相应的权重赋值。

一、建立递阶层次结构

建立递阶层次结构，如表 6-3 所示。

表 6-3　高校教学科研人员绩效考评指标权重递阶层次结构

目标层		准则层	方案层	
	一级指标	二级指标	三级指标	
高校教学科研人员绩效考评　A	能力素质　A1	自身素质　B1	思想道德素质　C1	各个被考评的教学科研人员
			职业素质　C2	
			文化素质　C3	
			身体素质　C4	
		基本能力　B2	口头表达能力　C5	
			书面表达能力　C6	
			信息素养　C7	
			专业技能　C8	
			创新能力　C9	
			心理承受能力　C10	
	工作环境　A2	个人发展　B3	科研环境　C11	
			培训进修　C12	
			晋升机会　C13	
		组织文化　B4	领导关系　C14	
			同事关系　C15	
			组织承诺　C16	
		薪酬福利　B5	薪酬待遇　C17	
			住房环境　C18	
			三险保障　C19	
	工作过程　A3	工作态度　B6	纪律性　C20	
			责任心　C21	
			合作精神　C22	
		教学过程　B7	教学目标　C23	
			教学内容　C24	
			教学策略　C25	
			教学评价　C26	
		科研过程　B8	学术交流　C27	
			阶段性成果　C28	
			课题进展情况　C29	

续表

目标层		准则层	方案层	
高校教学科研人员绩效考评　A	工作业绩　A4	工作成效　B9	获奖情况　C30	各个被考评的教学科研人员
			经济效益　C31	
			社会效益　C32	
		工作量　B10	教学工作量　C33	
			指导毕业论文　C34	
			指导毕业实习　C35	
			学术论文　C36	
			著作教材　C37	
			科研项目　C38	
			发明专利　C39	

二、构造两两比较判断矩阵

之所以确定层次分析法为定性与定量相结合的方法，是因为在确定标度时采用的是定性的分析，而其余步骤都为定量分析过程。为使我们的过程更为全面、合理，数据更为真实、科学，我们在定性确定 1～9 标度时采用了专家咨询问卷法，并设计了专家咨询问卷，向多名专家发放了问卷。通过对问卷结果的分析和实际情况的考查，来构造两两比较判断矩阵。

该步骤主要是构造两两比较判断矩阵，计算各个指标的相对权重列向量 ω 、特征根 λ_{max}，并进行一致性检验。

根据上述权重列向量 ω 和特征根 λ_{max} 的计算公式，分别计算每个矩阵的 ω、λ_{max}。例如，对矩阵 A 的权重计算过程如下。

1. 构造矩阵 A 的行列式及求和

$$A=\begin{vmatrix} 1 & 1/2 & 1/3 & 1/4 \\ 2 & 1 & 1/4 & 1/5 \\ 3 & 4 & 1 & 1/2 \\ 4 & 5 & 2 & 1 \end{vmatrix}$$

行列式 A 的和是：

1/2+1/3+1/4+2+1+1/4+1/5+3+4+1+1/2+4+5+2+1=26.03

2. 分别计算矩阵 A 的 ω、λ_{max} 的值

$$\omega A1=\frac{1+1/2+1/3+1/4}{26.03}=0.08$$

同理可求得 $\omega A2=0.13$，$\omega A3=0.33$，$\omega A4=0.46$

$$A\omega=[0.37,\ 0.46,\ 1.32,\ 2.09]^T$$

$$\lambda_{max}=\frac{0.37}{4\times 0.08}+\frac{0.46}{4\times 0.13}+\frac{1.32}{4\times 0.33}+\frac{2.09}{4\times 0.46}=4.17$$

3. 矩阵一致性检验

$$CI_1=\frac{\lambda_{max}-n}{n-1}=\frac{4.17-4}{4-1}=0.0587$$

$$CI_1=\frac{CI_1}{RI_1}=\frac{0.0587}{0.9}=0.065<0.1$$

所以，该矩阵通过了一致性检验。如表 6-4 所示为矩阵 A 的 ω、λ_{max}以及一致性检验示意图。同理，如表 6-5～表 6-18 所示，为矩阵 $A1$～$A4$、$B1$～$B10$ 的 ω、λ_{max}以及一致性检验示意图。

表 6-4　A1～A4 相对权重列向量 ω、λ_{max}，一致性检验

A	A1	A2	A3	A4	ω	一致性检验
A1	1	1/2	1/3	1/4	0.08	$\lambda_{max}=4.17$ CIA=0.0587 CRA=0.065<0.1
A2	2	1	1/4	1/5	0.13	
A3	3	4	1	1/2	0.33	
A4	4	5	2	1	0.46	

表 6-5　B1，B2 相对权重列向量 ω、λ_{max}，一致性检验

A1	B1	B2	ω	一致性检验
B1	1	1/3	0.25	$\lambda_{max}=2$ CIA1=0 CRA1 =0<0.1
B2	3	1	0.75	

表 6-6　B3～B5 相对权重列向量 ω、λ_{max}，一致性检验

A2	B3	B4	B5	ω	一致性检验
B3	1	7	5	0.73	$\lambda_{max}=3.01$ CIA2=0.005 CRA2 =0.009<0.1
B4	1/7	1	1/2	0.09	
B5	1/5	2	1	0.18	

表 6-7　*B*6～*B*8 相对权重列向量 ω、λ_{max}，一致性检验

*A*3	*B*6	*B*7	*B*8	ω	一致性检验
*B*6	1	2	3	0.53	$\lambda_{max}=3.01$ CI*A*3=0.005 CR*A*3 =0.009<0.1
*B*7	1/2	1	2	0.31	
*B*8	1/3	1/9	1	0.08	

表 6-8　*B*9，*B*10 相对权重列向量 ω、λ_{max}，一致性检验

*A*4	*B*9	*B*10	ω	一致性检验
*B*9	1	1/5	0.17	$\lambda_{max}=2$ CI*A*4=0 CR*A*4 =0<0.1
*B*10	5	1	0.83	

表 6-9　*C*1～*C*4 相对权重列向量 ω、λ_{max}，一致性检验

*B*1	*C*1	*C*2	*C*3	*C*4	ω	一致性检验
*C*1	1	2	4	5	0.5	$\lambda_{max}=4.03$ CI*B*1=0.01 CR*B*1 =0.01<0.1
*C*2	1/2	1	2	3	0.27	
*C*3	1/4	1/2	1	2	0.15	
*C*4	1/5	1/3	1/2	1	0.08	

表 6-10　*C*5～*C*10 相对权重列向量 ω、λ_{max}，一致性检验

*B*2	*C*5	*C*6	*C*7	*C*8	*C*9	*C*10	ω	一致性检验
*C*5	1	1	3	1/2	2	4	0.23	$\lambda_{max}=6.35$ CI*B*2=0.07 CR*B*2 =0.056<0.1
*C*6	1	1	3	1/2	2	4	0.23	
*C*7	1/3	1/3	1	1/4	1/2	2	0.09	
*C*8	2	2	4	1	3	6	0.26	
*C*9	1/2	1/2	2	1/3	1	2	0.13	
*C*10	1/4	1/4	1/2	1/6	1/2	1	0.06	

表 6-11　*C*11～*C*13 相对权重列向量 ω、λ_{max}，一致性检验

*B*3	*C*11	*C*12	*C*13	ω	一致性检验
*C*11	1	1/7	1/2	0.09	$\lambda_{max}=3.01$ CI*B*3=0.005 CR*B*3 =0.009<0.1
*C*12	7	1	5	0.73	
*C*13	2	1/5	1	0.18	

表 6-12 C14～C16 相对权重列向量 ω、λ_{max}，一致性检验

B4	C14	C15	C16	ω	一致性检验
C14	1	1	1/5	0.14	$\lambda_{max}=3$ CIB4＝0 CRB4＝0＜0.1
C15	1	1	1/5	0.14	
C16	5	5	1	0.72	

表 6-13 C17～C19 相对权重列向量 ω、λ_{max}，一致性检验

B5	C17	C18	C19	ω	一致性检验
C17	1	5	7	0.73	$\lambda_{max}=3.01$ CIB5＝0.005 CRB5＝0.009＜0.1
C18	1/5	1	2	0.18	
C19	1/7	1/2	1	0.09	

表 6-14 C20～C22 相对权重列向量 ω、λ_{max}，一致性检验

B6	C20	C21	C22	ω	一致性检验
C20	1	1/3	3	0.23	$\lambda_{max}=3$ CIB6＝0 CRB6＝0＜0.1
C21	3	1	9	0.69	
C22	1/3	1/9	1	0.08	

表 6-15 C23～C26 相对权重列向量 ω、λ_{max}，一致性检验

B7	C23	C24	C25	C26	ω	一致性检验
C23	1	1	1/3	2	0.19	$\lambda_{max}=4$ CIB7＝0 CRB7＝0＜0.1
C24	1	1	1/3	2	0.19	
C25	3	3	1	5	0.52	
C26	1/2	1/2	1/5	1	0.1	

表 6-16 C27～C29 相对权重列向量 ω、λmax，一致性检验

B8	C27	C28	C29	ω	一致性检验
C27	1	5	7	0.73	$\lambda_{max}=3.01$ CIB8＝0.005 CRB8＝0.009＜0.1
C28	1/5	1	2	0.18	
C29	1/7	1/2	1	0.09	

表 6-17 C30～C32 相对权重列向量 ω、λmax，一致性检验

B9	C30	C31	C32	ω	一致性检验
C30	1	7	5	0.73	$\lambda_{max}=3.01$ CIB9＝0.005 CRB9＝0.009＜0.1
C31	1/7	1	1/2	0.09	
C32	1/5	2	1	0.18	

表 6-18 C33～C39 相对权重列向量 ω、λ_{max}，一致性检验

B10	C33	C34	C35	C36	C37	C38	C39	ω	一致性检验
C33	1	3	4	5	6	7	8	0.32	$\lambda_{max}=7.636$ CIB10=0.106 CRB10 =0.0803<0.1
C34	1/3	1	2	3	5	6	7	0.23	
C35	1/4	1/2	1	2	4	5	6	0.18	
C36	1/5	1/3	1/2	1	3	4	5	0.14	
C37	1/6	1/5	1/4	1/3	1	2	3	0.07	
C38	1/7	1/6	1/5	1/4	1/2	1	2	0.04	
C39	1/8	1/7	1/6	1/5	1/3	1/2	1	0.02	

三、求指标体系中每一个指标的权重 W

由权重计算公式：$W_n=\omega n\cdot(\omega n-1)\cdot(\omega n-2)\cdot\omega3\cdot\omega2$ 可得

$$W_A=[0.08, 0.13, 0.33, 0.46]^T$$

$$W_1=\begin{Bmatrix}W_{11}\\W_{12}\\W_{13}\\W_{14}\end{Bmatrix}W_2=\begin{Bmatrix}0.25&0&0&0\\0.75&0&0&0\\0&0.73&0&0\\0&0.09&0&0\\0&0.18&0&0\\0&0&0.53&0\\0&0&0.31&0\\0&0&0.16&0\\0&0&0&0.17\\0&0&0&0.83\end{Bmatrix}\begin{Bmatrix}0.08\\0.13\\0.33\\0.46\end{Bmatrix}=\begin{Bmatrix}0.02\\0.06\\0.1\\0.01\\0.02\\0.18\\0.1\\0.05\\0.08\\0.38\end{Bmatrix}$$

即

$W_1=[0.02, 0.06, 0.1, 0.01, 0.02, 0.18, 0.1, 0.05, 0.08, 0.38]^T$

$W_2=[0.01, 0.005, 0.003, 0.002, 0.014, 0.014, 0.005, 0.016, 0.008, 0.004, 0.009, 0.073, 0.018, 0.001, 0.001, 0.007, 0.015, 0.004, 0.002, 0.041, 0.124, 0.014, 0.019, 0.019, 0.052, 0.01, 0.037, 0.009, 0.005, 0.058, 0.007, 0.014, 0.121, 0.087, 0.068, 0.053, 0.027, 0.015, 0.008]^T$

$$
W_2=\begin{Bmatrix} W_{21}\\ W_{22}\\ W_{23}\\ W_{24}\\ W_{25}\\ W_{26}\\ W_{27}\\ W_{28}\\ W_{29}\\ W_{30} \end{Bmatrix} W_1=\begin{Bmatrix}
0.5 & & & & & & & & & \\
0.27 & & & & & & & & & \\
0.15 & & & & & & & & & \\
0.08 & & & & & & & & & \\
0 & 0.23 & & & & & & & & \\
0 & 0.23 & & & & & & & & \\
0 & 0.09 & & & & & & & & \\
0 & 0.26 & & & & & & & & \\
0 & 0.13 & & & & & & & & \\
0 & 0.06 & & & & & & & & \\
0 & 0 & 0.09 & & & & & & & \\
0 & 0 & 0.73 & & & & & & & \\
0 & 0 & 0.18 & & & & & & & \\
0 & 0 & 0 & 0.14 & & & & & & \\
0 & 0 & 0 & 0.14 & & & & & & \\
0 & 0 & 0 & 0.72 & & & & & & \\
0 & 0 & 0 & 0 & 0.73 & & & & & \\
0 & 0 & 0 & 0 & 0.18 & & & & & \\
0 & 0 & 0 & 0 & 0.09 & & & & & \\
0 & 0 & 0 & 0 & 0 & 0.23 & & & & \\
0 & 0 & 0 & 0 & 0 & 0.69 & & & & \\
0 & 0 & 0 & 0 & 0 & 0.08 & & & & \\
0 & 0 & 0 & 0 & 0 & 0 & 0.19 & & & \\
0 & 0 & 0 & 0 & 0 & 0 & 0.19 & & & \\
0 & 0 & 0 & 0 & 0 & 0 & 0.52 & & & \\
0 & 0 & 0 & 0 & 0 & 0 & 0.1 & & & \\
0 & 0 & 0 & 0 & 0 & 0 & 0 & 0.73 & & \\
0 & 0 & 0 & 0 & 0 & 0 & 0 & 0.18 & & \\
0 & 0 & 0 & 0 & 0 & 0 & 0 & 0.09 & & \\
0 & 0 & 0 & 0 & 0 & 0 & 0 & 0 & 0.73 & \\
0 & 0 & 0 & 0 & 0 & 0 & 0 & 0 & 0.09 & \\
0 & 0 & 0 & 0 & 0 & 0 & 0 & 0 & 0.18 & \\
0 & 0 & 0 & 0 & 0 & 0 & 0 & 0 & 0 & 0.32 \\
0 & 0 & 0 & 0 & 0 & 0 & 0 & 0 & 0 & 0.23 \\
0 & 0 & 0 & 0 & 0 & 0 & 0 & 0 & 0 & 0.18 \\
0 & 0 & 0 & 0 & 0 & 0 & 0 & 0 & 0 & 0.14 \\
0 & 0 & 0 & 0 & 0 & 0 & 0 & 0 & 0 & 0.07 \\
0 & 0 & 0 & 0 & 0 & 0 & 0 & 0 & 0 & 0.04 \\
0 & 0 & 0 & 0 & 0 & 0 & 0 & 0 & 0 & 0.02
\end{Bmatrix}
\begin{Bmatrix} 0.02\\ 0.06\\ 0.1\\ 0.01\\ 0.02\\ 0.18\\ 0.1\\ 0.05\\ 0.08\\ 0.38 \end{Bmatrix}
=\begin{Bmatrix} 0.01\\ 0.005\\ 0.003\\ 0.002\\ 0.014\\ 0.014\\ 0.005\\ 0.016\\ 0.008\\ 0.004\\ 0.009\\ 0.073\\ 0.018\\ 0.001\\ 0.001\\ 0.007\\ 0.015\\ 0.004\\ 0.002\\ 0.041\\ 0.124\\ 0.014\\ 0.019\\ 0.019\\ 0.052\\ 0.01\\ 0.037\\ 0.009\\ 0.005\\ 0.058\\ 0.007\\ 0.014\\ 0.121\\ 0.087\\ 0.068\\ 0.053\\ 0.027\\ 0.015\\ 0.008 \end{Bmatrix}
$$

四、整体一致性检验

由上述整体一致性检验公式可得

$CI^{(1)}=(CI_{A1}, CI_{A2}, CI_{A3}, CI_{A4})W_1=(0, 0.005, 0.005, 0)[0.08, 0.13, 0.33, 0.46]^T$

$=0.000\,65+0.001\,63=0.002\,28$

$CI^{(2)}=(CI_{B1}, CI_{B2}, CI_{B3}, CI_{B4}, CI_{B5}, CI_{B6}, CI_{B7}, CI_{B8}, CI_{B9}, CI_{B10})W_2=(0.01, 0.07, 0.005, 0, 0.005, 0, 0, 0.005, 0.005, 0.106)[0.02, 0.06, 0.1, 0.01, 0.02, 0.18, 0.1, 0.05, 0.08, 0.38]^T$
$=0.045\,93$

$RI^{(1)}=(RI_{A1}, RI_{A2}, RI_{A3}, RI_{A4})W_1=(0, 0.58, 0.58, 0)[0.08, 0.13, 0.33, 0.46]^T=0.2668$

$RI^{(2)}=(RI_{B1}, RI_{B2}, RI_{B3}, RI_{B4}, RI_{B5}, RI_{B6}, RI_{B7}, RI_{B8}, RI_{B9}, RI_{B10})W_2=(0.9, 1.24, 0.58, 0.58, 0.58, 0.58, 0.9, 0.58, 0.58, 1.32)[0.02, 0.06, 0.1, 0.01, 0.02, 0.18, 0.1, 0.05, 0.08, 0.38]^T$
$=0.9392$

$$CR^{(n)}=\frac{\sum_{j=1}^{n}CI^{(i)}}{\sum_{i=1}^{n}RI^{(2)}}=\frac{0.0587+0.002\,28+0.0459}{0.9+0.2668+0.9}=0.05<0.1$$

由此可知，整个指标通过了一致性检验，说明我们对指标体系所赋的权重是合理的。由此，可以得出高校教学科研人员绩效考评指标权重值，如表6-19所示。

表 6-19 高校教学科研人员绩效考评指标权重值

一级指标	权重值	二级指标	权重值	三级指标	权重值
能力素质	0.08	自身素质	0.02	思想道德素质	0.01
				职业素质	0.005
				文化素质	0.003
				身体素质	0.002

续表

一级指标	权重值	二级指标	权重值	三级指标	权重值
能力素质	0.08	基本能力	0.06	口头表达能力	0.014
				书面表达能力	0.014
				信息素养	0.005
				专业技能	0.016
				创新能力	0.008
				心理承受能力	0.004
工作环境	0.13	个人发展	0.1	科研环境	0.009
				培训进修	0.073
				晋升机会	0.018
		组织文化	0.01	领导关系	0.001
				同事关系	0.001
				组织承诺	0.007
		薪酬福利	0.02	薪酬待遇	0.015
				住房环境	0.004
				三险保障	0.002
工作过程	0.33	工作态度	0.18	纪律性	0.041
				责任心	0.124
				合作精神	0.014
		教学过程	0.1	教学目标	0.019
				教学内容	0.019
				教学策略	0.052
				教学评价	0.01
		科研过程	0.05	学术交流	0.037
				阶段性成果	0.009
				课题进展情况	0.005
工作业绩	0.46	工作成效	0.08	获奖情况	0.058
				经济效益	0.007
				社会效益	0.014
		工作量	0.38	教学工作量	0.121
				指导毕业论文	0.087
				指导毕业实习	0.068
				学术论文	0.053
				著作教材	0.027
				科研项目	0.015
				发明专利	0.008

注：表内二级指标权重值根据三级指标权重值之和以四舍五入方式得出。

第六节　确定考评主体信度的权重

信度主要是指测量结果的可靠性、一致性和稳定性，即测验结果是否反映了被测者的稳定的、一贯性的真实特征。信度只受随机误差的影响，随机误差越大，信度越低。因此，信度可以视为测试结果受随机误差影响的程度。系统误差产生恒定效应，不影响信度。

对高校教学科研人员的考评，其评价主体主要有上级、同事、自我（本人）、下级以及学生。对考评主体信度权重的确定主要采用360度绩效反馈考评法和层次分析法相结合的方式，360度绩效反馈考评法通过全方位，多角度考评，使收集到的信息更加全面、客观和准确，但是各个考评主体的自身素质、能力以及对考评对象的客观了解程度都不尽相同，所以考评主体的权威性都是不同的，为此我们又利用层次分析法进一步确定考评主体权重大小和信度的有效性。

本节依然利用层次分析法从考评主体的态度、对考评对象的了解程度、对考评指标标度的把握度、考评主体的知识广度等四个方面，确定考评主体的信度权重。按照上述层次分析法的原理和步骤对各评价主体进行信度权重确定，得出各评价主体（上级、同事、自我、下级以及学生）的信度权重分别为0.51，0.23，0.14，0.04，0.08，如表6-20所示。

表 6-20　评价主体信度权重值

主体	上级	同事	自我	下级	学生	ω	一致性检验
上级	1	3	5	9	7	0.51	$\lambda_{max}=5.08$ CI=0.02 CR=0.018< 0.1
同事	1/3	1	2	5	3	0.23	
自我	1/5	1/2	1	3	2	0.14	
下级	1/9	1/5	1/3	1	1/2	0.04	
学生	1/7	1/3	1/2	2	1	0.08	

第七章

××高校教学科研人员绩效考评案例分析

随着经济的发展和科学技术的日益进步，作为人力资源管理核心组成的绩效考评，越来越受到人们的青睐。时至今日，绩效考评不仅在企业的人事管理部门发挥着巨大的作用，而且进入了各大高校，其结果直接影响着高校教学科研人员的薪酬调整、奖金发放、职务晋升等，并且成为高校人事管理的重要组成部分。为此，本章利用我国教学科研人员绩效考评体系和绩效考评管理系统对××高校教学科研人员进行年度绩效考评[①]，以此检测我国教学科研人员绩效考评体系的适应性、可操作性以及存在的问题。

第一节　××高校教学科研人员绩效考评现状

一、××高校简介

××高校是一所全日制本科学校，创建于1958年，建校50多年来，始终坚持“育人为本、崇尚学术”的办学理念，坚持师范教育为主、全面发展的办学思路，已经为社会输送了各类人才10万余名，为某省的教育事业和经济、社会发展作出了重要贡献。

学校现有全日制本、专科生和研究生近20 000人；有20个学院，27个研究所（中心），1个省级高等学校人文社科重点研究基地，1个省级重点实验室，7个省级重点建设学科；有涉及9大学科门类的47个本科专业，62个

① 李志河：《基于Web的高校教师绩效考评系统的研究》，《电化教育研究》，2011年第11期，第59～63页。

硕士学位授权点和2个博士学位授权点，教学科研设施完善；形成了大学本、专科生与硕士、博士研究生培养相承接的多层次、高规格的人才培养体系。①

学校贯彻德育为先、全面发展的方针，党建和思想政治工作成绩显著，先后获“全国师德师风建设先进单位”、“某省文明单位”、“某省德育示范学校”、“某省思想政治工作先进集体”等荣誉称号。

二、××高校绩效考评现状

改革开放以来，我国一直对高校教学科研人员绩效考评进行积极的探索和研究，并取得了一定的成果，但是由于我国对绩效的研究起步较晚以及绩效考评本身的难度，尽管绩效考评在××高校已经实施了很长时间，但没有一个科学完善的绩效考评制度，并且一个考评体系很难在任何企业以及任何学校完全适用，在以往的实施中还是存在很多问题。

1. 没有科学完善的绩效考评指标体系

为了进行有效的绩效考评，必须有一套明确的指标体系。然而，在××高校的绩效考评中，指标体系仍然是通过“德、能、勤、绩”四个方面对教学科研人员的绩效进行考评，脱离了学校的实际情况，没有根据自身的特点设计适合学校的指标体系。另外，指标体系的动态性不强，不能根据学校运行的实际情况作出及时的调整。

2. 可操作性不强

该校在进行绩效考评时，仍然采用表格打分、手工统计汇总的形式，统计工作费时耗力，效率很低。因此，我们有必要采用先进的科学技术手段，使评估网络化、数据处理自动化，这样才能更好地提高高校绩效考评工作的效率。

3. 考评目的不明确

在高校开展绩效考评，其最终目的是通过对教学科研人员进行全面综合的考评，让他们了解自己的优点和不足，改善他们的工作表现，充分发挥他们的潜能和积极性，以促进教师的专业发展，实现学校的战略目标。

4. 反馈机制不完备

××高校在进行绩效考评时，虽然会将考评的结果反馈给员工，但是很少

① 李志河、吴峰丽、张生太等：《××高校教学科研人员绩效考评案例研究》，《现代教育技术》，2009年第8期，第16～20页。

有考评者会就考评结果与考评对象进行面对面的交流，指出其存在的问题，只是将考评结果直接作为薪酬调整、奖金发放、职务晋升的依据。这样的绩效考评明显缺乏反馈，起不到应有的激励作用，不能促进学校整体绩效的提高。

第二节　××高校绩效考评的实施

绩效考评系统具体的应用和实施也是决定其是否能真正发挥作用的关键环节。我国教学科研人员绩效考评体系构建完成后，经过多次讨论、征求专家意见、多次修改后定稿。为了保证绩效考评的顺利实施，我们还需要考虑考评目标、考评主体以及研究方法等因素。

一、考评目标

考评的目的不是单纯地评出名次及优劣的程度，更重要的是引导和鼓励被考评对象向正确的方向和目标发展。通过教学科研人员绩效考评，特别是通过学生考评，让教师了解到自己在教学中的优势和不足，并及时加以改正；通过教学科研人员绩效考评，尤其是通过领导考评表、同事考评表和自我考评表的对比，了解自我价值判断和他人判断存在的差距，更为全面和准确地认识自我，完善自我。

高校的人力资源管理部门通过进行教学科研人员绩效考评，可以提高管理的效率和工作的质量，可以帮助教学科研人员提高工作的效率，谋求发展。另外，通过教学科研人员的主动参与，了解组织对自己的期望，同时表达自己对组织的希望，两者相互协调。

二、考评指标体系的构建

通过对高校原有绩效考评体系的分析，探究其存在的问题，在借鉴企业应用绩效考评的经验基础上，我们确定了高校教学科研人员绩效考评体系设计的基本思路：以能力素质、工作环境、工作过程、工作业绩为主线，运用360度绩效考评，即由考评对象的上级、同事、自身、学生或者客户对其进行考评，将定性考评与定量考评相结合。这种模式摆脱了传统的“德、能、勤、绩”的考评模式，能够更加科学合理地对高校教学科研人员进行绩效考评。

高校教学科研人员绩效考评的指标体系注重对过程的研究，将能力素质、工作环境、工作过程和工作业绩等四个方面有机结合起来，形成了一套三级指标体系。其中一级指标 4 个，分别为能力素质、工作环境、工作过程及工作业绩；二级指标 10 个；三级指标 39 个。[①]

在确定了高校教学科研人员绩效考评的指标体系后，我们着重运用层次分析法对该指标体系的每个指标进行权重赋值；运用 360 度绩效考评方法对考评对象进行考评。由于不同的考评主体的自身能力素质以及对考评对象的了解不尽相同，所以考评主体的权威性是不同的，我们同样运用层次分析法对各考评主体进行了可信度权重确定。

三、考评主体

为了避免由于考评主体的单一性造成考评结果不公平，我们采用了 360 度绩效考评，即由考评对象的上级、下级、同事、客户以及自己进行考评，使得考评的主体更为全面。不同的考评者可以从不同的角度对考评对象进行考评，信息来源渠道多元化，使得考评结果可信度更高。[②]

1. 领导考评

领导考评主要是指考评对象的直接上级，上级比较熟悉本单位被考评教师的综合情况，也对考评对象的工作比较了解，便于对考评对象进行综合比较和平衡，提出比较客观的意见。

2. 同事考评

同事通常与考评对象一起工作，对考评对象的各方面都有一定的了解，基本能够对考评对象作出较为客观、准确的考评；但也易受感情左右，使考评流于片面。

3. 学生考评

教师的服务对象是学生，学生不仅可以对教师的教学工作进行考评，还可以对教师的敬业精神、责任心、教学态度等进行考评。在进行学生考评后，

① 李志河：《我国高校教学科研人员绩效考评体系研究》，教育部人文社科青年基金（项目编号：06JC880009）研究报告，2010 年 4 月。

② 李志河、吴峰丽、张生太等：《××高校教学科研人员绩效考评案例研究》，《现代教育技术》，2009 年第 8 期，第 16～20 页。

可以及时向教师提供反馈，促使教师改进自己的工作。

4. 自我考评

自我考评在 360 度绩效考评中占有重要的地位，通过客观、准确的自我考评，教师能够清醒地看到自己的优点和不足，提高教学技能，促进自身的专业发展。

针对不同的考评主体，设计相应的考评表，考评主体只需填写相应的考评表，即可对考评对象进行考评。

四、考评方法

对于××高校实施的绩效考评，首先依据绩效考评体系指标的需要，采用问卷调研法和简单随机抽样的方式对相关指标及其权重进行必要的调研和修订，以此获得与该高校人事考评现状相适应的绩效考评体系。

1. 问卷调查法

问卷调查法，亦称“书面调查法”，或称“填表法”，是用书面形式间接搜集研究材料的一种调查手段，是通过向调查者发出简明扼要的征询单（表），请示填写对有关问题的意见和建议来间接获得材料和信息的一种方法。问卷一般有三种形式：①报刊问卷。在报纸或刊物上公布调查表、号召读者作出书面问答，并指定地址寄回答案。②邮寄问卷。把已印好的调查表寄给一定类型的对象，并请他们填写答案后寄回调查表。③发送问卷，由研究人员把调查表发给集中在一处的一群调查对象，要求他们当场填写后直接收回。

2. 简单随机抽样

简单随机抽样，也叫纯随机抽样，就是从总体中不加任何分组、划类、排队等，完全随机地抽取调查单位。特点是：每个样本单位被抽中的概率相等，样本的每个单位完全独立，彼此间无一定的关联性和排斥性。简单随机抽样是其他各种抽样形式的基础。通常只是在总体单位之间差异程度较小和数目较少时，才采用这种方法。

3. 统计法

通过观察、测验、调查、实验，把得到的大量数据材料进行统计分类，以求得对研究的教育现象作出数量分析的结果。这是数理统计方法在教育方面的应用。在教育实际工作中，经常使用描述统计研究情况，如整理实验或调查来的大量数据，找出这些数据分布的特征，计算集中趋势、离中趋势或相关系数等，将大量数据简缩，找出其中所传递的信息；还可以进一步使用推断统计法，即利用描述统计取得的信息，通过局部去推断全局的情况。

第三节 数据统计与分析

对××高校教学科研人员进行的年度绩效考评，采用网络化绩效考评管理系统，实施网络环境下的考评。由于教学科研人员的工作性质不同，还可以进行更为具体的分类，但由于我们的研究精力和研究范围所限，在本案例中的教学科研人员，是指既从事教学又从事科研工作，以教学为主的高校教师。

依据该校人事处、科技处和教务处相关数据可知，该校共有教学科研人员 1200 名。根据其职称的不同，可以分为四类，其中教授 132 名，副教授 384 名，讲师 432 名，助教 252 名。我们对各类职称的教学科研人员进行随机抽样，抽取 10%作为样本，统计结果如图 7-1 所示。

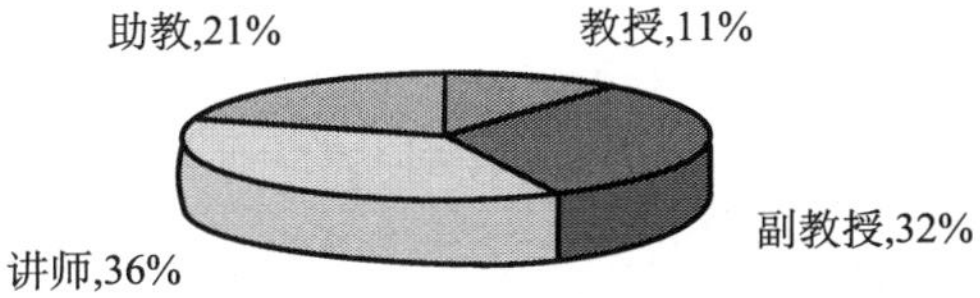

图 7-1 不同职称教学科研人员占总体的百分比

在此之前，该校对教学科研人员的绩效考评只包括两个方面：学生对教师的考评和科研业绩。我们将新设计的绩效考评的指标体系和考评表运用于该校，对搜集的数据进行统计，并从以下三个方面与旧的考评体系进行对比。

一、考评主体

学生对教师的考评在每学期末进行，学生在教务处主页通过自己的用户名和密码进入学生选课系统，选择教师进行考评，对本学期的任课教师进行考评。

在考评表中，考评格次划分为四级：完全同意、同意、基本同意、不同意。为方便与新的考评体系进行对比，可以将以上四级分别对应四个分值：

4、3、2、1。该考评表设置了18个问题，对应9个指标，考评对象按职称可以分为四类：教授（包括研究员）、副教授（包括副研究员）、讲师（包括助理研究员）、助教。使用该考评表进行考评的统计结果如表7-1所示。

表7-1　学生对各类职称教学科研人员考评结果

职称	教授	副教授	讲师	助教
考评结果	68.5	63.7	57.4	50.5

注：该表中的分数取得均为平均值。

由表7-1中的数据可知，随着职称的不断提高，考评对象的分数也不断提高。学生对教师进行考评，只能对师德以及涉及教学方面进行考评，对同事关系、领导关系、组织承诺等指标无法作出考评。另外，由于学生的自身素质、能力的限制，对教师的考评在某种程度上可能不够客观准确。

我们将新的绩效考评的指标体系运用于该校，即对个人的考评要综合考虑领导考评、同事考评、学生考评和自我考评，然后根据各类考评主体的权重，计算最后得分。分数计算时，由得分乘以其对应的指标权重的分数之和，然后计算职称相同的人的平均分。最后的数据统计结果如表7-2所示。

表7-2　不同考评主体对不同职称教学科研人员的考评结果

职称	领导（0.51）	同事（0.23）	学生（0.12）	自己（0.14）	总分
教授	1.939	1.513	1.069	1.704	1.703 72
副教授	2.077	1.650	0.988	1.639	1.786 79
讲师	1.962	1.573	0.977	1.528	1.693 57
助教	1.912	1.658	0.949	1.248	1.645 06

注：括号中的数字表示各考评主体的权重。

从表7-2中的数据可以看出，教授的领导关系、同事关系的得分较低，分析其原因，可能是因为教授一般都有自己的科研场所，科研项目较多，与领导、同事相处的时间比较少，彼此之间没有深入的了解。在同事考评中，助教的得分是最高的，可能是因为他们刚刚参加工作不久，工作热情较高，乐于助人，与同事相处得比较融洽。

学生对教师的考评仍然是随着教师职称的提高，学生考评分数也不断提高。职称高的教师，知识底蕴比较深厚，有着丰富的教学经验，比年轻教师能更好地把握教学内容，课堂驾驭能力也比较强，能更好地传递教学内容，促进学生学习。

在自我考评中，教师对自己的考评均比较客观，基本上能够正确地认识自己，了解自己。只有职称是助教的教师自我考评分值偏低，分析其原因，可能是因为这些教师刚刚参加工作，面对许多有资历的教师，明显缺乏自信。从学校长远发展角度来看，我们应该加强对职称较低的教师自信心和自我效能的培养。

通过以上的分析对比可知：新的考评指标体系能够更加全面地考评一个人；另外，采用360度绩效考评，不同的考评者能够从不同方面对教学科研人员作出评价，使得数据来源更为科学、全面和合理，从而能够更好地进行考评。

二、工作环境对教师绩效的影响

目前，在我国的绩效考评中，大多数事业单位及用人单位都是通过“德、能、勤、绩”四个方面对员工加以绩效考评，很少考虑到工作环境对教师整体工作绩效的影响。在高校教学科研人员绩效考评的指标体系中，一级指标的第二项即为工作环境。为了突出工作环境对其他指标的影响，我们将考评对象分为A、B两个组进行对照，其分组标准是：自我考评的9、10、14题涉及工作环境，三题之和最高分是15分，最低为3分。我们以9分为界，低于9分的我们认为其对工作环境不满意，高于9分的我们认为其对工作环境基本满意，分别设为A、B组，其考评结果如表7-3所示。[①]

表7-3 工作环境对教学科研人员绩效影响的考评表

考评者	教授		副教授		讲师		助教	
	A组	B组	A组	B组	A组	B组	A组	B组
领导	1.901	2.018	2.021	2.134	1.935	1.988	1.893	1.958
同事	1.487	1.541	1.597	1.683	1.542	1.602	1.612	1.689
学生	1.024	1.102	0.919	1.037	0.941	1.021	0.913	0.978

从表9-3中的数据可以很明显地看出：B组的各项分数都明显高于A组，说明考评对象对工作环境的满意度对其工作绩效有很大的影响。B组的教学科研人员对工作环境基本满意，工作热情、积极性都比较高，对工作的态度也比较主动，最后的绩效考评得分也较高。为此，学校应该为教学科研人员提供良好的工作环境，激发其工作的主动性和积极性，从而有效地促进教学科研人员的专业发展，提高其工作绩效，实现学校发展的战略目标。

三、对工作业绩的考评

由于教学业绩容易量化，各类职称人员以学校规定的最低教学工作量为基准。低于或者高于该基准则依据其他表现进行奖惩处理。该校对教学科研

① 李志河：《我国高校教学科研人员绩效考评体系研究》，教育部人文社科青年基金（项目编号：06JC880009）研究报告，2010年4月。

人员业绩的考评主要是关于科研的业绩考评，关于科研业绩考评制定了详细的管理办法和细则，基本能够从各方面对教学科研人员的业绩作出量化，使用该校的业绩考评表进行考评的结果如表 7-4 所示。

表 7-4　对不同职称教学科研人员工作业绩的考评结果

职称	教授	副教授	讲师	助教
平均分	93.6	85.3	80.2	73.7

从表 7-4 中的统计结果可知：随着职称的不断提高，工作业绩的分数也在不断提高。教授、副教授的分数较高，主要是因为其参加工作后，经过一定的时间积累，教学科研水平不断提高，作出的成绩也不断增加；而刚刚工作不久的助教，还处在转型时期，工作经验较为缺乏，可能会将大部分时间投入教学，努力提高自己的教学水平，对科研的关注比较少，因此，其相应的工作业绩分值会较低。

该绩效考评指标体系中的一级指标工作业绩，包括 2 个二级指标、10 个三级指标，并对各指标赋予了相应的权重值。本研究认为该校关于工作业绩的考核基本可行，只需要在原来的基础上在计算时将各部分内容先乘以其对应的权重，再计算它们的和。

第四节　绩效考评效果分析

一、××高校绩效考评的成功之处

××高校采用包括能力素质、工作环境、工作过程、工作业绩四个部分的绩效考评体系，并利用网络化的绩效考评管理系统对该校教学科研人员的年度考核。其考评结果和效果表明该套指标体系基本实现了“科学、高效、易操作”的目标，并对该校人事管理和工作绩效激励具有很大的提升作用。总体来说，该案例研究主要有以下特点。

1. 全面性

高校教学科研人员绩效考评体系是以一个人必备的基本能力素质为基础，以其工作环境为场所，将必备的专业技能渗透在工作过程中进行考察，并最终表现在工作业绩上。该考评体系以工作流程为主线，能够从宏观上把握并较为准确地进行考评，而不会使得只考评其中的某些方面导致考评结果有失偏颇。通过将网络化的绩效考评管理系统运用于××高校的人力资源管理和教学科研人员的年度考核。可以看出，该指标体系能够较为全面地考评××高校教学科研人员，真实地反映出他们的工作效能和现状。

2. 具体性

该指标体系设置了能力素质、工作环境、工作过程以及工作业绩等 4 个一级指标。在这 4 个一级指标的基础上，对各一级指标要素包含的指标进一步细化为自身素质、基本能力、个人发展、组织文化、薪酬福利、工作态度、教学过程、科研过程、工作成效、工作量等 10 个二级指标，并进一步细化为 39 个三级指标。每个三级指标都是具体的，不可再分的，具有原子性。对每一个三级指标，我们设置了学生考评表、同事考评表、领导考评表、自我考评表，方便了人们进行考评，并且避免了对一些可以量化的行为主观加以判断的问题。

3. 科学性

在设计指标体系时，将最初设计的指标设计问卷进行专家访谈，并通过反复论证，确定各指标的相关系数，相关度小的指标认为其不太合理，对其进行了调整，在设计上尽量做到规范、合理。在××学校的实施中也证明了这一点，运用该指标体系并结合 360 度绩效考评，最后实施的结果以及个人在各部分的分数都与实际情况相符，充分说明了我们的指标体系在设计上是较为科学的。

4. 独立性

由于我们是以工作流程作为主线的，各个指标的模块化程度都比较高，从而避免了设立的考评指标在同一层次上的重复，各指标的独立性都比较高。

5. 可操作性

由于我们使用的是 360 度绩效考评，涉及考评对象的上级、下级、同事、考评对象本人等，在高校中，学生是一个庞大的集体，从而导致考评者人数很多，如果进行问卷调查，后期统计的工作量很大，而且统计也比较粗略。

我们设计的指标体系通过软件程序化，全部考评过程都通过绩效考评软件进行，每个人通过登录界面以自己的身份登录后，选择相应的考评对象，进入相应的考评表进行考评，考评表中的每个问题都是针对具体的指标而设计的。绩效考评软件和数据库链接，所有的数据最后通过数据库进行汇总。因此，总的来讲，所需数据易于采集和计算，减轻了工作量，可操作性较高，同时也使考评的结果更加科学、准确。

二、××高校绩效考评的不足

虽然绩效考评体系与旧的考评相比，已经有了很大的改进，但同时也不能因此忽略它的不足之处。笔者认为，新的绩效考评在以下几个方面还有待进一步完善。

1. 某些指标设置不合理

指标体系的一级指标第一项即为自身素质，在其二级指标自身素质中包含了一项身体素质，自身素质作为考评一个人绩效的指标，本来是必要的、基础的，一个人只有具备了好的身体才能更加努力地工作，从而提高绩效。然而在高校中，有些教学科研人员为了学校的发展，为了教育事业，鞠躬尽瘁，投入了毕生的精力，由于工作过度等原因，身体素质较差，在实际的考评中，却要得低分，有失公平。

为了保证指标的全面性，我们保留了身体素质这一指标，在权重设置时，将其权重的分值设置得很低，基本不会对其分值产生较大的影响，以显示公平性。

2. 一些关键指标没有充分体现出来

随着科学技术的发展，企业和用人单位更加注重员工的实际动手能力、操作能力，很多用人单位在招聘时都打出了有×年以上工作经验的要求，正是体现了这一点。该指标体系恰恰忽略了这一点，对教师专业技能的考察渗透于教学过程中，而实际的运用能力很难通过教学目标、教学内容、教学策略以及教学考评等几个方面体现出来。由于指标体系忽视这方面的考察，很可能导致教师忽略对学生这方面能力的培养，学生学到的知识理论性太强，缺乏实际的运用能力，与社会需求严重脱节。

在进一步对指标体系进行完善时，考虑到在教学过程中加入能力会破坏流程的完整性，于是在基本能力中加入一项指标“注重培养学生的实践能力”，使得考核更加全面。

3. 某些指标定位片面

创新是一个国家进步的灵魂，是一个国家兴旺发达的不竭动力。在科学技术日益发展的今天，创新扮演着越来越重要的作用，“有创意”成了一道“招牌菜”。在我们的指标体系中，基本能力中包含了创新能力这一项，它主要是指教师在原有的知识基础上创造新思路、新方案、新措施的能力，通过实际的运用，我们发现这一指标的定位片面，它只强调了教师是否注重创新，而没有体现出他是否注重对学生创新能力的培养。

教师的教学活动主要服务于学生，教师这一行业的特殊性决定了学生的能力及成果也是其业绩的一个方面，因此，我们对创新能力这一指标进行了重新定位，不仅包括在原有的知识基础上创造新思路、新方案、新措施的能力，还包括了对学生创新能力的培养。

三、××高校教学科研人员绩效考评反思

本章通过调查分析××高校教学科研人员绩效考评现状，找出了原考评体系存在的问题，并将我国教学科研人员绩效考评指标体系运用于该校的教学科研人员年度绩效考评中，进行数据分析和对比研究，结果表明，该指标体系有利于高校人力资源管理科学化，有利于教学科研人员的专业发展和绩效激励。

1. 高校人力资源管理

该校人力资源管理部门对绩效考评的结果进行了分析，并对参与考评的教学科研人员进行激励。激励主要从两个方面进行：对于在考评中成绩优秀的教师，一方面，在物质上给予一定的奖励，增加工资，提升岗位级别，改善工作和生活条件；另一方面，该校对优秀教师委以重任、量才授职，增强教师的荣誉感，激发其事业心和努力工作的积极性。另外，对于绩效考评工作成绩较低的教学科研人员，该校会将绩效考评的结果反馈给各学院，由学院的直接领导与他们谈话，分析其工作中存在的问题，并帮助他们努力改进，提高绩效，促进发展。

通过这样的绩效考评与激励，××高校真正实现了事得其人，人适其事，人事相宜，并且每个岗位的教师都能够人尽其才，才尽其用，极大地促进该校的进一步发展。从该校的案例中我们可以看出：首先，学校应该为教学科研人员提供较好的工作环境，以便他们能够积极投入工作，促进绩效的提高；其次，学校应该加强对新教师职业技能的培训、自信心的培养，帮助他们顺利地完成转变，尽快成为一名专家教师；再次，要鼓励职称较低的教师积极

进行科研工作，使教学与科研相辅相成，促进自身的发展。以上措施，对提升高校人力资源管理水平和综合效益、促进高校的发展具有重要意义。

2. 个人发展

该校对教学科研人员进行激励时，首先让教师明了自身的发展目标，并在此基础上制定与组织目标相一致的个人目标。通过合理的绩效考评，可以使个人目标与组织目标达到一致，更好地促进个人的专业发展，提供给员工一个自我考评和提升的机会。绩效考评后及时反馈，可以使教学科研人员了解自己的优势和不足，促进自身的不断改进。

总之，××高校的绩效考评工作取得了很大的成功，它推动了该校整体人力资源管理水平和总体绩效的提高，对于那些仍然以传统的“德、能、勤、绩”考评模式进行绩效考评的高校，具有一定的借鉴意义。然而，新的绩效考评体系还需要在实施的过程中进一步完善。因此，在我国高校建立一个科学有效的绩效考评体系并不是一蹴而就的事情，需要在考虑学校各方面实际情况的基础上，制定切实可行的绩效考评制度，设计合适的绩效考评指标和权重，建立具有高校特色的绩效考评体系，并且需要在实施的过程中持续地加以修改和完善，以适应高校的不断变化和发展的形势。

第八章

绩效考评结果应用及问题对策

第一节　绩效考评误差

绩效考评过程中难免出现各种问题，如考评指标不完整、考评过程不严格等问题，而使得考评结果出现一定的偏差。

一、考评标准误差

当前的人事考评标准统一化就是用一把尺子、一个标准衡量和要求所有的人，这样不仅难以反映工作实际，而且不尽合理，容易挫伤一部分教学科研人员的积极性。

但如果绩效考评标准不清晰、考评指标统一化和考评方法不一致，则会造成考评结果区分度不大，效度不够，最终考评结果将失去考评信度。特别是在多种考评方式交叉时，稍有差错，便会造成考评方法不一致，从而导致考评不全面、非客观公正的判断，很难使考评对象对考评结果信服。

二、考评方式误差

当前的人事考核主要通过纸质表格的方式进行考核，这样既浪费时间、消耗统计和整理的精力，而且很容易出现考评偏差。如果对于不同类别的教学科研人员采用不同的考评标准，那么考评后的分类整理就很烦琐，也难免不出现误差。

三、晕轮效应误差

教学科研人员的绩效考评是由考评主体具体考评的。在实际操作过程中，由于考评主体的个性特征（如个性、态度、智力、价值观和情绪与心境等），或者由于考评对象某一方面特好或特差而过高或过低评价，从而给绩效考评工作带来一些负面影响，这种考评主体对考评对象的某些工作表现（好的或坏的）过分注重，乃至以点带面、以偏概全的现象，即晕轮效应。特别是，在考评那些没有量化标准的指标维度时，晕轮效应会表现得尤为明显。

四、暗示效应误差

暗示效应是指考评主体在领导或权威人士的暗示和授意下，改变自己的观点和选择，失去原则地进行考评，从而造成考评误差，导致考评结果不准确的问题。例如，在考评之前，领导或者老师找学生谈话，通过暗示的方式让考评对象听从。

五、感情效应误差

考评主体在考评时，往往由于对考评主题的主观影响，而造成考评结果的误差。考评者往往根据与考评对象的关系来确定考评分值，而这种影响有时是不自觉的。例如，某位学生比较喜欢某位老师的讲课风格，那么在考评时必然会将考评分值提高；而如果考评对象平时要求较多，甚至与考评主体有过不快，都将导致考评结果。

第二节 绩效考评结果应用

在教育管理领域，绩效考评是教育评价的一种。长期以来，无论是传统的人事考评，还是绩效考评，基本上发挥了其鉴定和选择功能，而绩效激励与工作改进功能长期得不到很好的发挥，考评结果很难获得很高的可信度，考评成为一种摆设，一个花瓶。与此同时，人们逐渐认识到，绩效考评实施得成功与否，关键在于绩效考评结果如何应用。很多绩效考评的实施未能成功，其主要原因也是没有处理好绩效考评结果应用中的问题。

从学校组织层面来看，绩效考评结果可以应用在学校的组织目标建立上；而从个人工作成效层面来看，绩效考评结果可以用于教学科研人员工作业绩考评。更重要的是，让学校和教学科研人员了解到比较高的绩效或比较差的绩效原因是什么。学校人事管理部门的绩效考评结果可以用于岗位聘任、职位晋升、绩效奖惩等；绩效结果还对确定教学科研人员目前缺乏的某些工作能力或者对其职业发展的有效性具有一定的指导作用。

一、学校组织层面的绩效考评结果应用

学校作为一个组织单位，具有一定的组织目标和发展方向，其有效组成人员主要是教学科研人员、学生以及其他相关人员。教学科研人员作为学校组织的主体之一，其整体和个体素质，反映了学校组织的整体素质，也同时决定了学校组织的发展潜力和组织目标的实施。

1）学校组织依照教学科研人员绩效考评结果，可以较为准确地制定切实可行的中长期发展目标和规划，也可以动态地了解到教学科研人员的能力水平、结构变化等。

2）学校组织依照教学科研人员绩效考评结果，动态实施教学科研人员职务聘任制度。近几年来，适应国际化发展的趋势，我国加快事业单位人员的聘任制度建设。学校依据科学合理的考评结果进一步规范教学科研人员的岗位聘任制度，从而可以有效提升教学科研人员个体和整体的工作成效。

3）学校组织依照教学科研人员绩效考评结果，将那些优秀的教学科研人员酌情提升到合适的岗位上，并在职称评审等方面给予一定的政策倾斜；而对于考评不合格的人员，则在其职务变动、职称评审等方面给予较为严格的处罚，如取消当年申报专业技术职务资格或者根据不同情况可予以解除职务、高职低聘、或者取消当年度行政职务晋升资格，等等。

4）学校组织依照教学科研人员绩效考评结果，可以为教学科研人员的培训、培养以及人才引进提供第一手材料。通过绩效考评结果，学校可以较为全面地了解当前本单位教学科研人员的个体和整体能力素质、工作状态等，以此为准，设计切实可行、有针对性的培训和培养计划。一个科学、准确的考评结果，可以帮助学校明确教学科研人员工作状况、年龄分布、学历分布以及各类教学科研人员的绩效能力等，以此为基础，按照岗位能力以及学历等方面的要求，制订一个切实可行的人才引进方案，从而避免盲目进人、不尽其才的问题。

二、个人层面的绩效考评结果应用

对教学科研人员来说，绩效考评不仅是一般工作考评，也是体现个人能力素质的一种方式。绩效考评的结果主要体现在正向激励上，通过考评找到自己与别人的差距，找到自己与考评的基本标准的差距。因此，对于教学科研人员来说，通过考评可以认识到自己的长处和不足，从而为自己今后的发

展找到方向和目标。

1）绩效考评的目的在于激励，以此激活教学科研人员的工作积极性。通过有效的绩效激励，不仅让教学科研人员获得物质奖励，而且在个人发展、职位提升等方面有更加明确的奋斗目标。

2）绩效考评结果会影响教学科研人员的工作效能。工作效能一般包括两个方面：一方面是指教学科研人员从事某项工作的能力、效率和水平；另一方面是指教学科研人员在工作岗位上所获得的幸福感、满足感和自信心。科学合理的绩效考评结果不仅能真实反映教学科研人员的工作成效和能力，而且也使得他们从工作中获得一定的自信和满足感，从而有利于教学科研人员的个人发展。相反，如果绩效考评结果不合理或者没有真实评价教学科研人员的工作成效，就会打击他们的工作积极性。

3）优秀绩效考评结果一定会有助于教学科研人员的发展。当前的人事聘任制度强调教学科研人员需要在教学、科研等多个方面有所成就。通过绩效考评，可以让教学科研人员明确个人的工作任务和职责，从而有利于个人专业职务提升和岗位聘任等。

第三节　绩效考评对职业生涯规划的影响

一、职业生涯规划的含义

职业生涯规划就是对职业生涯乃至人生进行持续的、系统的、计划的过程职业生涯规划。它是指将个人发展与组织发展相结合，对决定一个人职业生涯的主客观因素进行分析、总结和测定，确定一个人的事业奋斗目标，并选择实现这一事业目标的职业，编制相应的工作、教育和培训的行动计划，对每一步骤的时间、顺序和方向作出合理的安排。

依据时间可以划分为短期规划、中期规划、长期规划和人生规划，其中短期规划一般为5年以内，主要是确定近期目标，规划近期完成的任务；中期规划，一般为5～10年，规划3～5年内的目标与任务；长期规划，其规划时间是10～20年以上，主要设定较长远的目标；而人生规划，则是对整个职业生涯的规划，时间跨度可达40年左右，其规划的目的是确定整个人生的发展目标。

二、影响个人职业生涯发展的因素

1. 个人自身因素

个人的自身因素包括进取心与责任心、自信心、自我表现认识、自我表现调节以及情绪稳定性等。教学科研人员在职业生涯过程中特别注重工作本身带来的感受，例如，教学工作能否带来成就感、教学中能否收获快乐、教学是否能体现个人价值、能否带来自我实现等。绩效考评对高校教学科研人员个人自身因素的影响很大，通过进行高校绩效考评，在对教学科研人员的能力和工作成绩进行充分肯定的同时，极大地激发了教学科研人员的进取心和责任心，以及教学科研人员的自信心。而且，教学科研人员对自我表现的认识和自我表现的调节也会有充分的肯定。

2. 学校所提供的发展条件的因素

1）学校提供的工作环境的优良与否直接影响着教学科研人员的职业生涯发展规划。良好的环境会给教学科研人员一种家的温馨感觉，那么他的职业规划将会更长远一些，更清晰务实一些。相反，在环境相对差一些的学校中，往往教学科研人员授课任务重、待遇低、居住条件差，他们将逐渐感受到理想与现实的巨大差距，而在现实面前又显得无能为力，于是焦虑、压抑、迷茫接踵而来。这种现象会直接影响教学科研人员的职业发展规划。

2）教育政策也是影响高校教学科研人员职业规划的外在因素，学校教育政策可以很大程度上激发教学科研人员的工作热情，影响教学科研人员的工作态度，良好的、符合学校长远发展目标的教育政策会给教学科研人员提供一个充分施展自己才华的平台，增强了自信心和成就感，进而增强了对学校、学生的责任感，对教学科研人员自身职业的长远发展规划起着很重要的作用。

3）学校的文化氛围也相当重要，良好纯正的学校氛围会使教学科研人员保持健康的身心，以轻松愉悦的热情投入到学校教学工作中，对绩效的提升起着很大的促进作用，这也符合绩效考评当中“健”的考核标准。

3. 学校周围的社会环境所给予的支持和制约因素

教学科研人员对学校周围的社会环境、事件的敏感程度直接决定了他对信息的获取量，人有社会性，教学科研人员也不例外。所以社会环境的支持与否对教学科研人员自身的职业规划有重要影响。同时，社会对教学科研人员的接纳程度也决定着教学科研人员自身的发展，对其未来职业的规划有着很大的促进作用，而绩效考评会督促教学科研人员从“德、能、勤、绩、廉、健”各个维度完善提高自己，广泛被社会认可，增加对社会的影响力，这一方面是教学科研人员自身价值的体现，另一方面也是教学科研人员社会价值的体现。

三、高校教学科研人员职业生涯规划的特性

高校教学科研人员由于既要担负教学任务，还要进行科学研究，因此其职业生涯规划具有一定的特殊性，也面临很多挑战。绩效考评，可以让教学科研人员明确自己的个人能力，以及与其他人的差距等。

1. 可行性

高校教学科研人员职业规划要有事实依据，教学科研人员根据绩效考评结果制定自己的职业规划，既非美好幻想，也非低于自己能力或者不需任何努力就达到的目标。例如，教学科研人员不能把职业规划做成这样：一年内要完成质的飞越，一定要在教学上有大大突破，争取把全班学生的成绩都辅导成优秀，或是把极少数学生的成绩辅导成优秀，或者是申报多项高等级科研项目，等等。此种目标规划都是不可取的。我们必须按照个人的实际情况，比如教学能力、时间精力以及科研准备情况等，量力而行。

2. 适时性

高校教学科研人员职业规划是预测未来的行动，绩效考评的过程和结果可以帮助教学科研人员确定自己发展的目标，因此对于自己各项主要活动，在何时实施、何时完成，教学科研人员都应有时间和时序上的妥善安排，以作为检查自己行动的依据。例如，目前高校教学科研人员的职业规划没有很好地对未来进行一个预测，做什么事都显得有些盲目，所以就更谈不上规划了。教学科研人员通过参与绩效考评能明确自己的不足，然后确定自己的发展目标并付诸行动，在行动中妥善安排时间，反过来检验自己的行动。

3. 适应性

高校教学科研人员在规划未来的职业生涯目标时，必然会牵涉到多种可变因素，如自身因素、环境因素、社会因素。目前一些高校正好处于发展整合阶段，绩效考评未形成一个统一完善的标准，所以可变因素比较多，面对这种情况，教学科研人员必须要适应这些变化，了解和克服这些可变因素。所以，教学科研人员进行的职业规划必须有弹性，以增加其适应性。

4. 连续性

高校绩效考评各个维度可以帮助教学科研人员对自身职业规划的每个发展阶段，都能持续连贯性衔接和过渡，以增加规划的完整性和一贯性。目前高校教学科研人员的职业规划大多数是短期规划，没有长远的目标，这就出现一种现象，即阶段性的目标不能很好地连贯和衔接，所以，教学科研人员进行职业规划一定要注意目标的完整性和一贯性，而持续的绩效考评会有助于高校教学科研人员职业规划完整性和一贯性的设定，只有这样，职业目标才不会偏离自己设定的范围。

第四节　完善我国教学科研人员绩效考评对策

一、正确处理好三个关系

1. 教学和科研之间的关系

大学的本质在于其学术性，大学以人才培养为主线，是将其他学术活动联系起来的学术机构。① 中共中央总书记胡锦涛在清华大学百年校庆上讲到大学的职能有四个：一是人才培养，体现其教学性；二是科学研究，体现其学术性；三是社会服务，体现其社会责任性；四是传承文化，体现其媒介性。大学的最基本属性应该是人才培养。但是，当前我国高校受各种因素的影响，存在明显的重科研、轻教学及其他功能的发挥的现象，以致有悖于大学的本质。

当前，我国高校大致可以分为教学型大学、教学研究型大学、研究型大学以及综合型大学，各类大学要按照学校实际情况和发展规划，有的放矢地划分教学和科研的比重，且不可盲目地一边倒。很多高校为了追求科研创新和提升教学科研人员的科研能力，出现了全校搞科研的现象，学校上下无论是否有能力、有兴趣都必须搞科研。这不仅体现在工作的奖惩、职位的提升

① 谢爱群：《浅析当代大学理念困境之——批判与迎合之争》，《当代教育论坛》，2007 年第 7 期，第 34～35 页。

上，还体现在个人的荣誉上。但其实我们知道，高校的教学科研人员不一定都具备科研能力，一位在教学上有建树的老师，他的科研水平不一定具有同等水准，有时甚至很一般。J. H. 纽曼在《大学的理想》一书中这样写道："发现和教学是两种迥然不同的职能，需要迥然不同的才能，同一个人兼备这两种才能的情形并不常见。"[①] 因此，我们需要依据不同的岗位设置和要求，分类别，并采用不同的考评标准进行绩效考评，以免影响部分教学科研人员的积极性。

对于那些从事基础课程和公共课程的教学科研人员，其教学工作量非常繁重，科研训练的机会远少于其他类别的老师，那么这部分教学科研人员的科研成果及水平就应低于科研型或者教学科研型。而对于那些科研型或者教学科研并重的教学科研人员，其科研成果及水平要求要高一些，并且其教学工作量要适当地减免，以此实现高校教学科研人员教学和科研的平衡，融合灵活性和差异性，并且是基于教学科研人员的全面、可持续发展的"创造性契约"。[②]

2. 数量和质量之间的关系

德耶弗斯（Dreyfus）把教学科研人员的成长与发展分为五个阶段：新手阶段、优秀新手阶段、胜任阶段、熟练阶段、专家阶段。对于处于熟练阶段和专家阶段的那些相对成熟的教学科研人员，应该着重对科研成果和教学工作的质量的考评，而对于处于新手阶段、优秀新手阶段的教学科研人员，尤其是青年教学科研人员的考评，则应该以提高他们的工作技能和业务水平为主要目的。

解决当前绩效考评过程中的过分量化问题，需要处理好高校教学科研人员绩效考评的数量和质量的关系。当前高校在职称评审、职位升迁和岗位聘任等多个方面都注重科研数量和级别，突出表现在学术论文、科研项目以及成果奖励上。量化的考评方式导致重量轻质的现象，也成为目前学术浮躁的"催化剂"。过分量化的结果直接导致了我国高校以及学术界出现了论文、科研和专利泡沫化等现象。

因此，要解决绩效考评过分量化的问题，可以从以下几个方面进行改进，

① 徐辉：《一种内涵深刻的古典大学观》，《高等教育研究》，1992年第4期，第21～26页；J. H. 纽曼：《大学的理想（节本）》，浙江教育出版社，2001年。

② 赵静瑞：《我国高校教师绩效考评探究》，中国地质大学（北京）硕士学位论文，2009年。

以此处理好考评过程中的质量和数量的平衡关系。①在考评中要将成果的原创性、前沿性作为考评的核心指标，并且要始终贯穿于整个考评过程中。②重视同行专家的评议。当前，同行专家评议是评议学术成果的最基本手段。同行专家从专业的角度对考评对象成果的正确评价，对恰当考评考评对象具有重要的影响力。同行专家包括校内同行和校外同行，在绩效考评时，两者的考评权重要得到同样的重视，以此对考评对象有一个全面正确的考评。③树立正确的数量和质量观。在考评科研成果时不仅要重视其数量，更要重视同行专家的评审意见、获奖情况、引用率和转载率等，而不仅仅注重期刊级别、课题级别以及所获经费数量等。在考评教学时，不仅要有基本学时的要求，还需要了解其教学方法、教学效果以及教学改革成效等多个方面。另外，在考评的过程中坚持定性与定量考评的有机结合。

3. 行政权力和学术影响力之间的关系

我国长期受到传统思想和意识的影响，加上我国高校实行的行政性科层制，高校管理中带有明显的行政和官僚色彩。在我国当前的绩效考评中，行政权力高于学术影响力，忽视了教学科研人员作为高校主体之一的地位，降低了其参与性，教学科研人员的主导性不够。

高校教学科研人员既是考评对象，又是考评主体之一，要在考评中充分尊重高校教学科研人员的参与性和影响力。增强教学科研人员考评的自我参与意识。只有积极主动地参与考评过程，教学科研人员才可能正确对待考评过程，从而使考评更加客观，并获得一定的认可。在高校教学科研人员绩效考评实施过程中，高校行政管理部门要尊重并赋予教学科研人员相应的权利，并让教学科研人员参与绩效考评的各个环节。比如，考评标准的制定、考评指标体系的设定、权重的确定、结果的应用与反馈、网上考评及公示等。

二、采取适当的考评标准

无论是在考评准备阶段、考评实施阶段还是在考评结果公布阶段都要注重高校教学科研人员的职业特点，充分发挥他们的优势，克服劣势。每个教学科研人员的个性特点都不相同，我们要依据教学科研人员的工作特点和喜好，采取不同的考评标准，如有的教学科研人员内心细致，善于教学，他们的科研成果可能很少，但是千万不要小瞧他们在学生中的影响力；有的教学科研人员关注学术问题，喜欢深入钻研科研、扩展知识；还有些老师非常巧妙地将自己的科研和教学结合起来，工作做得有声有色。

三、根据考评结果制订教学科研人员的发展计划

考评的最终结果并不重要，重要的是通过绩效考评使被考评的教学科研人员认识到自己在工作中的缺点，懂得如何改进自己的工作。一方面，通过绩效考评寻找影响人事管理背后的因素，主要包括能力和知识因素，从而找出自身工作与教学要求之间的差距，并且根据差距来制订学习进修计划；另一方面，通过绩效考评对被考评教学科研人员的知识能力进行统一的综合评价，根据其专业发展的能力要求，找出现在具备的能力与专业发展所要求达到的能力之间的差距，根据差距制订针对本人的专业发展计划，从而使被考评教学科研人员的专业素质得到有效提升。

四、构建基于绩效的高校教学科研人员学习型组织

对高校教学科研人员绩效的考评必须要经常及时总结经验。高校要在激烈的竞争中立于不败之地，必须建立学习型组织或知识管理型组织，成为一个能熟练地创造、获取和传递知识的组织，同时也要善于修正自身的行为，以适应新的知识和见解。

通过组织学习，维持学校的可持续发展能力，促使高校中的教学科研人员不断产生新理念、新思路，达成共识，积极创新，并能在教学科研工作中及时作出相应的调整。学校可以通过绩效考评来收集教学科研人员成功或失败的案例，建立知识管理和共享的平台，引导教学科研人员共建学习型组织，使每一个教学科研人员的专业发展都建立在学校知识管理的平台上，从而缩短经验曲线，提升价值创造能力。

第九章

高校教学科研人员绩效考评管理系统

近年来，我国大多数高校都进行了以按需设岗、按岗聘任、以岗定薪、优绩优酬为主要内容的人事制度改革工作。[①] 教学科研人员业绩考核成为检查教学科研人员履行岗位职责情况、兑现岗位津贴、形成激励机制的一项必要而且关键的手段。如何建立一个科学的、符合我国高校发展需要的绩效考评系统，对于每个高校来说都是一个全新的课题。而目前大多数高校应用和实施的传统考评仍然存在很多问题，诸如考评主体单一、不同岗位的教学科研人员使用同一考评标准、考评指标无法及时更新、考评效率低下以及考评模块可移植性差等。因此，我们有必要在明确绩效考评的特点、高校教学科研人员特点以及教学科研人员绩效形成因素的基础上，设计和开发一个具有动态性、灵活性、高效性和适应性较强的网络化的教学科研人员绩效考评管理系统。

第一节　系统的特点

考虑到绩效管理工作的复杂性，系统的设计和开发遵循过程化和模块化的思想，尽量使教学科研人员绩效管理工作在绩效考评信息系统上完成，在减少工作量的同时，使系统能在一定程度上满足人事管理流程调整的需要。

该系统充分考虑了用户在考评时既是考评者同时又是被考评者的双重身份，并将学生作为评测主体之一直接放置在系统评测中，实现了 360 度绩效考评和管理过程。特别是在指标项目、考评模板、考评对象、考评类别、考评权重、考评结果等级、模块功能管理等方面具有很强的适应性，使得系统能够灵活地设置考评内容，从而提高了考评对象的针对性和考评结果的公正

① 庞鹤峰：《我国高校教师绩效评价研究现状初探》，《中国高校师资研究》，2006 年第 6 期，第 32～ 37 页。

性。另外，在系统开发过程中，采用动态数据实现技术、页面无刷新技术、智能搜索技术以及模块化程序设计，使系统具有良好的可扩展性和可移植性。因此，系统具有以下特点。

1. 遵循360度绩效考评方法

360度考评法指考评者（包括上级、下级、同事及被考评者本人），通过全方位、多角度考评，使收集到的信息更加全面、客观和准确。[①] 系统依据高校教学科研人员绩效考评的特点，考评主体包括上级领导、同事、学生以及教学科研人员本人。

2. 考评指标和权重动态管理

系统采用AJAX技术实现指标库的动态维护。管理员依据考评对象和岗位类别，调用和设置相应的考评指标及其权重，并按照岗位类别（如教学型、科研型等）设置相应的考评模板或者直接从模板库启用已有的考评模板。同一岗位类别使用系统提供的指定指标模板，该模板在使用之前须通过系统指标完整性以及权重总和的审核。

3. 整合学生的评教和教学科研人员的绩效考评

将学生的评教活动与教学科研人员的绩效考评有机地结合起来，体现了过程性考评与终结性考评的整合性。依据360度绩效考评方法，学生是教学型和教学科研型教学科研人员的考评主体之一，学生输入学号和密码登录系统，考评本学期授课教学科研人员。

4. 及时反馈考评结果，体现公正合理性

当考评结束后，系统自动统计考评结果，并依据考评结果自动生成分析报表，从而帮助用户方便、快捷、公正和科学地完成整个考评过程。

第二节　系统设计思路

一、绩效考评基本流程

高校教学科研人员绩效考评是一个较为复杂的过程，需要充分考虑各种

① 杨莉：《我国高校教师绩效考核的问题与对策》，《科技资讯》，2006年第18期，第161页。

因素对考评结果的影响，其基本流程如图 9-1 所示。管理员首先依据考评需要，设置考评类别和考评参数（考评指标库和考评模板），更新院系机构、教学科研人员用户和学生用户信息，设定考评等级和考评权重，最后新建或者选择适当的考评模板；依据绩效考评目的、考评主体和考评对象选择适当的绩效考评方案后，学生可以对相关教学科研人员按照学生考评量表进行考评；教学科研人员按照教学科研人员考评量表（同事考评量表、上级考评量表、下级考评量表）对同事或上下级关系对应的教学科研人员进行考评，并记录所有的评分结果。[①] 在考评结束后，教学科研人员可以查看个人考评结果。管理员则对考评结果进行管理，如统计、分析以及整理数据等。

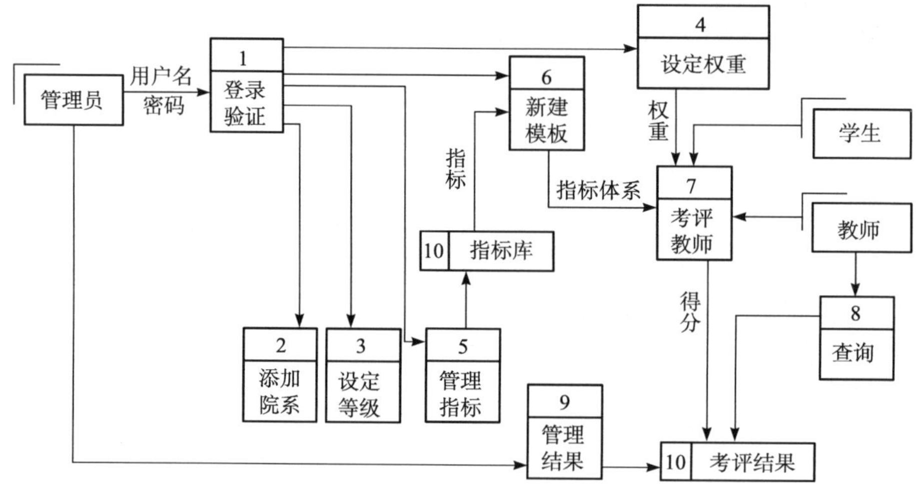

图 9-1　绩效考评基本流程图

资料来源：李志河：《基于 Web 的高校教师绩效考评系统的研究》，《电化教育研究》，2011 年第 11 期，第 59～63 页。

二、绩效考评指标及其权重的设计

系统的灵活度决定了人力资源的工作量，系统要能根据不同考评对象提供不同的模板，不同模板有不同的指标项，即使有相同的指标，指标的权重

① 资料来源：李志河：《我国高校教学科研人员绩效考评体系研究》，教育部人文社科青年基金（项目编号：06JC880009）研究报告，2010 年 4 月。

也可能不同。为了满足系统灵活性的要求，尽量减少工作量，系统建立了指标库，并按照考评要求将指标分成三级，可以根据需求将指标写入指标库，同时赋予考评指标初始权重。

在建立考评模板时，可以根据不同考评对象选取不同的评价指标项。在考评模板预览时，可以修改和完善各指标的权重，同时增加验证规范即指标权重之和应为1。模板建成之后，考虑到不同考评对象可能使用不同的考评模板，所以，系统增加了将模板设为当前使用的功能，这不但可以解决上述问题，避免重复建立考评模板，同时还可以减少工作量。绩效考评指标以及权重设计过程如图9-2所示。

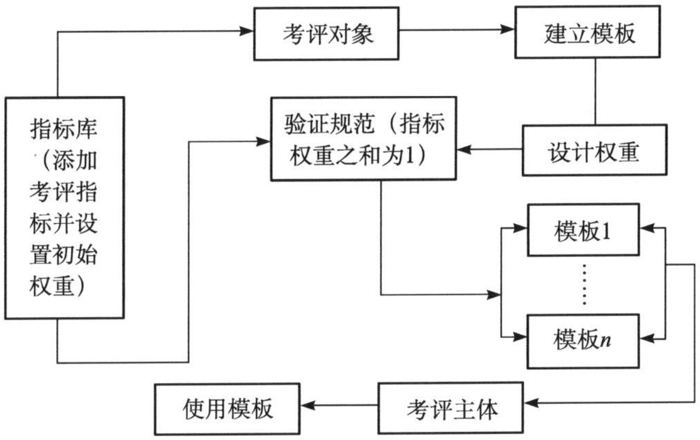

图 9-2　绩效考评指标以及权重设计过程

资料来源：李志河：《基于Web的高校教师绩效考评系统的研究》，《电化教育研究》，2011年第11期，第59～63页。

三、绩效考评模板的设置

创建考评模板时，考评对象的分类非常重要，因为在现有教学科研人员队伍中并非每一位教学科研人员都是教学科研能手，有擅长科研的，有教学工作或学生辅导工作做得特别好的，如图9-3所示为适应当前模板。

系统根据教学科研人员的工作特点和专业发展目标，将教学科研人员分

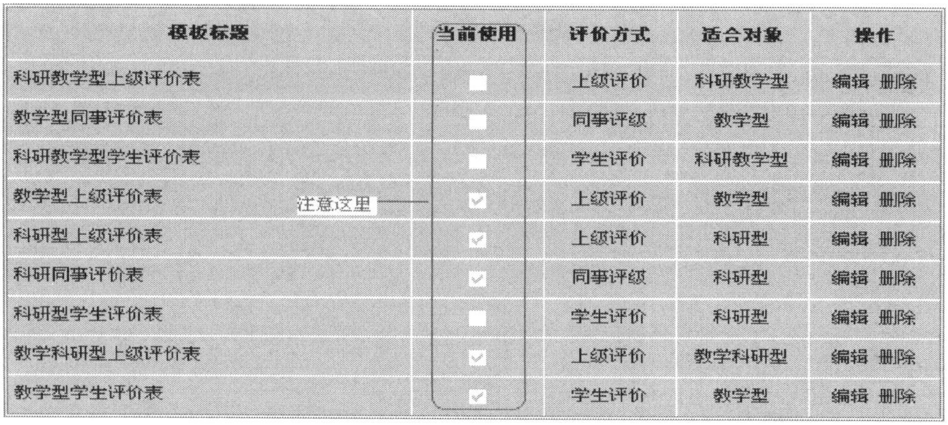

模板标题	当前使用	评价方式	适合对象	操作
科研教学型上级评价表	☐	上级评价	科研教学型	编辑 删除
教学型同事评价表	☐	同事评级	教学型	编辑 删除
科研教学型学生评价表	☐	学生评价	科研教学型	编辑 删除
教学型上级评价表	☑	上级评价	教学型	编辑 删除
科研型上级评价表	☑	上级评价	科研型	编辑 删除
科研同事评价表	☑	同事评级	科研型	编辑 删除
科研型学生评价表	☐	学生评价	科研型	编辑 删除
教学科研型上级评价表	☑	上级评价	教学科研型	编辑 删除
教学型学生评价表	☑	学生评价	教学型	编辑 删除

图 9-3　设定当前使用模板

为教学型、科研型、教学科研型、科研教学型和辅导员型五类。① 其中，教学型教学科研人员承担公共课及量大面广的基础课或专业基础课等的教学工作；科研型教学科研人员主要从事基础研究和重大项目科学研究工作；教学科研型和科研教学型主要指从事高水平科学研究、高质量课程教学工作，教学和科研兼顾的教学科研人员，但二者侧重点有所不同，教学科研型侧重于教学，而科研教学型则侧重于科研；辅导员型教学科研人员是指专注于学生辅导工作的指导员教学科研人员。对教学科研人员岗位进行这样的分类，有利于教学科研人员专注于自己擅长的领域，把自己最得心应手的工作做到最好。②

第三节　系统结构图

结合高校教学科研人员绩效考评的特点，系统包括教学科研人员模块、学生模块、考评模块和管理模块等四个，如图 9-4 所示。

① 李志河、张宏业、孟继叶等：《高校教学科研人员绩效考评体系指标权重确定研究》，《现代教育技术》，2008 年第 6 期，第 36～42 页。

② 李志河：《我国高校教学科研人员绩效考评体系研究》，教育部人文社科青年基金（项目编号：06JC880009）研究报告，2010 年 4 月。

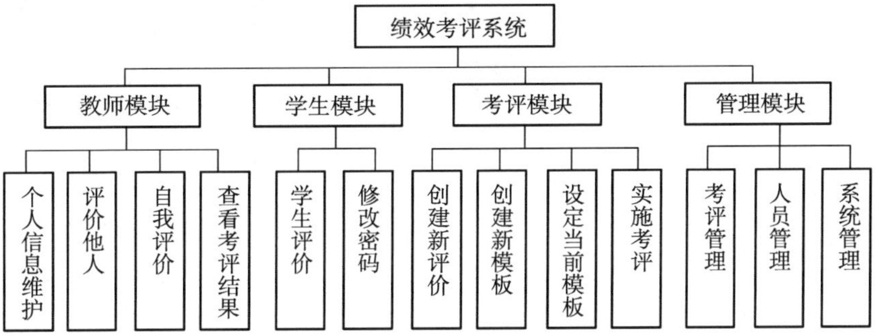

图 9-4 系统结构图

一、教学科研人员模块

系统采用 360 度绩效考评方法，打破了原有的单一考评方式，使教学科研人员在作为考评对象的同时，又充当了考评主体的角色。教学科研人员模块主要完成教学科研人员用户的操作，包括个人信息维护、考评他人、自我考评和查看考评结果等部分，图 9-5 为教学科研人员个人信息模块。

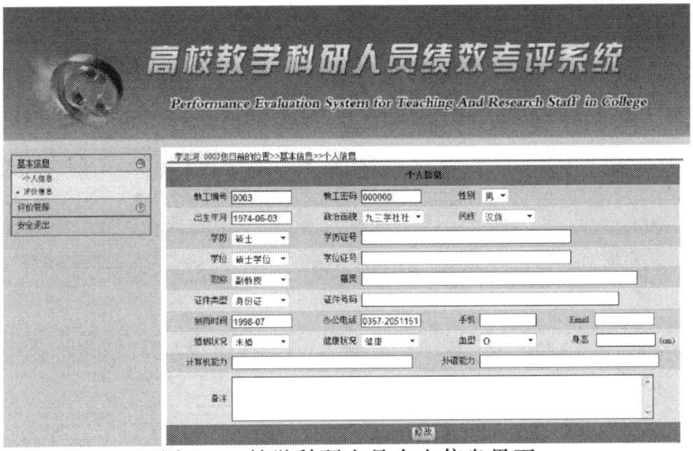

图 9-5 教学科研人员个人信息界面

二、学生模块

由于学生在系统中担当考评主体考评教学科研人员的角色。因此，学生模块主要完成学生用户的相关操作，包括个人信息维护和考评教学科研人员等部分，如图 9-6 所示。

图 9-6　学生个人信息界面

三、考评模块

考评是整个系统的核心模块，主要完成实施考评的前期准备工作和实施考评、管理考评等工作，包括创建考评模板、设定当前考评模板、权重设置、实施考评和管理考评等。

在传统的教学科研人员考评中，我们常常不考虑教学科研人员的特点和教学科研人员岗位的不同要求，使用同一套考评标准衡量所有教学科研人员。而考评模板可以依据考评对象和考评类别的不同进行设置。在考评初始，系统管理员根据考评目的、考评对象新建或者修缮相应的考评模板，并选择或者修改相应的指标和权重，另外系统还可以根据考评主体自动设定考评表，并对模板标题进行重名检查，如图 9-7～图 9-10 所示，为创建一个新的考评模板。①

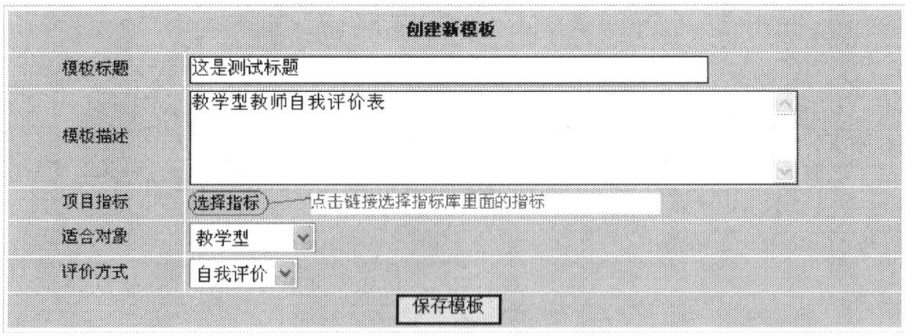

图 9-7　创建新的考评模板

① 李志河、张宏业、孟继叶等：《高校教学科研人员绩效考评体系指标权重确定研究》，《现代教育技术》，2008 年第 6 期，第 36～42 页。

图 9-8　评价模板页面截图

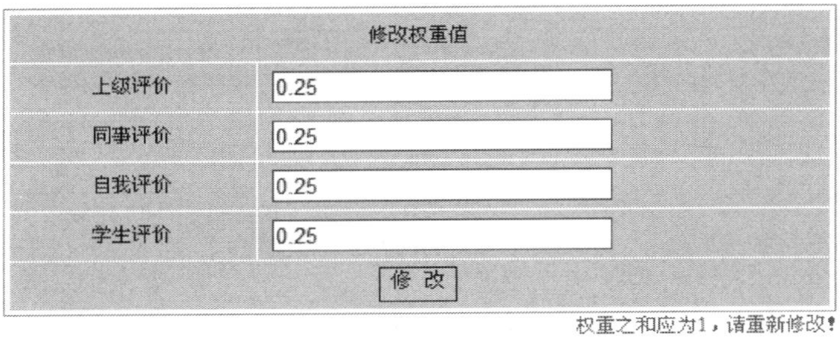

图 9-9　修改评价主题的权重

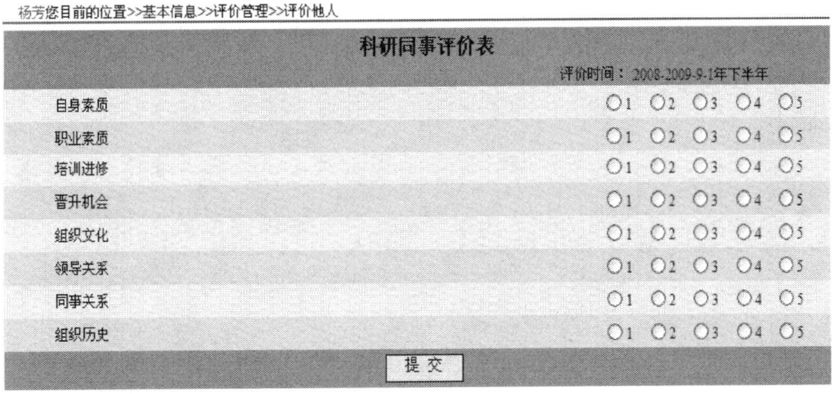

图 9-10　系统自动生成的评价表

四、管理模块

该模块也是系统的核心部件之一。系统管理员主要实现人员管理（教学科研人员、学生）和机构管理、绩效考评指标管理、考评模板的建立与管理、考评结果管理以及其他信息管理等，如图 9-11、图 9-12 所示。

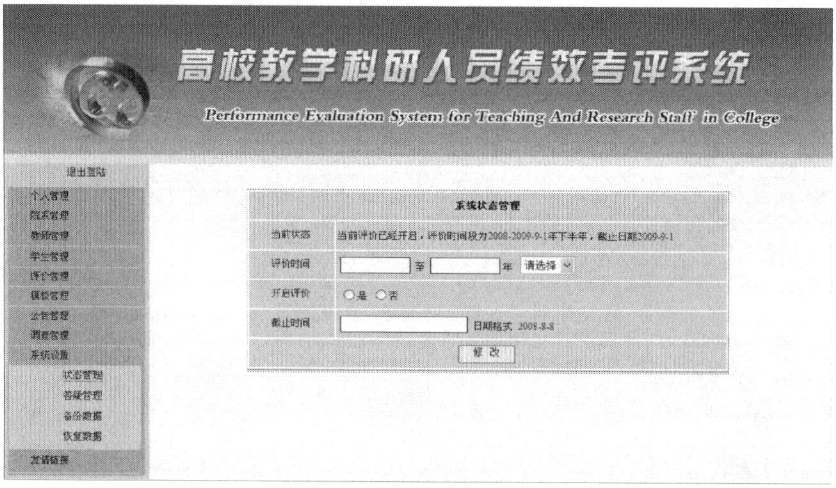

图 9-11　系统管理页面截图

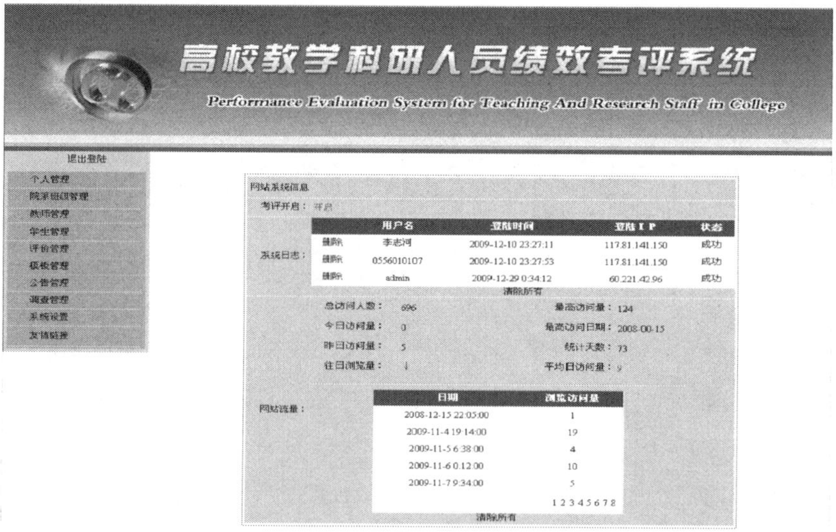

图 9-12　管理员页面截图

1）人员管理采用向导提示的方式，帮助管理员完成系统用户和机构的添加、删除和修改等功能。不同身份的用户拥有不同的权限，系统给不同身份的用户赋予不同的默认权限。系统管理员可以根据实际情况增删权限。

2）绩效考评指标管理包括指标的添加、删除和修改。绩效考评指标分为三级，每个指标包括一个预设权重，绩效权限依据考评需要可以进行重新赋值，如图 9-13 所示。

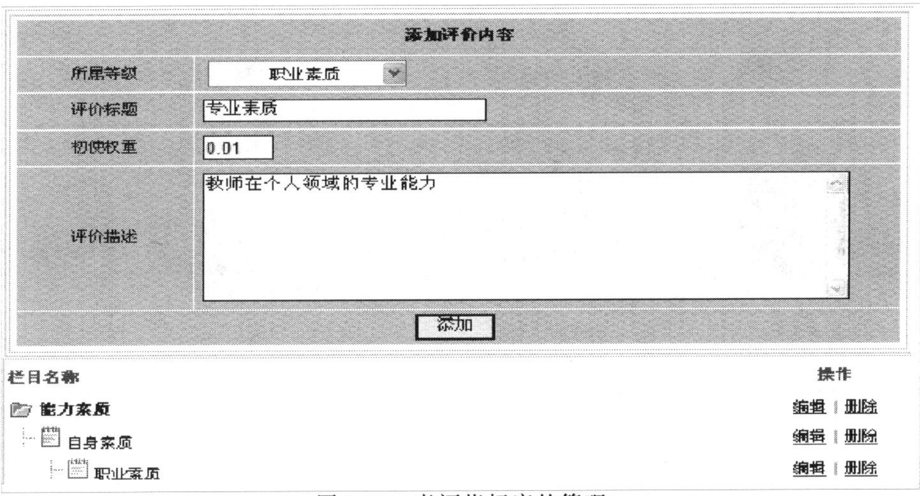

图 9-13 考评指标库的管理

3）考评结果管理主要有统计、分析考评数据，并依据考评结果完成等级评定等任务，如图 9-14、图 9-15 和图 9-16 所示。

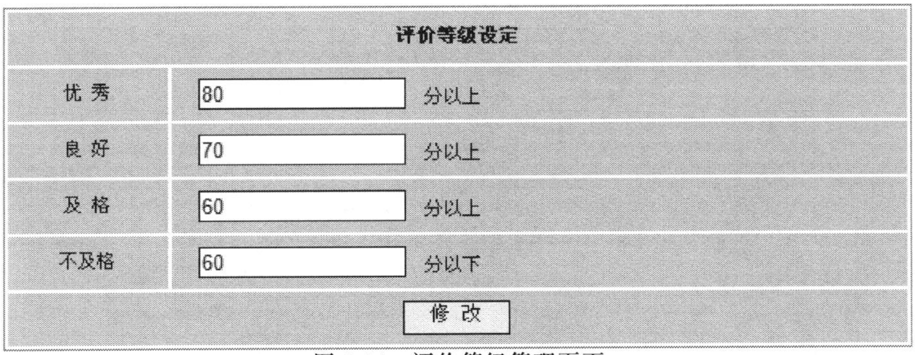

图 9 14 评价等级管理页面

图 9-15　评价模板页面

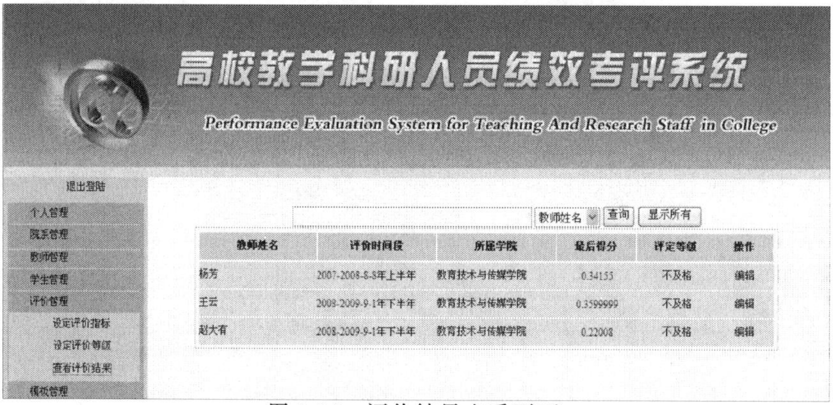

图 9-16　评价结果查看页面

4）其他信息管理。系统还提供了其他辅助功能模块，如系统信息维护、站内公告、最近新闻、相关下载以及在线调查等，另外还包括系统安全管理，如登录日志、密码修改等功能。

第四节　系统数据信息分析

系统数据信息合理、有效处理是保证系统完整性和数据准确性的基本前提。遵循软件工程开发理论，系统流程图、系统数据流程图和系统顺序图是UML的核心部件。

一、系统处理过程流程图

系统流程图是描绘系统物理模型的传统工具。它的基本思想是用图形符号以黑盒子形式描绘系统里面的每个部件，表达信息在各个部件之间流动的情况。一般地，当任务操作必须完成一系列工作，而又无法确定以什么顺序来完成时，系统处理过程流程图可以清晰地描述这些工作。[①] 系统将整个考评过程分为管理指标体系、考评准备、考评进行和考评结束等四个阶段，如图 9-17 所示。在管理指标体系阶段，出于对系统灵活性的考虑，考评指标体系中的指标可以根据需要，随时更新考评指标库，即管理员根据实际情况需要，增加新指标，或删除指标，或修改指标权重等；考评准备阶段包括创建与本次考评对象相适应的考评模板、根据考评目的设定考评权重和考评等级等工作；在考评进行阶段，管理员设置系统的开启时间和关闭时间、考评组织和实施、动态记录考评结果；在考评结束阶段，统计和分析考评对象的考评结果，并对考评结果进行适当的调整，以避免故意恶评。在考评期间和考评结束后的限定时间内，教学科研人员都可以查看本人的考评统计结果和考评等级，如果对考评结果有异议，还可以提出考评结果复议。

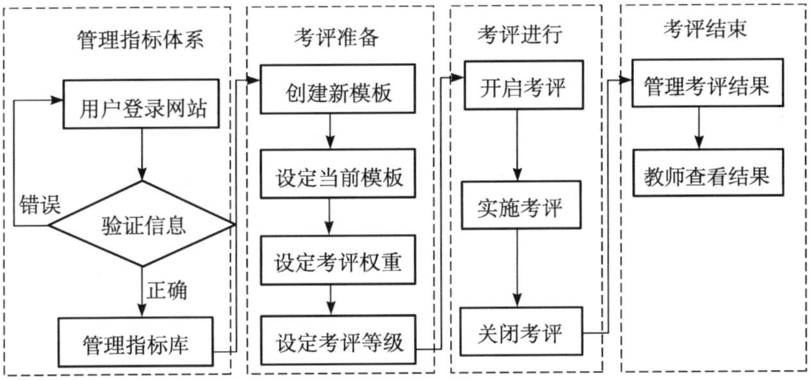

图 9-17 系统处理过程流程图

另外，管理员对开启考评时间和关闭考评时间可以灵活设定，这样就在同一个系统中既可以进行平时考评，也可以进行年度考评。

① 江瑜清：《基于 Ajax 新的计算机等级考试 MIS 设计实现》，《四川文理学院学报（自然科学）》，2008 年第 3 期，第 62～64 页。

二、系统数据流程图

数据流程图是结构化分析方法中使用的工具，它以图形的方式描绘数据在系统中流动和处理的过程，由于它只反映系统必须完成的逻辑功能，所以它是一种功能模型。[①] 图 9-18 是从系统数据传递和加工的角度，以图形的方式将当前考评系统抽象化，从而描述出了教学科研人员绩效考评系统的数据流从输入到输出的移动和变换过程，即描述实施绩效考评的数据流程。

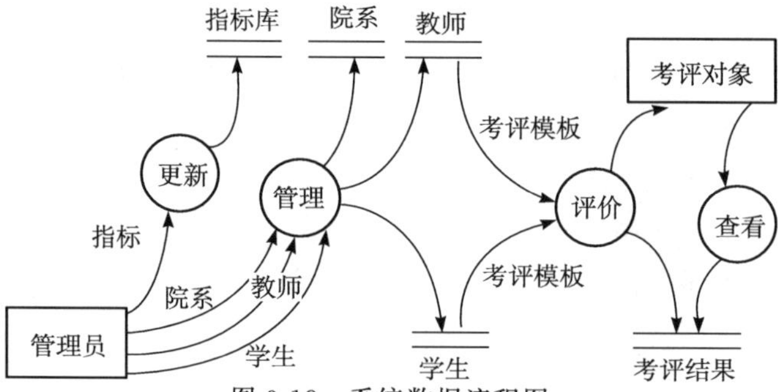

图 9-18　系统数据流程图

三、系统顺序图

顺序图是按时间顺序描述系统元素之间的交互。它是将交互关系表示为一个二维图。纵向是时间轴，时间沿竖线向下延伸。横向轴代表了在协作中各独立对象的类元角色。类元角色用生命线表示，当对象存在时，角色用一条虚线表示，当对象的过程处于激活状态时，生命线是一个双道线。[②] 图 9-19 是系统管理员添加评价指标的顺序图。系统管理员首先通过用户名和密码登录系统，并选择指标库管理模块，单击“添加指标”命令即可在添加列表中按要求添加指标信息；指标选择完毕后，单击“添加”按钮提交指标项信息到数据库模块，进行添加处理，若添加成功，则提示添加成功信息给管理员；反之，提示添加失败信息给管理员。

---

① 陈冠军：《ASP. NET AJAX 实用开发详解》，电子工业出版社，2008 年。

② 李志河、张宏业、孟继叶等：《高校教学科研人员绩效考评体系指标权重确定研究》，《现代教育技术》，2008 年第 6 期，第 36～42 页。

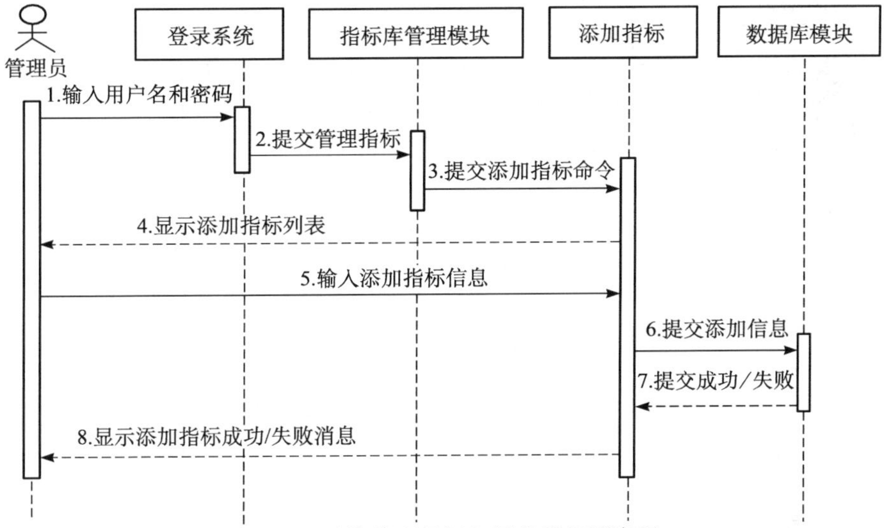

图 9-19　系统管理员添加评价指标顺序图

第五节　系统模型架构与关键技术实现

一、系统模型架构

系统基于 B/S 和三层架构模型，结合 ASP. net 动态页面技术，应用 C# 语言，通过 ADO. NET 访问 Microsoft SQL Sever 2005 关系型数据库，并采用 AJAX 技术和 JavaScript 脚本语言实现良好的人机交互过程，以保障系统的完整性、可操作性以及可扩展性，系统功能结构模型如图 9-20 所示。①

在系统中，表示层的系统用户包括管理员、教师和学生三类群体；业务层是教学科研人员绩效考评系统设计与实现的关键层，大部分功能均在此层完成。从逻辑上可以将此层划分为若干模块。业务层包括个人信息维护、评价他人、自我评价、查看考评结果、人员管理、考评管理、系统管理以及其他模块等；系统的数据层中的数据库包括用户信息库、机构库、指标库、考评结果库、网

① 季久峰：《ASP. NET 办公自动化系统开发实例导航》，人民邮电出版社，2004 年。

站维护信息库、公告信息库等。其中指标库是考评指标的有机集合。

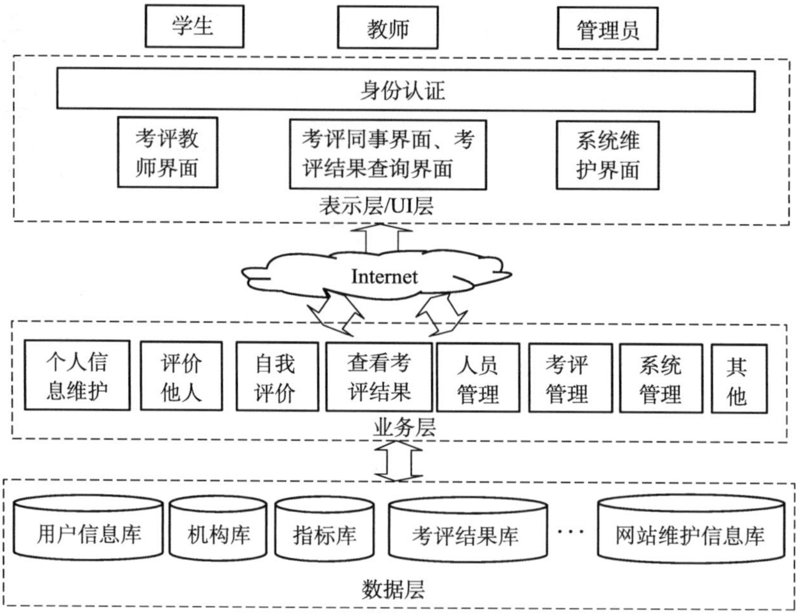

图 9-20　系统模型

二、关键技术实现

由于涉及考评模板设计和应用、考评主体的多样性以及考评过程的动态性等多个数据信息的关联，系统攻克了多项关键技术和难点，如考评指标库管理、三级评价指标的无刷新关联、智能检索以及考评模板设置等。

1. 建立程序与数据库的链接

创建打开数据库的静态类，静态类通过引用 .NET 中的 System. Data. SqlClient 来完成静态访问。

2. 执行 SQL 语句通用类的建立

程序的前后台通过 SQL Sever 数据库服务链接，数据操作部分都要涉及数据，建立 SQL 语句通用类有利于程序的通用性和可读性。

1）执行 SQL 查询语句结果返回 True 或 False。查询语句结果为 True，则表示数据库中存在该条记录，反之则不存在。该语句主要用于检测程序中是否有相同记录存在，如添加人员。

2）执行 SQL 语句结果返回 True 或 False。查询语句结果为 True，表示数据成功写入数据库，反之则写入失败。该语句用于程序中插入或更新数据库记录。

3. 无刷新指标库的实现

由于指标库中的评价指标随着考评次数的增加，指标数量会越来越多，如何实现良好的用户交互，以及一目了然指标所属级别，成为指标库管理的重点和难点。系统采用 Windows 资源管理器的树型菜单形式和 AJAX 技能技术。[①] 具体实现过程和代码如下。

（1）建立通用类

```
public class ConClassInfo
    {
        #region Model
        private int _id;
        … …
        #endregion Model
}
```

（2）保存指标信息

```
    protected void btnEdit_Click(object sender, EventArgs e)
    {
        … …
        string ClassList = “”;  //栏目包含列表
        string ClassPre = this.DdlMenu.SelectedValue.Trim();
        string ClassDescribe = this.txtmiaoshu.Text.Trim();//上一级目录
        float ClassQuanzhong =
Convert.ToSingle(this.txtquanzhong.Text.Trim());
        int ClassTj = 1;    //栏目深度
        … …
        BindData();
}
```

4. 智能检索技术的实现

为了方便用户检索系统中的资源、新闻等文献，在系统首页检索部分使用 AJAX 实现智能检索技术，即系统依据二叉树数据处理原理，根据用户输

① 陈冠军：《ASP.NET AJAX 实用开发详解》，电子工业出版社，2008 年。

入的字符自动与数据库中的记录进行匹配，如果找到则列出结果。部分代码如下：

```
///添加脚本服务
[System.Web.Script.Services.ScriptService()]
public class AjaxService : System.Web.Services.WebService
{
    public static string[] autoCompleteFileList = null;
    public AjaxService ()
    {
    }
    [System.Web.Services.WebMethod()]
    [System.Web.Script.Services.ScriptMethod()]
    public string[] GetFileList(string prefixText, int count)
    {   ///检测参数是否为空
          if(string.IsNullOrEmpty(prefixText) = = true || count <= 0) return
          null;
        if(autoCompleteFileList = = null)
    {///从数据库中获取所有文件的名称
        SqlConnection con = new
SqlConnection (ConfigurationManager.ConnectionStrings ["DataConnectionString"].
ToString());
        con.Open();
        DataSet ds = new DataSet();
        SqlCommand cmd = new SqlCommand("select * from txinxi", con);
        SqlDataAdapter sdr = new SqlDataAdapter(cmd);
        sdr.Fill(ds);
        if(ds = = null || ds.Tables.Count <= 0 || ds.Tables[0].Rows.Count <= 0)
return null;
        ///将文件名称保存到临时数组中
        string[] tempFileList = new string[ds.Tables[0].Rows.Count];
        for(int i = 0; i < ds.Tables[0].Rows.Count; i++)
        {
        tempFileList[i] = ds.Tables[0].Rows[i]["tbiaoti"].ToString();
        }
```

```
            ///对数组进行排序
            Array.Sort(tempFileList,new CaseInsensitiveComparer());
            autoCompleteFileList = tempFileList;
            }
            ///定位二叉树搜索的起点
            int index = Array.BinarySearch(autoCompleteFileList,prefixText,new Case-
InsensitiveComparer());
    if(index < 0)
    {   ///修正起点
        index = ~index;
    }
    ///搜索符合条件的文件名称
    int matchCount = 0;
    for ( matchCount = 0; matchCount < count && matchCount + index <
autoCompleteFileList.Length; matchCount++)
    {   ///查看开头字符串相同的项
        if(autoCompleteFileList[index + matchCount].StartsWith(prefixText,String-
Comparison.CurrentCultureIgnoreCase) == false)
        {
        break;
        }
    }
    ///处理搜索结果
    string[] matchResultList = new string[matchCount];
    if(matchCount > 0)
    {   ///复制搜索结果
Array.Copy(autoCompleteFileList,index,matchResultList,0,matchCount);
    }
    return matchResultList;
}
}
```

参考文献

安鸿章．2003. 现代企业人力资源管理．北京：中国劳动社会保障出版社

贝尔纳 J D. 2003. 科学的社会功能．陈体芳译．桂林：广西师范大学出版社

蔡永红．2003. 教师评价研究的缘起、问题及发展趋势．北京师范大学学报，(1)：130～135

曹仓．2008. 能力管理新视界．管理科学，(3)：14～17

陈芳．2002. 绩效管理．北京：海天出版社

陈冠军．2008. ASP. NET AJAX 实用开发详解．北京：电子工业出版社

陈欣，黄坤．2008. 绩效考核系统的设计与实现．池州学院学报，22 (3)：30～33

陈永昌．2006. 名校长的高绩效领导力．北京：九州出版社

樊宏，戴良铁．2004. 如何科学确定绩效评估指标的权重．中国劳动，(10)：53～55

方振邦．2003. 绩效管理．北京：中国人民大学出版社

冯剑川，周国祥．2008. 士官学校综合考评系统的设计与实现．科学技术与工程，8 (17)：5067～5070

符晨．2007. 我国高校教师绩效评估研究——以重庆市为例．重庆大学硕士学位论文

郭玉峰，师成林．2007. ASP. NET 经典案例设计与实现．北京：电子工业出版社

贺天威，张景林．2001. 科研绩效定量评价指标体系的初步设计．科技管理研究，(6)：58～61

季久峰，李志．2004. ASP. NET 办公自动化系统开发实例导航．北京：人民邮电出版社

姜霞，谢宏，江榆．2008. 过程式绩效管理信息系统的设计．广东科技，(10)：21～23

景明．1997. 进一步完善高校工资分配制度的几点思考．财经论丛，(1)：25～27

邝泽倩．2004. 追求责任心的声誉——世纪之交的加拿大高校高等教育．北京大学教育评论，(1)：32～37

李超．2006. CSS 网站布局实录．北京：科学出版社

李红卫，徐时红．2002. 绩效考核的方法及关键绩效指标的确定．经济师，(5)：152～153

李志河．2011. 基于 Web 的高校教师绩效考评系统的研究．电化教育研究，223 (11)：

59～63

李志河，王云，梁永平 .2008. 我国高校教学科研人员绩效考评体系现状及体系建构探讨 . 山西师范大学学报（社科版），(3)：129～131

李志河，吴峰丽，张生太等 .2009. ××高校教学科研人员绩效考评案例研究 . 现代教育技术，19 (8)：16～20

李志河，张宏业，孟继叶等 .2008. 高校教学科研人员绩效考评体系指标权重确定研究 . 现代教育技术，(6)：36～42

廖建锋 .2004. 浅析我国教师岗位聘任制中的绩效考核 . 高教研究与实践，(1)：51～54

刘人怀 .2000. 转变观念 量化考核 优劳优酬——暨南大学教学科研人员考核与分配体制的改革 . 高教探索，(1)：5～8

刘仁义，陈士俊 .2006. 高校教师科技绩效评价的问题与对策 . 太平洋学报，(8)：77～80

刘祥学 .2004. 高校教师教学水平评估考核机制改革设想 . 高教论坛，(1)：130～133

冒荣，刘义恒 .1997. 高等教育管理学 . 南京：南京大学出版社

孟华兴，张伟东，杨杰 .2005. 人力资源管理 . 北京：科学出版社

欧金荣 .2003. 聘任制下高校教师考核的思考与探索 . 华中农业大学学报，(4)：93～96

彭建峰，包政 .1993. 现代管理制度程序·方法·范例全集 . 北京：中国人民大学出版社

曲长生，李明珍，刘凡儒 .2007. 中文图书采购招标评价指标体系的建立 . 大学图书馆学报，(3)：11～14

沈林，叶敏 .2007. 高校科研管理人员绩效考评探讨 . 科技与创新，(6)：28～30

石国进，陈晓慧 .2000. 高等学校教师教学质量评估的 AHP 模型研究 . 武汉工业大学学报，22 (2)：74～75，89

苏力 .2004. 我国高校教师科研业绩评价有效性的研究 . 苏州大学硕士学位论文

孙金伟 .2004. 普通高等学校教师综合评价系统的研究 . 大连理工大学硕士学位论文

谭云兰，康永平，王武珍等 .2007. 机关电子政务考评系统的设计与实现 . 微计算机信息，(23)：161～162

唐滢 .2004. 从美国研究型大学教授聘任制看北大教师聘任制改革 . 集美大学学报，(3)：6～8

王斌华 .2005. 教师评价：绩效管理与专业发展 . 上海：上海教育出版社

王光彦 .2009. 大学教师绩效评价研究——基于教师自主发展的探索 . 华东师范大学硕士学位论文

王化成，刘俊勇，孙薇 .2004. 企业绩效评价 . 北京：中国人民大学出版社

王继承 .2003. 绩效考核操作实务 . 广州：广东经济出版社

王莲芬，许树柏 .1989. 层次分析法引论 . 北京：中国人民大学出版社

吴光辉 .2004. 试论日本的大学教师任期制 . 复旦教育论坛，(6)：15～18

吴伟 .2008. 绩效评估——高校科研管理工作的重要手段 . 东南大学学报，3 (10)：

114～117
谢炳炎．2003-8-31．达成共识 与时俱进．湖南大学报
谢村等．2004．高校教师职务聘任制的思考．高等函授学报，17（4）：51～52，57
徐富明．2005．教育中的人力资源管理——人事问题与需求．北京：中国轻工业出版社
徐洪波．2004．强化高校人力资源管理探讨．武汉理工大学学报，26（4）：195～198
许月明，李维军，闫岭．2006．对高校教师职业特点的分析．河北农业大学学报（农林教育版），8（3）：79～82
殷焕武．2000．AHP方法在人事分配制度改革中的应用．科技与管理，（3）：26～32
谵新民，武志鸿．2002．绩效考评方法．广州：广东经济出版社
张德．2001．人力资源开发与管理．北京：清华大学出版社
张维迎．2003．北京大学教师职务聘任和职务晋升制度改革方案．学术界，102（5）：27～44
赵焕臣，许树柏，和金生．1986．层次分析法——一种简易的新决策方法．北京：科学出版社
赵静瑞．2009．我国高校教师绩效考评探究．中国地质大学硕士学位论文
赵雪珍，杨潮．2004．完善高校教师工作业绩考核评价体系．中国高教研究，（6）：73～74
周志轩．2008．目标管理与绩效考核．成都：成都时代出版社
Beauchemin B. 2003. ADO. NET本质论．北京：清华大学出版社
DeCenzo D A. Robbins S P. 1996. Human Resources Management：Concepts and Practices (5th). New York：Wiley
Glatthorn A. 1995. Teacher development. *In*：Anderson L W. International Encyclopedia of Teaching and Teacher Education. Oxford：Elsevier Science Ltd
Henderson R I. 1994. Compensation Management：Rewarding Performance（6th）. Upper Saddle River：Prentice Hall
McCormick，Jeannevet P R，Mecham R C. 1989. Position Analysis Questionaire. Polo Alto：Consulting Psychologists Press
Metz P，Cosgriff J. 2000. Building a comprehensive serials decision database at Virginia Tech. College & Research Libraries，61（4）：324～334
Muijs D，Harris A. 2003. Teacher leadership—Im-provement through empowerment. Educational Management and Administration，31（4）：437～448

附 录

附录1　高校教学科研人员绩效考评体系指标调查问卷

您好！

作为高校人事管理的一个重要组成部分，绩效考评的结果直接影响到薪酬调整、奖金发放、工作激励及职务晋升等诸多与教学科研人员相关的切身利益，而绩效考评指标是整个绩效考评活动的中心与纽带，它把考评客体、考评对象、考评主体、考评方法与考评结果连为一体，同时也成为整个绩效考评工作指向的中心。因此，为了使指标体系更加科学、全面、合理地考评高校教学科研人员，我们设计了此问卷，希望您能认真填写，帮助我们进一步完善指标体系。

本指标体系包括三级指标：其中一级指标共有4个；二级指标共有10个；三级指标共有41个。请在您认为每一个指标在本级指标中的重要程度后对应的表格中画“√”（重要程度按照5、4、3、2、1降序排列，0表示不重要或者可以不要）。如果您还有补充的指标或别的建议，请写于表下横线上，并标明它的所属级别和重要性。谢谢您的支持！

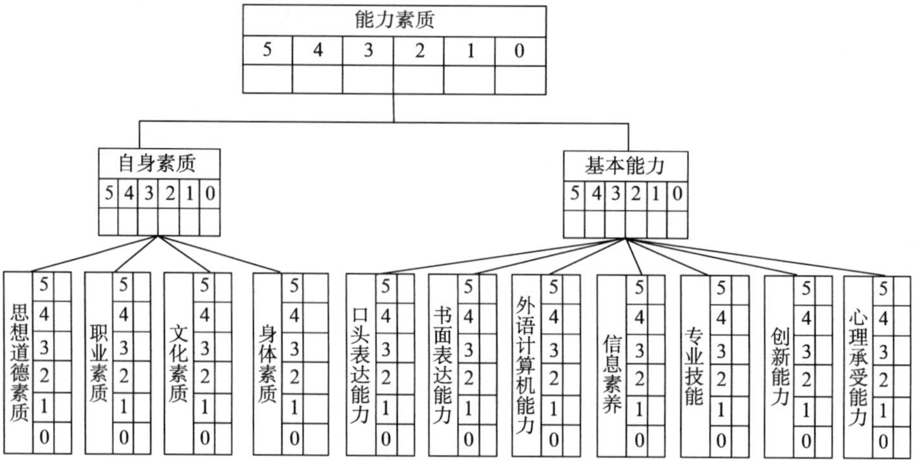
能力素质
5 4 3 2 1 0
自身素质
5 4 3 2 1 0
基本能力
5 4 3 2 1 0
思想道德素质
职业素质
文化素质
身体素质
口头表达能力
书面表达能力
外语计算机能力
信息素养
专业技能
创新能力
心理承受能力
5 4 3 2 1 0

您的建议：

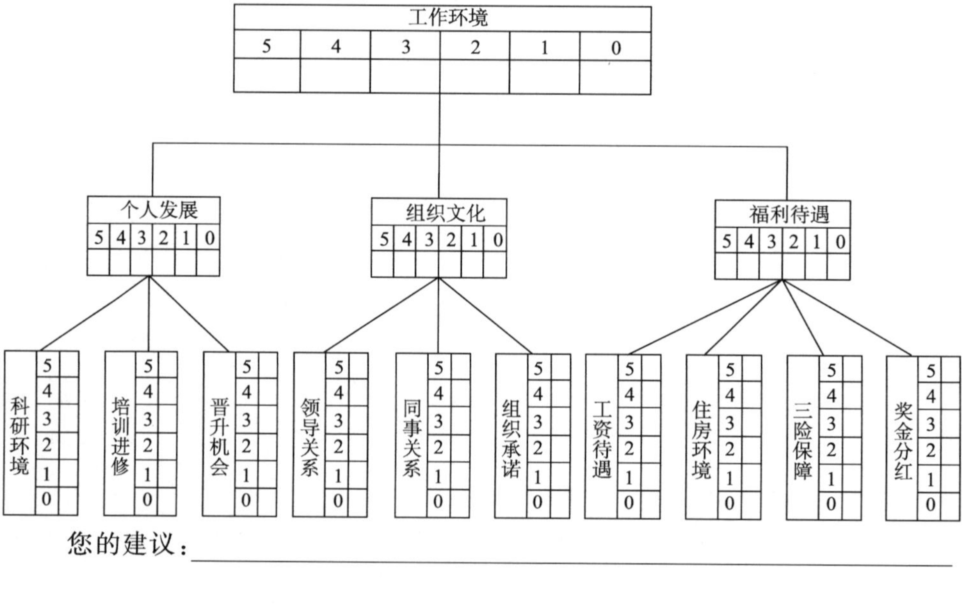
工作环境
5 4 3 2 1 0
个人发展
5 4 3 2 1 0
组织文化
5 4 3 2 1 0
福利待遇
5 4 3 2 1 0
科研环境
培训进修
晋升机会
领导关系
同事关系
组织承诺
工资待遇
住房环境
三险保障
奖金分红
5 4 3 2 1 0

您的建议：

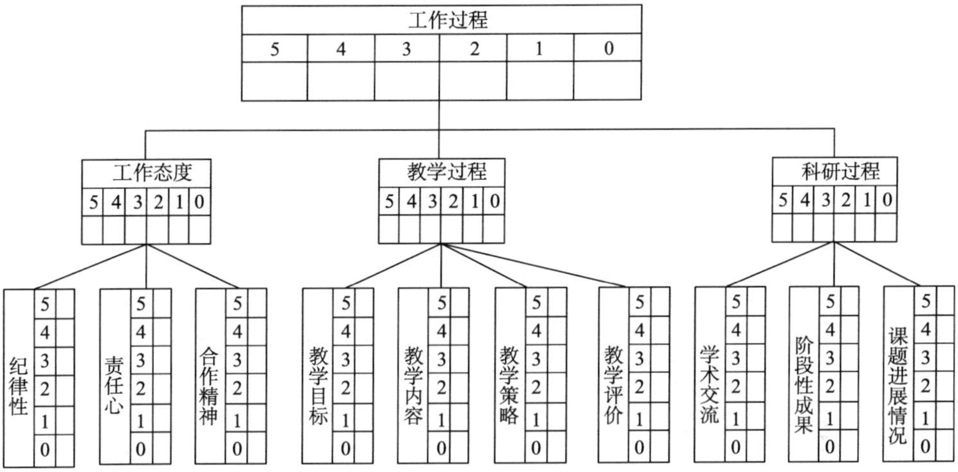
工作过程
5 4 3 2 1 0
工作态度
5 4 3 2 1 0
教学过程
5 4 3 2 1 0
科研过程
5 4 3 2 1 0
纪律性
责任心
合作精神
教学目标
教学内容
教学策略
教学评价
学术交流
阶段性成果
课题进展情况
5 4 3 2 1 0

您的建议：____

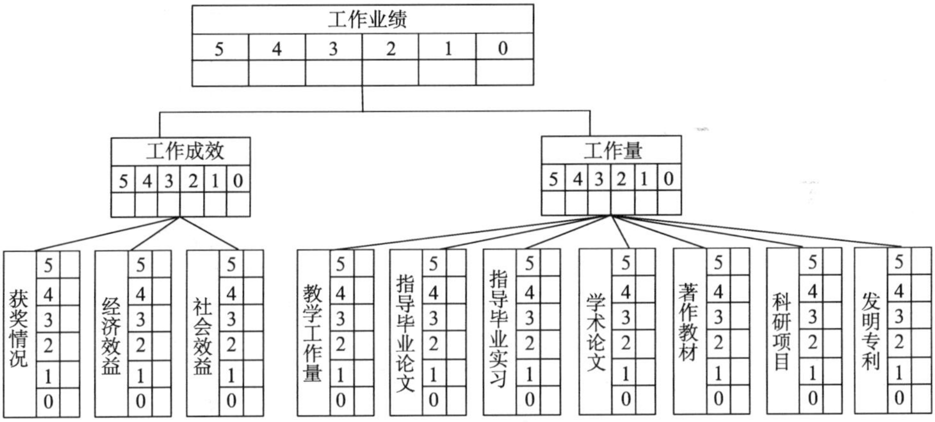
工作业绩
5 4 3 2 1 0
工作成效
5 4 3 2 1 0
工作量
5 4 3 2 1 0
获奖情况
经济效益
社会效益
教学工作量
指导毕业论文
指导毕业实习
学术论文
著作教材
科研项目
发明专利
5 4 3 2 1 0

您的建议：____

附录 2　评价主体可信度权重值

	上级	同事	自我	下级	学生	ω	一致性检验
上级	1	3	5	9	7	0.51	$\lambda_{max}=5.08$ CI=0.02 CR =0.018<0.1
同事	1/3	1	2	5	3	0.23	
自我	1/5	1/2	1	3	2	0.14	
下级	1/9	1/5	1/3	1	1/2	0.04	
学生	1/7	1/3	1/2	2	1	0.08	

附录 3　领导评价表

尊敬的领导：

您好！为了提高我校人力资源管理水平，帮助教学科研人员更好地认识自己，了解自己，我们设计了这张领导评价表。请您如实填写。

被考评者：________　　　　考评者：________

问　题	得　分
1. 他有较高的职业道德素质吗？	① ② ③ ④ ⑤
2. 他有丰富的专业知识和广博的知识面吗？	① ② ③ ④ ⑤
3. 他能准确表达自己的思想和建议吗？	① ② ③ ④ ⑤
4. 他的工作总结等书面材料表达是否明确清楚？	① ② ③ ④ ⑤
5. 他的英语水平和计算机能力如何？	① ② ③ ④ ⑤
6. 他在教学科研活动中是否注重创新？	① ② ③ ④ ⑤
7. 他和上下级关系是否融洽？	① ② ③ ④ ⑤
8. 他是否能对组织发展作出相应的贡献？	① ② ③ ④ ⑤
9. 他能严格遵守学校的各项规章制度吗？	① ② ③ ④ ⑤
10. 他对工作是否认真负责？	① ② ③ ④ ⑤

续表

问　题	得　分
11. 他能按时按量地完成教学科研任务吗?	①②③④⑤
12. 他是否积极参与各种学术交流活动?	①②③④⑤
13. 他的工作能够带来一定的经济效益和社会效益吗?	①②③④⑤
14. 他能完成规定课时或项目安排吗?	①②③④⑤
15. 你认为他需要改进的地方是什么?	

附录4　同事评价表

为了提高我校人力资源管理水平，帮助教学科研人员更好地认识自己，了解自己，我们设计了这张同事评价表。希望您如实填写。

被考评者：________　　　　考评者：________

问　题	得　分
1. 他热爱教育事业吗?	①②③④⑤
2. 他有扎实的专业知识和广博的知识面吗?	①②③④⑤
3. 他能准确表达自己的教学思想和教学内容吗?	①②③④⑤
4. 他能熟练使用各种媒体获取自己所需的信息吗?	①②③④⑤
5. 他能利用掌握的专业知识顺利进行教学活动吗?	①②③④⑤
6. 他在教学科研活动中是否注重创新?	①②③④⑤
7. 在教学科研活动遇到挫折时，他能够迅速调整状态重新投入工作吗?	①②③④⑤
8. 他能严格遵守学校的各项规章制度吗?	①②③④⑤
9. 他对工作是否认真负责?	①②③④⑤
10. 你们之间的合作是否愉快?	①②③④⑤
11. 他能按时按量地完成教学科研任务吗?	①②③④⑤
12. 他是否能有计划、有组织地安排教学科研活动?	①②③④⑤
13. 他能根据教学科研活动的进展情况进行反思并作出合理的改进吗?	①②③④⑤
14. 你认为他最值得你学习的是什么?	

附录5 学生评价表

亲爱的同学：

你好！为了进一步提高我校教学质量，帮助教学科研人员更好地认识自己，了解自己，我们设计了此问卷。本问卷采取不记名方式，请如实填写。

学　院：________　专　业：________　年　级：________

评价老师：________　所授课程：________

问　题	得　分
1. 他有打骂、体罚学生的现象吗？	① ② ③ ④ ⑤
2. 他有丰富的专业知识和广博的知识面吗？	① ② ③ ④ ⑤
3. 他能准确表达自己的教学思想和教学内容吗？	① ② ③ ④ ⑤
4. 你认为他的板书是否结构合理，表述清楚？	① ② ③ ④ ⑤
5. 他能利用各种媒体迅速获取所需信息并恰当整合到教学中吗？	① ② ③ ④ ⑤
6. 他能利用掌握的专业知识顺利进行教学活动吗？	① ② ③ ④ ⑤
7. 他在教学思路、教学方案等方面是否创新？	① ② ③ ④ ⑤
8. 他能够对课堂出现的突发事件进行恰当的处理吗？	① ② ③ ④ ⑤
9. 他按时上下课吗？	① ② ③ ④ ⑤
10. 他能按时按量地完成各项教学任务吗？	① ② ③ ④ ⑤
11. 教师的讲课内容是否有明显的计划性和组织性？	① ② ③ ④ ⑤
12. 教师是否能够准确把握教材，提供的信息准确无误？	① ② ③ ④ ⑤
13. 教师在讲课时是否能够通过灵活多样的方式对学科知识予以呈现？	① ② ③ ④ ⑤
14. 教师能够根据教学中的信息反馈调整自己的教学内容和教学方式？	① ② ③ ④ ⑤
15. 您认为这位老师最成功的地方是什么？	

附录6 自我评价表

为了提高我校人力资源管理水平，帮助大家更好地认识自己，了解自己，我们设计了这张自我评价表，希望您如实填写。

问　题	得　分
1. 你认为自己能够做到严于律己，言而有信吗？	①②③④⑤
2. 你尊重学生的观点、问题并给予足够的重视吗？	①②③④⑤
3. 工作时，你觉得自己的身体能承受这样的工作压力吗？（身体素质）	①②③④⑤
4. 你能准确表达自己的思想和观点吗？	①②③④⑤
5. 你能利用媒体迅速获取自己需要的信息吗？	①②③④⑤
6. 你能够利用掌握的专业知识顺利进行教学科研活动吗？	①②③④⑤
7. 你在教学科研中注重创新吗？	①②③④⑤
8. 你在遇到挫折时，能够迅速调整状态并重新投入工作吗？	①②③④⑤
9. 你对学校提供的教学科研环境满意吗？	①②③④⑤
10. 学校能够提供给你较多的培训进修和晋升的机会吗？	①②③④⑤
11. 你严格遵守学校的各项规章制度吗？	①②③④⑤
12. 你对工作认真负责吗？	①②③④⑤
13. 你能够很好地与他人合作吗？	①②③④⑤
14. 你对学校提供的各方面条件满意吗？如果不满意，请具体提出你对哪些条件不满意。（　　　　） A. 工作设施；B. 工作场所；C. 住房条件；D. 薪酬待遇；E. 三险保障；F. 奖金分红	

附录7　工作业绩评价

1. 教学工作量（授课课时）

类别	具体项目	单位	工作量计算方法
教学工作量	本科授课课时总数	标准课时（N）	W＝N＊m
	研究生授课课时总数	标准课时（N）	W＝N＊1.2＊ m
	博士生授课课时总数	标准课时（N）	W＝N＊1.5＊ m

注：m的分值由学校根据其实际情况决定。

2. 指导毕业论文

类别	具体项目	单位	工作量计算方法
指导毕业论文	指导本专科毕业论文	篇数（N）	W＝N＊8＊ m
	指导完成硕士论文	篇数（N）	W＝N＊10 ＊ m
	指导完成博士论文	篇数（N）	W＝N＊20＊ m

3. 指导毕业实习

类别	指导实习，写实习报告	人数（N）	W＝N＊1.5＊ m
指导毕业实习	指导毕业实习	实际跟班天数（N）	W＝（N＋准备天数 3 天）＊1.2＊1.5

4. 学术论文

学术论文是指国家承认的期刊学术论文；本专业高级别学术会议发表和收录的学术论文。

级别	特级	1A	1B	1C	IIA	IIB
分值	150 分	100 分	70 分	60 分	30 分	10 分

注：1. 本部分按照每篇计分。2. 论文级别按照《××大学学术论文权威刊物级别认定标准》（2008 年修订）执行。3. 计分论文作者单位必须为××大学。4. 两人合作的论文，第一、二作者按照 6∶4 计分；三人合作的论文，第一、二、三作者按照 5∶3∶2 计分。5. 三人以上合作论文，第四作者不计分。

5. 教材著作

教材著作是指专著、编著、译著、工具书或者教材等。

级别		国家级	省级
类别和分值	专著	10 分	7 分
	编著	7 分	5 分
	教材	7 分	5 分（自编教材 2 分）
	译著	3 分	1 分
	工具书	2 分	0 分
	编选（论文集）	1 分	0 分

注：1. 本部分按照每万字计分。2. 合作出版的著作可以按照：①根据书中标明的章节字数计算；②无标明时，可以按照平均字数计算。3. 各个作者字数总数不得超过总字数。

6. 科学研究项目

科学研究项目是指国家级、省级以及校级纵向科学研究项目；各种形式的横向合作项目，如与临汾市教育局合作等。

级别		国家级	部级	省级	厅级	校级
类别和分值	资助项目	50 分/万	25 分/万	20 分/万	10 分/万	5 分/万
	自筹项目	15 分/项	10 分/项	8 分/项	5 分/项	3 分/项
	横向项目	按照学校有关规定计分				

注：1. 本部分按照每项科学研究项目款到金额及等级综合计分。2. 按照实际参加项目实施的人员划分工作量。3. 二人合作按照 6∶4 比例计分；三人合作的按照 5∶3∶2 比例计分；四人合作的按照 5∶2.5∶1.5∶1 计分。

7. 教学质量工程项目

教学质量工程项目是指国家级、省部级以及校级教学质量工程项目（包括研究生质量工程建设）。

级别		国家级	省部级	校级
类别和分值	教学名师	150 分	80 分	40 分
	精品课程	150 分	80 分	40 分
	教改项目	150 分	80 分	40 分
	特色专业	150 分	80 分	40 分
	教学团队	150 分	80 分	40 分
	实验教学示范中心	150 分	80 分	40 分
	创新实验区	150 分	80 分	40 分
	课程组	150 分	80 分	40 分
	大学生创新实践活动	60 分	40 分	20 分

注：1. 本部分按照项目数和项目实施者计分。2. 教学名师按照单人计分。3. 精品课程、教改项目、特色专业、教学团队、实验教学示范中心、创新试验区、课程组。二人合作按照 6∶4 比例计分；三人合作的按照 5∶3∶2 比例计分；四人合作的按照 5∶2.5∶1.5∶1 计分。4. 大学生创新实践活动按照指导项目数计分。

8. 研究报告

研究报告是指被学校、省部级或者国家等有关部门采纳，并产生良好声誉的研究报告或者决策咨询报告。

级别	国家级	省部级	校级
分值	40 分	20 分	10 分

9. 获奖成果

获奖成果是指校级及校级以上各类获奖成果。

级别		国家级				省部级				校级	
		一等	二等	三等	优秀	一等	二等	三等	优秀	一等	二等
类别和分值	自然科学奖	600	400	250	150	250	150	50	20		
	社会科学奖	600	400	250	150	250	150	50	20		
	科技三大奖	600	400	250	150	250	150	50	20		
	教学成果奖	300	250	200	100	150	70	30	20	10	5
类别和分值	教学技能大赛奖	0	0	0	0	150	70	30	10	5	3
	专业类大奖赛	150	100	80	25	35	20	10	5	3	
	优秀论文奖	全国优秀博士论文 300				省级优秀硕博论文 100					
	发明奖	600	400	250	150	40	20	10			

注：1. 多人参加的国家级获奖成果一等奖第 1、2、3、4、5、6 署名按照 3.3∶2.2∶1.5∶1.3∶1∶0.7 计分；二等奖第 1、2、3、4、5 署名按照 3.7∶2.5∶2∶1∶0.8 计分；三等奖第 1、2、3、4 署名按照 4.5∶3∶1.5∶1 计分；优秀奖第 1、2、3 署名按照 5∶3∶2 比例分配计分。2. 多人参加的省级获奖成果一等奖第 1、2、3、4 署名按照 4.5∶3∶1.5∶1 计分；二等奖第 1、2、3 署名按照 5∶3∶2 计分；三等奖第 1、2 署名按照 7∶3 计分。3. 多人参加的校级获奖成果一等奖第 1、2 署名按照7∶3 计分。

10. 知识产权及成果转化

知识产权及成果转化是指获得国家专利的成果，专利权属于××大学；成果产生一定的经济效益和社会效益。

类别	发明专利	实用新型专利	外观设计专利	计算机软件登记
分值	50 分	20 分	10 分	20 分

11. 科技开发与创收

科技开发与创收是指通过科技开发，为学校创收，按照实际创收金额核准。

类别	一般科技开发	技术推广转让	技术服务
分值	20 分	15 分	15 分

12. 学术交流

学术交流是指面向全校师生学术报告、被邀请在高校、国外或者专业会议上发表主题或者特邀报告。

类别	国外学术报告	校外学术报告	校内学术报告	专业会议学术报告
分值	8 分	6 分	3 分	4

13. 考核准则

1）本办法按照教师现任专业技术职务定额标准考核。如果出现专业技术职务更替的情况，则按照前任和现任专业技术职务两者结合的方式考核。

2）本办法中的学术论文是专任教师和科研系列人员、具有高级专业技术职务的行政和实验人员系列科研工作量考核的必备项，必须依据专业技术职务达到相应的考核标准。学术论文可以在三年期内综合考核。

3）本办法采取年度考核与三年综合考核相结合的方式。年度考核是指对教师本学年度（1～12 月）科研工作及成果的量化考核，并核发科研津贴。综合考核是指对教师三年科研工作及成果的综合量化考核，并评定科研考核等级。具体说明如下：

科研工作量计算方式为 1 分=1 个工作量。

- 达到年度考核标准和要求，则对年度超额科研工作量以科研津贴的形式进行奖励。
- 达到年度考核标准和要求，并且达到三年综合考核最低标准，则对年度超额科研工作量进行科研津贴奖励；在三年综合考核期的其他时间内完成的科研成果也进行相应的年度科研津贴奖励。
- 未达到年度考核标准和要求，则依年度考核标准与所完成科研量的差值扣发科研津贴。
- 未完成某年度考核标准和要求而完成了三年综合考核者，在综合考核年度统一补发所扣科研津贴。
- 未完成三年综合考核标准，则其科研考核等级为不合格，学院将不推荐其晋升高一级专业技术职务；本次综合考核期扣发的科研津贴将不再补发，该项津贴将作为学院学科发展经费。
- 对于攻读硕士学位的教师，在毕业前必须发表 1C 以上学术论文 1 篇；对于攻读博士学位的教师，在毕业前必须发表 1B 以上学术论文 1 篇。如果未达到此要求，其毕业当年年度考核不合格。

14. 考核人员、等级以及考核定额标准

（1）考核人员范围

专任教师和科研系列人员按照100%考核；行政系列人员按照50%考核；实验系列人员按照30%考核。

（2）考核等级

按照三年综合科研考核工作量和要求分为不合格、合格与优秀三个等级。① 不合格为未达到综合考核工作量和要求。② 合格为达到综合考核工作量和要求。③ 优秀为达到综合考核工作量和要求的300%，且有1篇1A或者2篇及两篇以上1B高质量学术论文。如果教学或者其他考核合格，其第三年年度考核直接评为优秀。

15. 年度科研工作量定额标准按现任专业技术职务计算

其标准如下：

正高级，100分/年；副高级，70分/年；中级（含博士），50分/年；初级，不进行年度考核，如果有科研计分则直接计分奖励；如果在考核年度晋升为中级以上专业技术职务，则按照现任专业技术职务进行年度考核，并与同系列同年度进行综合考核。

16. 三年科研工作量综合考核标准

1）科研综合考核等于三年年度科研工作量的3倍。超额完成的科研工作量在年度考核中进行相应的奖励。

2）具有正高级、副高级、中级专业技术职务人员的专任教师和科研系列、具有高级专业技术职务的行政和实验系列等人员，同时须按照以下标准考核发表学术论文数量和质量：①正高级，IC以上学术刊物（含IC）发表论文2篇。②副高级，IC以上学术刊物（含IC）发表论文1篇。③中级（含博士），IIA以上学术刊物（含IIA）发表论文2篇。

17. 科研工作量及科研津贴计算办法

（1）年度科研工作量计算办法

年度科研工作量（Y）＝年度科研总量（T）－相应专业技术职务年度科研工作量定额标准（S）。① 如果年度科研工作量是正数，则为正向科研津贴；如果年度科研工作量是负数，则为负向科研津贴。② 正向科研津贴为年度科研奖励津贴；负向科研津贴为年度科研扣发津贴。

（2）综合考核科研工作量计算办法

综合考核科研工作量（C）＝年度科研总量（Y）×3＋学术论文（T）。

（3）科研工作量年度津贴计算办法

科研工作量的直接形式为分值，最终形式为科研津贴。

年度科研津贴（A）＝年度科研工作量（Y）×津贴系数（R）。津贴系数按当年学院年终科研奖励经费总额核定。

附录8　科研业绩年度考核量化表

______年　教师　科研年度考核量化表

姓　名		性　别		专业技术职务		所属系列	
专　业		电　话		电子邮件		考核标准	

个人年度科研考核量化（Y）

成果类别	成果名称	发表（核发）单位	日期	成果排名	成果级别	成果计分	鉴定核准

教师签字		考核小组负责人签字		总计分	
				年度科研工作量（Y）	
				年度科研津贴（A）	

备注：1. 本表格为年度科研工作量量化考核表，成果多于1页，可以按照本表格式附带新表；2. 此表中的“所属系列”、“考核标准”、“鉴定核准”、“总计分”、“年度科研工作量”和年度科研津贴项目由考评组统一填写，在有异议的情况下，须与当事人事先沟通后再填写；3. 此表也是综合考核的凭证之一；4. 此表办公室留存一份，教师本人留存一份。

附录 9　科研业绩综合考核量化表

________年至________年　教师　科研综合考核量化表

姓　名		性　别		专业技术职务		所属系列	
专　业		电　话		电子邮件		考核标准	

综合考核科研工作量量化（C）

年　度	正向科研考核量总分		负向科研考核量总分		年度津贴
	成果计分	对照核准	成果计分	对照核准	
科研工作总量			补发津贴		

学术论文考核

论文名称	出版单位	日　期	论文排名	论文级别	论文计分	鉴定核准
教师签字		考核小组负责人签字		综合考核结果		

备注：1. 本表格为教师科研工作量综合量化考核表，成果多于 1 页，可以按照本表格式附带新表；2. 此表中的“所属系列”、“考核标准”、“鉴定核准”、“对照核准”、“综合考核科研工作总量”、“补发科研津贴”和“综合考核结果”项目由考评组统一填写，在有异议的情况下，须与当事人事先沟通后再填写；3. 此表是综合考核的唯一凭证；4. 此表办公室留存一份，教师本人留存一份。

附录 10　××大学教师岗位考核条件

一、基本条件

（1）拥护中国共产党的领导，热爱社会主义祖国，坚持党的路线、方针、政策，努力学习马克思列宁主义、毛泽东思想、邓小平理论和“三个代表”重要思想，坚持以科学发展观为指导，在思想上与党中央保持高度一致。积极参加政治学习活动，不断提高思想政治觉悟。

（2）忠诚党的教育事业，自觉贯彻国家的教育方针，愿意为我国高等教育、科技事业作贡献。模范遵守国家的法律法规及学校的校规校纪，有良好的职业道德、学术道德，爱岗敬业，为人师表。

（3）满足高校教师岗位的基本任职条件，具备与履行岗位职责相适应的学术水平和创新能力。在完成好教学、科研任务的同时，积极参与学科建设、专业建设和实验室建设等方面的工作。

（4）热爱自己的工作岗位，能够全面履行岗位职责，服从工作安排，积极承担、努力完成组织上交给的工作任务。有较强的团结协作意识及能力。

（5）承担本专科、研究生课程，圆满完成教学任务。

（6）有稳定的学术研究方向。

（7）具备适应岗位要求的身体条件。

二、考核条件

考核条件指在聘期和年度内必须完成的教学、科研工作任务，也是下一聘期和年度上岗的必要条件。

1. 二级教授岗位考核条件

聘期考核：

（1）每年至少主讲1门全日制本科生课程，优先承担专业基础课和专业必修课［详见《关于教授为本科生授课的规定》（××师教字〔2010〕9号）］。

（2）按有关规定每年完成标准工作量的教学任务（教学型360课时，教学科研型240课时，科研教学型80课时）。

（3）指导3名青年教师的教学、科研工作。

（4）每年招收或指导研究生。

（5）每年指导学生毕业设计或毕业论文。

（6）聘期内至少在学校、学院举办1次学术报告。

（7）聘期内下列条件教学型须完成1项，教学科研型须完成2项，科研教学型须完成3项。

① 获得1项学术荣誉：

A. 国家“973”计划首席科学家；

B. 国家“863”计划重大项目负责人及以上专家；

C. “新世纪百千万人才工程”国家级人选；

D. 国家有突出贡献的中青年专家；

E. 国家杰出青年科学基金获得者；

F. 国家级教学名师奖获得者；

G. “长江学者”特聘教授；

H. 中华农业英才奖获得者；

I. 卫生部有突出贡献的中青年专家；

J. 全国宣传文化系统“四个一批”人才；

K. 文化部有突出贡献的中青年专家；

L. 享受国务院政府特殊津贴人员；

M. 中国青年科技奖获得者；

N. ××省新世纪学术技术带头人“333 人才工程”省级人选；

O. 中央直接联系的优秀专家；

P. 国家、教育部、省重点实验室，以及省以上重点学科中的主要学术技术带头人；

Q. ××省卫生系统有突出贡献人才；

R. 省内自然科学、工程技术、社会科学领域或行业学术技术领军人才，以及其他为全省经济和社会发展作出重大贡献的特殊人才。

② 获得 1 项奖项：

A. 获得国家级自然科学、技术发明、科技进步一等奖（个人排名前十）/二等奖（个人排名前五）；省（部）级自然科学、技术发明、科技进步奖一等奖（个人排名前三）/二等奖（个人排名第一）。

B. 获得国家级教学成果奖一等奖（个人排名前三）/二等奖（个人排名前二）。

C. 获得中国高校人文社会科学成果奖一等奖（个人排名前三）/二等奖（个人排名前二）。

D. 获得省级人民政府哲学社会科学优秀成果奖、教学成果奖一等奖以上（个人排名第一）。

E. 获得国家部委（局）颁发的全国性的文化艺术类奖一等奖（个人排名前二）或省人民政府颁发的个人文化艺术奖一等奖（个人排名第一）；获得国

家文化艺术类一级学会（协会）的美术、设计、音乐、舞蹈、戏剧、影视作品一等奖（个人排名第一）。

F. 国家级教练，且其训练两年以上运动员或培训两年以上运动员输送后四年内，取得奥运会前三名或集体项目获奥运会前八名，或者取得世界锦标赛、世界杯赛冠军两人次以上。

G. 获得全国农牧渔业丰收奖、国家级星火奖一等奖（个人排名前三）；

H. 获得中国专利金奖（个人排名前二）。

③ 获得 1 项项目或成果：

A. 国家“973”计划课题负责人，国家“863”计划项目负责人，国家科技支撑计划课题负责人，国家自然科学、哲学社会科学基金重大研究计划负责人。

B. 在研主持 1 项国家自然科学基金或国家社科基金项目；或在研主持省部级项目 2 项及以上且总经费 8 万元及以上。

C. 以第一完成人获得 1 项国家发明专利授权。

D. 主持育成国家级品种审定委员会审定通过的动植物新品种 1 个及以上并在全国大面积推广应用；或主持育成省级品种审定委员会审定通过的动植物新品种 3 个及以上并大面积推广应用。

E. 项目研究成果为中央政府或有关部委采纳、推广应用，并产生重要影响者（第一完成人，并提供证明材料）。

④责任作者发表 IA 级及以上学术论文 1 篇/责任作者发表 IB 级学术论文 3 篇（此条件若双倍以上满足可顶替其他一个条件）。

⑤国家级出版社出版 1 部本学科领域的学术著作（独著或第一作者）。

年度考核：

在符合聘期考核中（1）～（6）条件的基础上，教学型教授第一年、第二年对（7）条件不作硬性要求，第三年完成聘期考核规定的条件；教学科研型教授第一年对（7）条件不作硬性要求，第二年完成（7）条件之一条，第三年完成聘期考核规定的剩余条件；科研教学型教授第一年完成（7）条件之一条，第二年完成（7）条件另一条，第三年完成聘期考核规定的剩余条件。

2. 三级教授岗位考核条件

聘期考核：

（1）每年至少主讲 1 门全日制本科生课程，优先承担专业基础课和专业必修课［详见《关于教授为本科生授课的规定》（××师教字〔2010〕9 号）］。

（2）按有关规定每年完成标准工作量的教学任务（教学型 360 课时，教学科研型 240 课时，科研教学型 80 课时）。

（3）指导 2 名青年教师的教学、科研工作。

（4）每年招收或指导研究生。

（5）每年指导学生毕业设计或毕业论文。

（6）聘期内至少在学校、学院举办 1 次学术报告。

（7）聘期内下列条件教学型须完成 1 项，教学科研型须完成 2 项，科研教学型须完成 3 项。

① 获得 1 项学术荣誉：

A. 二级教授岗位聘期考核条件（7）①中条件之一条；

B. 省级学科带头人；

C. 省级教学名师；

D. 教育部“新世纪优秀人才支持计划”入选者；

E. 教育部高校青年教师奖获得者；

F. 省部级突出贡献专家获得者；

G. 省级学术带头人；

H. 我校博士生导师。

② 获得 1 项奖项：

A. 国家自然科学奖、科技进步奖、技术发明一等奖获得者/二等奖（个人排名前七）获得者。

B. 国家教学成果一等奖获得者/二等奖（个人排名前四）获得者。

C. 省部级自然科学奖、科技进步奖、技术发明奖一等奖（个人排名前四）/二等奖（个人排名前二）获得者。

D. 省级人民政府哲学社会科学优秀成果奖、教学成果奖一等奖（个人排名前二）获得者/二等奖（个人排名第一）获得者。

E. 中国高校人文社会科学成果奖一等奖（个人排名前四）获得者/二等奖（个人排名前三）获得者。

F. 国家部委（局）颁发全国性的文化艺术类奖一等奖（个人排名前三）获得者；或省人民政府颁发的个人文化艺术奖一等奖（个人排名前二）获得者；或国家文化艺术类一级学会（协会）的美术、设计、音乐、舞蹈、戏剧、影视作品一等奖（个人排名前二）获得者。

G. 国家级教练，且其训练两年以上运动员或培训两年以上运动员输送后四年内，取得全运会前三名或集体项目获全运会前八名；或取得全国锦标赛、全国大学生运动会冠军 1 人次以上或集体项目前六名。

H. 中国专利金奖（个人排名前三）获得者。

③ 获得担任 1 项学科及团队建设负责人：

A. 国家、教育部重点实验室、重点学科负责人（排名前二）；

B. 国家创新团队、国家教学团队负责人（排名前二）；

C. 国家、教育部人文社科基地负责人（排名前二）；

D. 国家特色专业、国家精品课程负责人（排名前二）；

E. 省重点学科、省重点实验室、省人文社科基地第一负责人；

F. 省教学团队、省精品课程、省特色（品牌）专业第一负责人；

G. 省创新团队、省研究生优秀导师团队第一负责人。

④ 获得 1 项项目或成果：

A. 二级教授岗位聘期考核条件（7）③中条件之一条。

B. 理科在研主持省部级及以上项目 2 项且总经费 5 万元及以上；或文科在研主持省部级及以上项目 2 项且总经费 3 万元及以上。

C. 主持育成省级品种审定委员会审定通过的动植物新品种 2 个及以上并大面积推广应用。

⑤ 责任作者发表 IA 级及以上学术论文 1 篇/责任作者发表 IB 级学术论文 2 篇/责任作者发表 IC 级学术论文 4 篇（此条件若双倍以上满足可顶替其他一个条件）。

⑥ 国家级出版社出版 1 部本学科领域的学术著作（独著或第一作者）或主编本科高等院校国家级规划教材/统编教材 1 部。

年度考核：

在符合聘期考核中（1）～（6）条件的基础上，教学型教授第一年、第二年对（7）条件不作硬性要求，第三年完成聘期考核规定的条件；教学科研型教授第一年对（7）条件不作硬性要求，第二年完成（7）条件之一条，第三年完成聘期考核规定的剩余条件；科研教学型教授第一年完成（7）条件之一条，第二年完成（7）条件另一条，第三年完成聘期考核规定的剩余条件。

3. 四级教授岗位考核条件

聘期考核：

(1) 每年至少主讲 1 门全日制本科生课程，优先承担专业基础课和专业必修课［详见《关于教授为本科生授课的规定》（××师教字〔2010〕9号)］。

（2）按有关规定每年完成标准工作量的教学任务（教学型360课时，教学科研型240课时，科研教学型80课时）。

（3）指导1名青年教师的教学、科研工作。

（4）每年招收或指导研究生。

（5）每年指导学生毕业设计或毕业论文。

（6）聘期内至少在学校、学院举办1次学术报告。

（7）聘期内下列条件教学型须完成1项，教学科研型须完成2项，科研教学型须完成3项。

① 获得1项学术荣誉：

符合三级教授岗位聘期考核条件（7）①中条件之一条。

② 获得1项奖项：

A. 国家自然科学奖、科技进步奖、技术发明二等奖及以上获得者/三等奖（个人排名前五）获得者。

B. 国家教学成果一等奖获得者/二等奖（个人排名前五）获得者/三等奖（个人排名前二）获得者。

C. 省部级自然科学奖、科技进步奖、技术发明奖一等奖获得者/二等奖（个人排名前三）获得者。

D. 省级人民政府哲学社会科学优秀成果奖、教学成果奖一等奖（个人排名前三）获得者/二等奖（个人排名前二）获得者。

E. 中国高校人文社会科学成果奖一等奖获得者/二等奖（个人排名前四）获得者。

F. 国家部委（局）颁发的全国性的文化艺术类奖一等奖（个人排名前四）获得者；或省人民政府颁发的个人文化艺术奖一等奖（个人排名前三）获得者；或国家文化艺术类一级学会（协会）的美术、设计、音乐、舞蹈、戏剧、影视作品一等奖（个人排名前三）获得者。

G. 国家级教练，且其训练两年以上运动员或培训两年以上运动员输送后四年内，取得全运会前四名或集体项目获全运会前九名；或取得全国锦标赛、全国大学生运动会冠军1人次以上或集体项目前七名。

H. 中国专利金奖（个人排名前四）获得者。

③ 获得担任1项学科及团队建设负责人：

A. 国家、教育部重点实验室、重点学科负责人（排名前三）；

B. 国家创新团队、国家教学团队负责人（排名前三）；

C. 国家、教育部人文社科基地负责人（排名前三）；

D. 国家特色专业、国家精品课程负责人（排名前三）；

E. 省重点学科、省重点实验室、省人文社科基地负责人（排名前二）；

F. 省教学团队、省精品课程、省特色（品牌）专业负责人（排名前二）；

G. 省创新团队、省研究生优秀导师团队负责人（排名前二）。

④ 获得 1 项项目或成果：

A. 符合三级教授岗位聘期考核条件（7）④中条件之一条。

B. 理科在研主持省部级项目总经费 3 万元及以上；或文科在研主持省部级项目总经费 1.5 万元及以上。

C. 主持育成省级品种审定委员会审定通过的动植物新品种 1 个及以上并大面积推广应用。

⑤ 责任作者发表 IB 级及以上学术论文 1 篇/责任作者发表 IC 级学术论文 2 篇/责任作者发表 IC 级学术论文 1 篇且责任作者发表核心期刊级别学术论文 2 篇。(此条件若双倍以上满足可顶替其他一个条件)

⑥ 在省级及以上出版社出版 1 部本学科领域的学术著作（独著或第一作者）或参编（个人排名前二）高等院校国家级规划教材/统编教材 1 部。

⑦ 若年均主讲课程工作量双倍以上规定的教学工作量且教学效果学生评教在本教学单位前 1/2 者。

年度考核：

在符合（1）～（6）条件的基础上，教学型教授第一年、第二年对（7）条件不作硬性要求，第三年完成聘期考核规定的条件；教学科研型教授第一年对（7）条件不作硬性要求，第二年完成（7）条件之一条，第三年完成聘期考核规定的剩余条件；科研教学型教授第一年完成（7）条件之一条，第二年完成（7）条件另一条，第三年完成聘期考核规定的剩余条件。

4. 五级副教授岗位考核条件

聘期考核：

（1）每年至少主讲 2 门全日制本、专科生或研究生的专业基础课、必修课或公共课基础课、必修课（其中至少主讲 1 门全日制本、专科生课程）。

（2）按有关规定每年完成标准工作量的教学任务（教学型 360 课时，教学科研型 240 课时，科研教学型 80 课时）。

（3）每年指导学生毕业设计或毕业论文。

（4）聘期内下列条件教学型须完成 1 项，教学科研型须完成 2 项，科研教学型须完成 3 项。

① 获得 1 项学术荣誉：

A. 符合教授四级岗位聘期考核条件（7）①中条件之一条；

B. 校级教学名师；

C. 省精品课程获得者（个人排名前二）或校级精品课程第一负责人；

D. 校级“杰出青年教师奖”获得者；

E. 校级“最受学生欢迎的教师”获得者。

② 获得 1 项奖项：

A. 国家自然科学奖、科技进步奖、技术发明三等奖及以上获得者。

B. 国家教学成果二等奖及以上获得者/三等奖（个人排名前三）获得者。

C. 省部级自然科学奖、科技进步奖、技术发明奖二等奖及以上获得者/三等奖（个人排名前二）获得者。

D. 省级人民政府哲学社会科学优秀成果奖、教学成果奖一等奖获得者/二等奖（个人排名前三）获得者。

E. 中国高校人文社会科学成果奖二等奖及以上获得者/三等奖（个人排名前二）获得者。

F. 国家部委（局）颁发全国性的文化艺术类奖一等奖获得者/二等奖（个人排名第一）获得者；或国家文化艺术类一级学会（协会）的美术、设计、音乐、舞蹈、戏剧、影视作品一等奖获得者/二等奖（个人排名第一）获得者；或省人民政府颁发的个人文化艺术奖一等奖获得者/二等奖（个人排名前二）获得者/三等奖（个人排名第一）获得者；或省文化艺术类一级学会（协会）的美术、设计、音乐、舞蹈、戏剧、影视作品一等奖（个人排名第一）获得者。

G. 首席教练，其训练一年以上运动员或培训两年以上运动员输送后四年内，取得全运会前五名或集体项目获全运会前十名；或取得全国锦标赛、全国大学生运动会亚军 1 人次以上或集体项目前八名；或取得省运会前两名或集体项目获省运会前八名；或取得省锦标赛、省大学生运动会冠军 2 人次以上或 2 项集体项目前六名。

H. 省高校人文社会科学成果奖一等奖（个人排名第一）获得者；或×

×省高校科学技术奖一等奖（个人排名第一）获得者；或省级人民政府二等功及以上获得者；或省高校中青年教师教学基本功大赛二等奖及以上获得者。

③ 获得 1 项项目：

在研承担（个人排名前三）1 项国家自然科学基金或国家社科基金项目；或理科在研承担（个人排名前二）1 项省部级经费 3 万元及以上项目/在研主持厅局级、校级项目总经费 0.3 万元及以上；或文科在研承担（个人排名前二）1 项省部级经费 1.5 万元及以上项目/在研主持省厅局级、校级项目总经费 0.5 万元及以上。

④ 责任作者发表 IB 级及以上学术论文 1 篇/责任作者发表 IC 级学术论文 2 篇/责任作者发表核心期刊级别学术论文 3 篇。（此条件若双倍满足可顶替其他一个条件）

⑤ 在省级及以上出版社出版 1 部本学科领域的学术著作（独著或第一作者）或专业教材（独著或主编）。

⑥ 若年均主讲课程工作量双倍以上规定的教学工作量且教学效果学生评教在本教学单位前 1/2 者。

年度考核：

在符合（1）～（3）条件的基础上，教学型副教授第一年、第二年对（4）条件不作硬性要求，第三年完成聘期考核规定的条件；教学科研型副教授第一年对（4）条件不作硬性要求，第二年完成（4）条件之一条，第三年完成聘期考核规定的剩余条件；科研教学型副教授第一年完成（4）条件之一条，第二年完成（4）条件另一条，第三年完成聘期考核规定的剩余条件。

5. 六级副教授岗位考核条件

聘期考核：

（1）每年至少主讲 2 门全日制本、专科生或研究生的专业基础课、必修课或公共课基础课、必修课（其中至少主讲 1 门全日制本、专科生课程）。

（2）按有关规定每年完成标准工作量的教学任务（教学型 360 课时，教学科研型 240 课时，科研教学型 80 课时）。

（3）每年指导学生毕业设计或毕业论文。

（4）聘期内下列条件教学型须完成 1 项，教学科研型须完成 2 项，科研教学型须完成3项。

①获得1项学术荣誉：

符合副教授五级岗位聘期考核（4）①中条件之一条。

② 获得1项奖项：

A. 国家教学成果三等奖及以上获得者。

B. 省部级自然科学奖、科技进步奖、技术发明奖二等奖及以上获得者/三等奖（个人排名前三）获得者。

C. 省级人民政府哲学社会科学优秀成果奖、教学成果奖一等奖获得者/二等奖（个人排名前四）获得者/三等奖（个人排名第一）获得者。

D. 中国高校人文社会科学成果奖二等奖及以上获得者/三等奖（个人排名前三）获得者。

E. 国家部委（局）颁发全国性的文化艺术类奖一等奖获得者/二等奖（个人排名前二）获得者；或国家文化艺术类一级学会（协会）的美术、设计、音乐、舞蹈、戏剧、影视作品一等奖获得者/二等奖（个人排名前二）获得者；或省人民政府颁发的个人文化艺术奖一等奖获得者/二等奖（个人排名前三）获得者/三等奖（个人排名前二）获得者；或省文化艺术类一级学会（协会）的美术、设计、音乐、舞蹈、戏剧、影视作品一等奖（个人排名前二）获得者。

F. 首席教练，其训练一年以上运动员或培训两年以上运动员输送后四年内，取得全运会前六名或集体项目获全运会前十一名；或取得全国锦标赛、全国大学生运动会季军1人次以上或集体项目前九名；或取得省运会前三名或集体项目获省运会前九名；或取得省锦标赛、省大学生运动会冠军1人次或1项集体项目前六名。

G. 省高校人文社会科学成果奖一等奖（个人排名前二）获得者；或××省高校科学技术奖一等奖（个人排名前二）获得者；或省级人民政府三等功及以上获得者；或省高校中青年教师教学基本功大赛三等奖及以上获得者。

③ 获得1项项目：

在研承担（个人排名前四）1项国家自然科学基金或国家社科基金项目；或理科在研承担（个人排名前三）1项省部级经费3万元及以上项目/在研主持省厅局级、校级项目总经费0.2万元及以上；或文科在研承担（个人排名前三）1项省部级经费1.5万元及以上项目/在研主持省厅局级、校级项目总经费 0.3 万元及以上。

④ 责任作者发表 IC 级及以上学术论文 1 篇/责任作者发表核心期刊级别学术论文 2 篇/责任作者发表不低于本校学报级别的学术论文 3 篇。(此条件若双倍满足可顶替其他一个条件)

⑤ 出版 1 部本学科领域的学术著作或专业教材（个人排名前二）。

⑥ 若年均主讲课程工作量双倍以上规定的教学工作量且教学效果学生评教在本教学单位前 1/2 者。

年度考核：

在符合（1）～（3）条件的基础上，教学型副教授第一年、第二年对（4）条件不作硬性要求，第三年完成聘期考核规定的条件；教学科研型副教授第一年对（4）条件不作硬性要求，第二年完成（4）条件之一条，第三年完成聘期考核规定的剩余条件；科研教学型副教授第一年完成（4）条件之一条，第二年完成（4）条件另一条，第三年完成聘期考核规定的剩余条件。

6. 七级副教授岗位考核条件

聘期考核：

(1) 每年至少主讲 2 门全日制本、专科生或研究生的专业基础课、必修课或公共课基础课、必修课（其中至少主讲 1 门全日制本、专科生课程）。

(2) 按有关规定每年完成标准工作量的教学任务（教学型 360 课时，教学科研型 240 课时，科研教学型 80 课时）。

(3) 每年指导学生毕业设计或毕业论文。

(4) 聘期内下列条件教学型须完成 1 项，教学科研型须完成 2 项，科研教学型须完成 3 项。

① 获得 1 项学术荣誉：

符合副教授六级岗位聘期考核（4）①中条件之一条。

② 获得 1 项奖项：

A. 省部级自然科学奖、科技进步奖、技术发明奖二等奖及以上获得者/三等奖（个人排名前四）获得者。

B. 省级人民政府哲学社会科学优秀成果奖、教学成果奖二等奖及以上获得者/三等奖（个人排名前二）获得者。

C. 国家教学成果奖三等奖及以上获得者/中国高校人文社会科学成果奖三等奖及以上获得者。

D. 国家部委（局）颁发全国性的文化艺术类奖一等奖获得者/二等奖（个人排名前三）获得者/三等奖（个人排名第一）获得者；或国家文化艺术类一级学会（协会）的美术、设计、音乐、舞蹈、戏剧、影视作品一等奖获得者/二等奖（个人排名前三）获得者/三等奖（个人排名第一）获得者；或省人民政府颁发的个人文化艺术奖一等奖获得者/二等奖（个人排名前四）获得者/三等奖（个人排名前三）获得者；或省文化艺术类一级学会（协会）的美术、设计、音乐、舞蹈、戏剧、影视作品一等奖（个人排名前三）获得者/二等奖（个人排名第一）获得者。

E. 首席教练，其训练一年以上运动员或培训两年以上运动员输送后四年内，取得全运会前七名或集体项目获全运会前十二名；或取得全国锦标赛、全国大学生运动会第四名 1 人次以上或集体项目前十名；或取得省运会前四名或集体项目获省运会前十名；或取得省锦标赛、省大学生运动会冠军 1 人次或 1 项集体项目前六名。

F. 高校人文社会科学成果奖一等奖（个人排名前三）获得者/二等奖（个人排名第一）；或××省高校科学技术奖一等奖（个人排名前三）获得者/二等奖（个人排名第一）；或省级人民政府三等功及以上获得者；或省高校中青年教师教学基本功大赛获奖者/校级中青年教师教学基本功大赛一等奖获得者。

③ 获得 1 项项目：

在研承担（个人排名前五）1 项国家自然科学基金或国家社科基金项目；理科在研承担（个人排名前四）1 项省部级经费 3 万元及以上项目/在研主持厅局级、校级项目总经费 0.2 万元及以上；或文科在研承担（个人排名前四）1 项省部级经费 1.5 万元及以上项目/在研主持厅局级、校级项目总经费 0.3 万元及以上。

④ 责任作者发表 IC 级及以上学术论文 1 篇/责任作者发表核心期刊级别学术论文 2 篇/责任作者发表不低于本校学报级别的学术论文 3 篇。（此条件若双倍满足可顶替其他一个条件）

⑤ 出版本学科领域学术著作或教材 1 部（个人排名前三）。

⑥ 若年均主讲课程工作量双倍以上规定的教学工作量且教学效果学生评教在本教学单位前 1/2 者。

年度考核：

在符合（1）～（3）条件的基础上，教学型副教授第一年、第二年对（4）条件不作硬性要求，第三年完成聘期考核规定的条件；教学科研型副教授第一年对（4）条件不作硬性要求，第二年完成（4）条件之一条，第三年完成聘期考核规定的剩余条件；科研教学型副教授第一年完成（4）条件之一条，第二年完成（4）条件另一条，第三年完成聘期考核规定的剩余条件。

7. 八级讲师岗位考核条件

聘期考核：

（1）每年至少主讲 2 门全日制本、专科生或研究生的专业基础课、必修课或公共课基础课、必修课。

（2）按有关规定每年完成标准工作量的教学任务（240 课时）。

（3）聘期内须完成下列中的 1 项（若年均主讲课程工作量双倍以上规定的教学工作量可顶替下列之一条）。

① 责任作者发表核心期刊级别学术论文 1 篇/责任作者发表不低于本校学报级别的学术论文 2 篇。

② 参与省部级及以上在研项目（个人排名前四）1 项/在研承担（个人排名前二）厅局级、校级项目 1 项。

③ 省部级及以上奖项、荣誉获得者/校级“杰出青年教师奖”获得者/校级“最受学生欢迎的教师”获得者/校级中青年教师教学基本功大赛二等奖及以上获得者/校级精品课程获得者（个人排名前二）。

年度考核：

在符合（1）、（2）条件的基础上，第一年、第二年对（3）条件不作硬性要求，第三年完成聘期考核规定的条件。

8. 九级讲师岗位考核条件

聘期考核：

（1）每年至少主讲 2 门全日制本、专科生或研究生的专业基础课、必修课或公共课基础课、必修课。

（2）按有关规定每年完成标准工作量的教学任务（240 课时）。

（3）聘期内须完成下列中的 1 项（若年均主讲课程工作量双倍以上规定的教学工作量可顶替下列之一条）。

① 责任作者发表不低于本校学报级别的学术论文 1 篇。

② 参与省部级及以上在研项目 1 项/在研承担（个人排名前三）厅局级、校级项目 1 项。

③ 省部级及以上奖项、荣誉获得者/校级“杰出青年教师奖”获得者/校级“最受学生欢迎的教师”获得者/校级中青年教师教学基本功大赛三等奖及以上获得者/校级精品课程获得者（个人排名前三）。

年度考核：

在符合（1）、（2）条件的基础上，第一年、第二年对（3）条件不作硬性要求，第三年完成聘期考核规定的条件。

9. 十级讲师岗位考核条件

聘期考核：

（1）每年至少主讲 2 门全日制本、专科生或研究生的专业基础课、必修课或公共课基础课、必修课。

（2）按有关规定每年完成标准工作量的教学任务（240 课时）。

（3）聘期内须完成下列中的 1 项（若年均主讲课程工作量双倍以上规定的教学工作量可顶替下列之一条）。

① 责任作者发表不低于本校学报级别的学术论文 1 篇。

② 参与校级以上在研项目 1 项。

③ 省部级及以上奖项、荣誉获得者/校级“杰出青年教师奖”获得者/校级“最受学生欢迎的教师”获得者/校级中青年教师教学基本功大赛三等奖及以上获得者/校级精品课程获得者（个人排名前四）。

年度考核：

在符合（1）、（2）条件的基础上，第一年、第二年对（3）条件不作硬性要求，第三年完成聘期考核规定的条件。

10. 十一级、十二级助教岗位考核条件

聘期考核和年度考核：

（1）每年至少主讲 1 门全日制本、专科生或研究生的专业基础课、必修课或公共课基础课、必修课。

（2）按有关规定每年完成相应的工作任务。

说明：

（1）责任作者指第一作者或通信作者。

（2）省部级奖项、省部级项目以《××大学岗位设置与聘用实施细则》为准，讲师岗位考核中体育类的“首席教练指导学生参加各级运动会获奖或取得名次”涉及名次的以本考核办法七级副教授考核获奖条件中规定的名次为准。

（3）所有奖项按最高奖项计，不得重复计算。

（4）对公共课教师在“每年招收或指导研究生”和“每年指导学生毕业设计、毕业论文”方面不作要求。

（5）学生评教结果采用一年两个学期评教结果中名次最好的一次。

（6）在副处级及以上领导岗位上的教师工作量最低要求（仅针对考核使用，不作为业绩津贴发放的依据）：在副厅级及以上领导岗位上至少完成标准教学工作量的1/3，在处（部）级岗位上至少完成1/2，在副处（副部）级岗位上至少完成2/3；在学院处级正职岗位上至少完成2/3，在学院处级副职岗位上至少完成3/4。

（7）对于工作量完成方面。教师因教学单位原因当年完成工作量超过65%但不达标准工作量者，可发表额外的相应学术论文顶替不足的工作量（仅针对考核使用，不作为业绩津贴发放的依据）。顶替办法如下：教授，责任作者发表不低于本校学报级别的学术论文3篇/责任作者发表核心期刊级别及以上学术论文2篇/责任作者发表IC级及以上学术论文1篇；副教授，责任作者发表不低于本校学报级别的学术论文1篇；讲师，责任作者发表正式学术刊物学术论文1篇。

（8）横向项目的顶替办法。横向项目总经费在500万元及以上者，可顶替国家级自然科学基金、国家社科基金项目1项；横向项目总经费在50万元及以上者，可顶替省部级项目1项。

（9）其他部委、厅局级项目的顶替办法。其他部委、厅局级项目是指非规定的国家级自然科学基金、国家社科基金项目和省部级项目。项目总经费在100万元及以上者，可顶替国家级自然科学基金、国家社科基金项目1项；项目总经费在10万元及以上者，可顶替省部级项目1项。

附录 11　××大学年度教师岗位绩效考评登记表

单位：　　　　姓名：　　　　职称：　　　　类型：　　　　岗位级别：

<table>
<tr><td>基本条件</td><td colspan="6"></td><td rowspan="25">相关单位审核意见</td></tr>
<tr><td rowspan="24">考核条件</td><td rowspan="7">主讲课程及标准工作量完成情况</td><td>类别</td><td>课程名称</td><td colspan="2">所带院（所）年级班级</td><td>工作量（课时）</td></tr>
<tr><td>研究生</td><td></td><td colspan="2"></td><td></td></tr>
<tr><td>本科生</td><td></td><td colspan="2"></td><td></td></tr>
<tr><td>专科生</td><td></td><td colspan="2"></td><td></td></tr>
<tr><td>指导论文、实习等</td><td></td><td colspan="2"></td><td></td></tr>
<tr><td colspan="4">工作量合计</td><td></td></tr>
<tr><td>备注</td><td colspan="4"></td></tr>
<tr><td colspan="2">指导青年教师</td><td colspan="4"></td></tr>
<tr><td colspan="2">招收或指导研究生</td><td colspan="4"></td></tr>
<tr><td colspan="2">指导学生毕业设计或毕业论文</td><td colspan="4"></td></tr>
<tr><td colspan="2">学术报告</td><td colspan="4"></td></tr>
<tr><td colspan="2" rowspan="2">学术荣誉</td><td>具体名称</td><td colspan="2">授予单位</td><td>授予时间</td></tr>
<tr><td></td><td colspan="2"></td><td></td></tr>
<tr><td colspan="2" rowspan="2">奖项</td><td>具体名称</td><td>授予单位</td><td>授予时间</td><td>个人排名</td></tr>
<tr><td></td><td></td><td></td><td></td></tr>
<tr><td colspan="2">担任学科或团队建设负责人情况</td><td colspan="4"></td></tr>
<tr><td colspan="2" rowspan="2">项目或成果</td><td>具体名称及级别</td><td>经　　费</td><td>起止时间</td><td>个人排名</td></tr>
<tr><td></td><td></td><td></td><td></td></tr>
<tr><td colspan="2" rowspan="2">学术论文
（责任作者）</td><td>具体名称</td><td>刊物名称及期号</td><td>刊物级别</td><td>出版日期</td></tr>
<tr><td></td><td></td><td></td><td></td></tr>
<tr><td colspan="2" rowspan="2">学术著作或教材</td><td>具体名称</td><td>出版社</td><td>出版日期</td><td>个人排名</td></tr>
<tr><td></td><td></td><td></td><td></td></tr>
<tr><td colspan="2" rowspan="2">学生评教</td><td>教学单位人数</td><td colspan="3">学生评教名次</td></tr>
<tr><td></td><td colspan="3"></td></tr>
</table>

后记

还记得第一次与“绩效”相遇，是我在清华大学攻读教育技术学硕士学位的时候。那时，李海霞博士[①]给我们开设了一门名为“人力资源开发与绩效技术”的课程。初识绩效，我就被它新鲜的内涵与独特的理念所深深吸引，仿佛是见到了一位未曾谋面又似曾相识的老友，顿生相见恨晚之感。而事实证明，绩效的确是一个充满价值与潜能的术语，我在对它的学习和研究中不断地思考与感悟、阐释与理解，终于在不懈努力下得到了一点收获：2003年在全国高校教育技术协作会年会上发表了学术论文《基于web的EPSS教师培训模式》，2006年主持负责教育部人文社会科学青年基金课题《我国高校教学科研人员绩效考评体系研究》(项目编号：06JC880009，2010年课题结项)；2007～2011年连续发表多篇与课题相关的学术论文；2011年又主持负责国家社会科学青年基金《我国高职院校学生学习能力评价及培养研究》和山西省教育科学“十二五”规划课题《绩效技术在〈现代教育技术〉公共课程中的应用研究》。

回顾漫长的研究历程，铭刻在记忆中的已不是往昔的战绩，而是那个在探索和追求中不断成长、成熟的自己。冬天清晨的蒔英园，雾气迷蒙，路灯

① 李海霞博士现为清华大学副教授，本科和硕士专业均为教育技术学，博士专业为教育经济与管理。

昏黄的光亮就氤氲在湿湿的雾气里。身边偶尔经过一两位晨跑者，望着他们逶迤的身影，我突然觉得自己和他们是何其相似，在自己的专业领域中默默前行，在临近终点的时候静静品尝那份独特的喜悦和甜蜜。因此，当蓦然回望那多少个课题研讨、数据分析和整理的日日夜夜，我就忘却了这冰冷的世界，仅有高涨的热情，激昂的思绪。

同时我也深知，一己之力毕竟有限，书稿的最终完成依赖于多方面的支持、帮助和理解。为此，在这里我还想真诚地感谢一些人和事。

本书能够成稿并出版得益于2006年教育部人文社会科学青年基金课题《我国高校教学科研人员绩效考评体系研究》、山西省特色专业教育技术学、山西师范大学“十二五”重点学科建设（教育学）以及山西师范大学学术著作出版基金的资助。

感谢山西师范大学教育技术与传媒学院院长王云教授的大力支持和帮助，在本书的出版等事宜上给予了极大的帮助。

感谢山西师范大学校长武海顺教授[①]，运城学院副院长梁永平教授，西北师范大学杨改学教授，清华大学韩锡斌教授[②]、程建刚教授和王学优副教授，美国纽约州立大学张建伟博士，北京邮电大学张生太教授，山西师范大学行恭宝教授、张进军教授、张宏业副处长、教育技术与传媒学院赵忠平高级实验师和文学院卫灿金教授[③]，他们的理解、关心和支持给予我莫大的信心和力量。

感谢我的那一批优秀的本科生和研究生，李艺锋、孟继叶、吴峰丽、鲍晓玲、雷建军、孙建红、刘双莲、赵大有、袁臻、乔文慧和刘会臣等。他们在课题的数据统计、处理等工作中表现突出，并发挥了重要的作用。

感谢科学出版社石卉编辑给予本书的宝贵意见，让它更加丰满和充实。

我有一个温暖、幸福的大家庭，很感谢我可亲可敬的父亲和母亲，感谢他们的养育之恩，他们给了我一个宽松舒心、无拘无束和放飞梦想的童年与少年时代。我一直有感于像我父亲那样的领导干部，无私奉献，不计个人得

① 武海顺教授为人正直、刚正不阿，待人谦和、乐于助人，本人在做人、做学问等多个方面受到武海顺教授的感染和影响。

② 韩锡斌教授是本人硕士学位论文指导教师。

③ 卫灿金教授是山西师范大学资深教授，现已退休，本人学术生涯引路人。

失，“俯首甘为孺子牛”的风范和气度；有感于我的母亲，用劳苦操心、慈爱伟大的身躯架起家族一次次腾飞的虹桥。

期待本书出版后，得到社会各界同仁的批评指正，也热切希望我国的教育技术学、教育经济学等学科发展前景更加美好。

李志河

2011 年 3 月 30 日于山西师范大学莳英园亭斋